विद्यानिवास मिश्र

विद्यानिवास मिश्र का जन्म 14 जनवरी, 1926 को गोरखपुर, उत्तर प्रदेश में हुआ। उन्होंने 1945 में प्रयाग विश्वविद्यालय से संस्कृत में एम.ए. किया। हिन्दी साहित्य सम्मेलन और आकाशवाणी में कोश-कार्य से जुड़े रहे। विन्ध्य प्रदेश और उत्तर प्रदेश के सूचना विभागों में कार्य किया। गोरखपुर विश्वविद्यालय, संस्कृत विश्वविद्यालय और आगरा विश्वविद्यालय में क्रमशः संस्कृत और भाषा-विज्ञान का अध्यापन किया। कैलीफोर्निया और वाशिंगटन विश्वविद्यालयों में अतिथि अध्यापक रहे। केन्द्रीय हिन्दी संस्थान, आगरा के निदेशक रहे। काशी विद्यापीठ तथा सम्पूर्णानन्द संस्कृत विश्वविद्यालय, वाराणसी के कुलपति पद से सेवानिवृत्त होने के बाद कुछ वर्षों के लिए नवभारत टाइम्स, दिल्ली के सम्पादक भी रहे।

उनकी प्रमुख कृतियाँ हैं—'शेफाली झर रही है', 'गाँव का मन', 'संचारिणी', 'लागौ रंग हरी', 'भ्रमरानन्द के पत्र', 'अंगद की नियति', 'छितवन की छाँह', 'कदम की फूली डाल', 'तुम चन्दन हम पानी', 'आँगन का पंछी और बनजारा मन', 'मैंने सिल पहुँचाई', 'साहित्य की चेतना', 'बसन्त आ गया पर कोई उत्कंठा नहीं', 'मेरे राम का मुकुट भीग रहा है', 'परम्परा बन्धन नहीं', 'कँटीले तारों के आर-पार', 'कौन तू फुलवा बीननि हारी', 'अस्मिता के लिए', 'देश', 'धर्म और साहित्य' (निबन्ध-संग्रह); 'दि डिस्क्रिप्टिव टेकनीक ऑफ पाणिनि', 'रीतिविज्ञान', 'भारतीय भाषा-दर्शन की पीठिका' (शोध); 'पानी की पुकार' (कविता-संग्रह); 'रसखान रचनावली', 'रहीम ग्रन्थावली', 'देव की दीपशिखा', 'आलम ग्रन्थावली', 'नई कविता की मुक्तधारा' (सम्पादित)।

14 फरवरी, 2005 को उनका देहावसान हुआ।

हिन्दू धर्म
जीवन में सनातन की खोज

विद्यानिवास मिश्र

राधाकृष्ण पेपरबैक्स

पहला पुस्तकालय संस्करण
राधाकृष्ण प्रकाशन प्राइवेट लिमिटेड द्वारा
1979 में प्रकाशित

राधाकृष्ण पेपरबैक्स में
पहला संस्करण : 2023
दूसरा संस्करण : 2025

राधाकृष्ण पेपरबैक्स : उत्कृष्ट साहित्य के जनसुलभ संस्करण

राधाकृष्ण प्रकाशन प्राइवेट लिमिटेड
जी-17, जगतपुरी, दिल्ली-110 051
द्वारा प्रकाशित

शाखाएँ : अशोक राजपथ, साइंस कॉलेज के सामने, पटना-800 006
पहली मंजिल, दरबारी बिल्डिंग, महात्मा गांधी मार्ग, प्रयागराज-211 001
1, अनमोल सोराबजी सन्तुक लेन, धोबी तलाव, मरीन लाइंस, मुम्बई-400 002
वेबसाइट : www.radhakrishnaprakashan.com
ई-मेल : info@radhakrishnaprakashan.com

बी.के. ऑफसेट
नवीन शाहदरा, दिल्ली-110 032
द्वारा मुद्रित

मूल्य : ₹299

HINDU DHARMA : JEEVAN MEIN SANATAN KI KHOJ
by Vidyaniwas Mishra

ISBN : 978-81-19989-70-6

अपने मुक्तमना मित्र
स्वर्गीय ओंप्रकाश की स्मृति को

न पश्यन् मृत्युं पश्यति न रोगं नोत दुःखताम्।
सर्वं हि पश्यन् पश्यति सर्वमाप्नोति सर्वशः॥

मैत्रायणी उपनिषद्, 7.11

सही देखने वाला न मृत्यु को देखता है, न रोग को, न दुःख को; वह सबको देखता है, सबको सब प्रकार से प्राप्त करता है।

क्रम

आभार

हिन्दू धर्म पर यह पुस्तक लिख गई, कैसे लिख गई, मुझे खुद बड़ा अचरज होता है। मैं इसे टालता ही रहा हूँ। मेरे दो लेख भाई (वात्स्यायनजी) ने 'नवभारत टाइम्स' में छापे, तभी स्वर्गीय ओंप्रकाश जी ने मुझसे वादा ले लिया कि यह किताब आप मुझे दें। उनकी अन्तिम चिट्ठी भी तगादे की चिट्ठी थी। उनके सुपुत्र अरविन्द कुमार उनसे भी आगे बढ़े, उन्होंने पुस्तक के प्रकाशन की घोषणा कर दी और मैं फँस गया। मुझसे पुस्तक लिखा ली गई। मैं जानता हूँ कि यह पुस्तक न हिन्दू धर्म की व्याख्या है, न उसके लिए कोई वकालत; यह सिर्फ़ बरसों से मन में उड़मती-घुमड़ती बात की अधूरी अभिव्यक्ति है। एक-एक पक्ष पर पुस्तक लिखी जा सकती है और लिखी जानी चाहिए।

अस्तु, मैं अब अपनी परम्परा, अपने शास्त्रकारों, आचार्यों, संतों और गुरुजनों को प्रणाम करता हूँ कि उनकी कृपा से यह पुस्तक पूरी कर सका। जिन आधुनिक युग के व्याख्याताओं से मैंने उद्धरण दिये, उनका (विशेष रूप से स्वर्गीय आनन्दकुमार स्वामी का) आभारी हूँ। 'कल्चरल हेरिटेज ऑफ़ इंडिया', सनातन तीर्थयात्री श्री सुदर्शनसिंह चक्र के 'हिन्दू-तीर्थ' से, श्री काणे के 'हिन्दू-धर्मशास्त्र के इतिहास' से कुछ सूचनाएँ तीर्थों और पर्वों के बारे में मैंने लीं; इन पुस्तकों का ऋणी हूँ।

मेरे तीन शिष्यों ने (डॉ. उमाकान्त त्रिपाठी, सुबच्चन पांडेय, रामरतन शुक्ल) उद्धरणों को व्यवस्थापित करने में मेरी सहायता की, उन्हें आशीर्वाद देता हूँ।

स्वर्गीय डॉक्टर लोहिया ने 1967 में मुझसे हिन्दू धर्म-दर्शन पर विवेचनपूर्ण विचारों के संकलन के लिए कहा था, वह 'जन' का विशेषांक निकालना चाहते थे। वह बात तो पूरी नहीं हुई, पर आज उन्हें स्मरण करके मन में तृप्ति होती है।

आदरणीय भैया साहब (पं. श्रीनारायण चतुर्वेदी) और श्रद्धेय वात्स्यायनजी का प्रोत्साहन मेरे लिए हिन्दू धर्म की तीर्थयात्रा में बहुत बड़ा पाथेय रहा है। उनके प्रति आनत हूँ।

अब यह नया संस्करण पहले आना चाहिए था, खैर, विलम्ब से ही सही। श्री अशोक महेश्वरी ने कुछ देर से ही तत्परता दिखाई, उन्हें धन्यवाद देता हूँ।

मार्गशीर्ष शुक्ल 5 (विहार पंचमी)
2036 विक्रमाब्द

—विद्यानिवास मिश्र

भूमिका

हिन्दू धर्म वर्तमानजीवी धर्म है। वह सत्य और ऋत का गठबन्धन है।[1] यह मनुष्य के स्वभाव में है कि वह अतीत, वर्तमान और भविष्य में एक साथ जिए बिना रह नहीं सकता। अतीत से जुड़ने के पीछे पलायन का भाव चाहे किसी दूसरी मानव-जाति में मिलता हो, पर भारत में अतीत से जुड़ने का अर्थ वर्तमान की सम्भावना का विस्तार होता है, वर्तमान से पलायन नहीं। इसी प्रकार भावी सुख (यूटोपिया) की कल्पना किन्हीं-किन्हीं विचार-दर्शनों में और मज़हबों में वर्तमान की प्रेरक भले ही हो, किन्तु हिन्दू जीवन-दृष्टि अनागत सुख की कल्पना में वर्तमान को विस्मृत नहीं करती, वह अनागत को वर्तमान की सन्तति या फैलाव की दिशा के रूप में ही स्वीकार करती है। वर्तमान केवल अतीत के सनातन शाश्वत मूल्य को भविष्यत् की यात्रा के पाथेय के रूप में सौंपनेवाला एक माध्यम है, किन्तु एकमात्र माध्यम होने के कारण दोनों से अधिक महत्त्वपूर्ण है।

इस दृष्टि से जब हम हिन्दू ज्ञान-विज्ञान की उपलब्धियों पर विचार करते हैं तो सबसे पहले ज्ञान-विज्ञान को सही चौखटा देनेवाली उस समय के मनुष्य की विश्व-दृष्टि की ओर हमारा ध्यान जाता है। प्राचीन भूमध्य सागरीय लोगों की विश्व-दृष्टि से हिन्दू विश्व-दृष्टि में एक मौलिक भेद है। पहली दृष्टि में प्रकृति या प्रकृति की शक्तियाँ मनुष्य से अलग हैं और इसीलिए इन दोनों में स्पर्धा है। मनुष्य के मन में प्रकृति को जीतने की बात आती है और प्रकृति की शक्तियों के प्रतिरूप देवता इस विजय-यात्रा में इसीलिए बाधा पहुँचाते हैं। इसके ठीक विपरीत हिन्दू विश्व-दृष्टि मनुष्य और प्रकृति, दोनों को अविलग देखती है—बाहर से जो सूर्य का प्रकाश है, वही भीतर बुद्धि का प्रकाश है; बाहर जो अन्धकार है, वही भीतर का भय है; बाहर जो तृण, वीरुध और वृक्ष में ऊपर उठने की प्रक्रिया है, वही भीतर की उमंग है। इसीलिए मनुष्य और देवता में स्पर्धा नहीं है, सहकार भाव है।[2] मनुष्य देवता को प्रभावित करता है, देवता मनुष्य को। भारतीय ज्ञान-विज्ञान का सबसे पहला केन्द्र

वैदिक यज्ञ-संस्था है और यह संस्था मनुष्य और देवता, आभ्यन्तर और बाह्य, व्यक्त और अव्यक्त, चर और अचर—इन युग्मों को, सम्पृक्त मिथुनों को एक दूसरे के लिए अपेक्षी बनाने वाली विधि है। इसलिए जहाँ पश्चिमी चिन्तन मनुष्य को केन्द्र में रखता है, मनुष्य की अप्रतिहत बुद्धि को केन्द्र में रखता है, प्रकृति पर मनुष्य की विजय को मनुष्य का पुरुषार्थ मानता है तथा पूरी सृष्टि को मनुष्य का उपभोग्य मानता है, वहाँ भारतीय हिन्दू चिन्तन कोई एक केन्द्र देखता ही नहीं, उसका विश्व बहुकेन्द्रिक है। मनुष्य के लिए देवता केन्द्र है, देवता के लिए मनुष्य। वहाँ प्रकृति पर विजय नहीं, प्रकृति से सामंजस्य और समग्र अस्तित्व में परम सामंजस्य स्थापित करना ही मानव-जीवन का परम लक्ष्य है। समस्त भूतों के ऋण की परिशुद्धि ही परम पुरुषार्थ है। वहाँ न कोई निरपेक्ष रूप में भोग्य है, न निरपेक्ष रूप में भोक्ता। या तो मनुष्य सहभोक्ता है या सभी सहभोक्ता हों, इसके लिए अपने को अर्पित करनेवाला भोज्य है। वह अन्न भी है, अन्नाद भी है (अन्न खाने वाला भी है)।

इस हिन्दू विश्व-दृष्टि के आलोक में ही भारतीय ज्ञान-विज्ञान की उपलब्धि और उस उपलब्धि की सनातन मूल्यवत्ता की बात की जा सकती है। हिन्दू धर्म के बारे में बात करने का मतलब होता है, इसकी बौद्धिक उपलब्धि और इसके ज्ञान-विज्ञान के मूल प्रयोजन की बात करना। भारतीय ज्ञान-विज्ञान का उद्देश्य वस्तुओं की पहचान मात्र नहीं है। उसका उद्देश्य समस्त वस्तुओं की पहचान करके उनमें उनकी प्रतीयमान सत्ताओं को अलग-अलग वर्गीकृत करके उनमें एक अव्यय भाव—एक न खुलने वाला भाव—तलाशना है। जो ज्ञान-विज्ञान इस तलाश को अपने ध्येय के रूप में स्वीकार नहीं करता, वह अधूरा माना जाता है। वह पूर्ण नहीं माना जाता। परन्तु इसका अर्थ यह नहीं कि इसका खंडित या अधूरा ज्ञान उपेक्षणीय है। वराहमिहिर ने 'बृहत्संहिता' के आरम्भ में यवन अर्थात् ग्रीक ज्योतिर्वेत्ताओं के प्रति सम्मान प्रदर्शित करते हुए कहा कि "वे लोग भी महर्षियों की तरह पूज्य हैं क्योंकि ज्ञान कैसा भी हो, पवित्र होता है : 'न हि ज्ञानेन सदृशं पवित्रमिह विद्यते'।"

हिन्दू-दृष्टि अधूरे ज्ञान को अपने बड़े चौखटे में जोड़ने पर केवल बल देती है, वह उसको तिरस्कृत नहीं करती। इसी दृष्टि के कारण भारत ने शिल्प, कला, ज्ञान, विज्ञान—सभी क्षेत्रों में बाहर से लेने में संकोच नहीं किया, पर देते समय यह ध्यान अवश्य रखा कि जिसको दिया जाए, उसको अपने से बड़ा मानकर दिया जाए, छोटा मानकर नहीं। जावा, कम्बोज, मध्य एशिया, कोरिया और जापान को भारत ने दिया, पर इन देशों की निजी प्रतिमा को बड़प्पन देते हुए दिया। उस प्रतिमा की भंगिमाओं को आत्मसात् करते हुए अपनी इयत्ता उन्हें सौंपी।

प्रायः कहा जाता है कि केवल दर्शन, ललित कला और साहित्य के क्षेत्र में ही भारत की कुछ महत्त्वपूर्ण देन है। उसमें भारतीय दर्शन धर्म से उलझा हुआ है, उसके ऊपर दुःख का भूत चढ़ा हुआ है। भारतीय साहित्य और कला जहाँ धर्म से

उलझे नहीं हैं, वहाँ मनुष्य की गरिमा को व्यक्त करने में समर्थ नहीं हैं, क्योंकि वे केवल सुखमय विलास का ही चित्र प्रस्तुत करते हैं। ऐसा कहनेवाले यह नहीं सोचते कि धर्म हमारे यहाँ व्यापक अर्थ में गृहीत है। वह न कोई विश्वास है, न एक निश्चित आचरण संहिता, वह दोनों को अर्थ प्रदान करनेवाला जीवन का स्वभाव-सिद्ध व्यापार है। इसीलिए हिन्दू के लिए धर्म साहित्य, कला, दर्शन से या साहित्य, कला या दर्शन धर्म से कोई विलग वस्तु हो ही नहीं सकते। अधर्म भी धर्म का निषेध या विरोध नहीं, धर्म की जड़ता ही अधर्म है, धर्म का ठहराव ही अधर्म है और इसलिए धर्म की गतिशीलता समस्त दर्शनों, साहित्यों और कलाओं पर छाई हुई है। न तो भारतीय दर्शन दुःखवादी है और न भारतीय साहित्य सुखवादी। भारतीय दर्शन दुःख की बात वास्तविक सुख की तलाश के लिए प्रेरकबिन्दु के रूप में करता है और भारतीय साहित्य सुखमय परिणति को दुःख के विनाश के रूप में नहीं, बल्कि दुःख के अभिघातक गुण के विनाश के रूप में[3] स्वीकार करता है। ग्रीक ट्रेजेडी में जिस प्रकार का करुण-बोध है, वह करुण-बोध मनुष्य की विवशता को द्योतित करनेवाला है, मनुष्य की विवशता पर आधारित है। 'महाभारत' जैसे ग्रंथ में जो करुण-बोध है, वह मनुष्य के भीतर छोटे और बड़े धर्म के बीच छिड़ने वाले संघर्ष पर आधारित है। ग्रीक ट्रेजेडी में पतन की गरिमा है, क्योंकि पतन कुछ नियत कारणों से होता है। परन्तु भारतीय काव्य में परिणति पतन की गरिमा में नहीं, पतन की उपेक्षा करनेवाली निस्संगता की गरिमा में और उससे अधिक निस्संग व्यक्ति की परदुःख-कातरता में है। ओदीपोस के चरित्र में और युधिष्ठिर के चरित्र में यही अन्तर है। ओदिपोस देवताओं के विरुद्ध आक्रोश करता है, युधिष्ठिर स्वर्ग-प्रवेश करने के लिए देवताओं के सामने अपनी शर्त रखते हैं।[4]

बहुत-से पश्चिमी आलोचक संस्कृत काव्य को घोर-शृंगार का काव्य मानते हैं, ऐन्द्रिय विलास का काव्य मानते हैं, क्योंकि वे यह समझ ही नहीं सकते कि ऐन्द्रिय विलास भी ओछा नहीं, यदि वह एक बड़ी, एक दूसरे के पर्युत्सुक होने वाली प्रक्रिया[5] का अंग है :

मधुद्विरेफः कुसुमैकपात्रे पपौ प्रियां स्वामनुवर्तमानः।
शृंगेण च स्पर्शनिमीलिताक्षीं मृगीमकंडूयत कृष्णसारः॥[6]

भौंरे ने कुसुम का रस प्रिया को पिलाकर ही पिया। मृग ने अपने सींग के स्पर्श मात्र से आँखें मूँदकर विश्वस्त बैठी हुई मृगी को खुजलाया। इस सहज आत्मदानी और विश्वासोत्पादक प्रेम-व्यापार को शृंगार के सहकारी के रूप में स्वीकार किया जाता है तो वह शृंगार केवल इन्द्रियों की तुष्टि नहीं, न केवल व्यक्ति की परितुष्टि है। वह समस्त चित्त की रागाकुलता को उमड़ाकर सृष्टि के सम्पूर्ण उद्वेलन के साथ व्यक्ति के उद्वेलन को जोड़कर बिछुड़े हुए चिदंशों के एकीकरण की प्रक्रिया है।

संस्कृत साहित्य व्यापक हिन्दू दृष्टि का बड़ा ही साफ़-सुथरा और समग्र चित्र प्रस्तुत करता है। संस्कृत काव्य में राजा के दरबार का ऐश्वर्य-विलास है, पर तपोवन की शान्ति से, तपोवन के विश्वास से छोटा होकर ही। भारतीय कविता को निरन्तर वन ने, वन की सहज और बीहड़ प्रकृति ने, एक ऐसा परिपार्श्व दिया है जिससे उसमें वर्णित प्रेम और उसकी चेष्टाएँ महिमान्वित हो गई हैं।

हिन्दू धर्म की दूसरी गहरी छाप भारतीय कला में मिलती है। यहाँ यह उल्लेखनीय है कि इस दृष्टि से बौद्ध और जैन मत अलग नहीं हैं। भारतीय कला में भी जिन लोगों को केवल अलंकरण दीखता है या एक ही आकृति की पुनरावृत्ति दीखती है, अयथार्थता दीखती है, उन्हें यह नहीं दीखता कि साधारण अनुपात से अलग जाकर आकृतियों की रचना इस उद्देश्य से है कि जिस रूप में वस्तु दृष्ट है, जिस मात्रा में दृश्य में द्रष्टा है, उसी रूप में और उसी मात्रा में उस वस्तु का शाश्वत दृश्य महत्त्व है क्योंकि वही उसका आन्तरिक यथार्थ है। काव्य और कला, दोनों में अभिप्रायों की पुनरावृत्ति, सौन्दर्य-रूढ़ियों की पुनरावृत्ति, विशेषणों की पुनरावृत्ति, ऋतुचक्र की पुनरावृत्ति इस उद्देश्य से नहीं है कि पाठक या दर्शक ऊबे या उद्विग्न हो, ठीक उल्टे इस उद्देश्य से है कि आवृत्ति के माध्यम से अनेक भंगिमाओं में दृश्यमान भाव की एकता की अनुस्मृति नष्ट न होने पाए, खंड रूप में प्रतिभासमान सत्ताओं की अखंडता दृष्टि से ओझल न होने पाए। नूतनताओं का अनुसन्धान, भारतीय कला-दृष्टि में व्यक्ति-वैशिष्ट्य में नहीं, व्यक्ति-व्यापार-वैशिष्ट्य में है। 'महाभारत' और 'रामायण' के पात्रों को लेकर जाने कितने नाटक लिखे गए हैं, कितनी शिल्प- रचनाएँ हुई हैं, किन्तु पात्र वे ही बार-बार आने पर भी प्रस्तुति में नवीनता है। उन पात्रों की प्रस्तुति अलग-अलग उद्देश्य से उनकी अनुवर्तमानता के द्वारा की जाती है। इसलिए राम-रावण, कृष्ण-कंस तो नहीं बदलते और उसी रूप में प्रस्तुत होते हैं, जिस रूप में वाल्मीकि और व्यास में हुए, पर उनका होना नया होता रहता है। सिद्ध या इतिहासबद्ध पुरुष के रूप में उनकी भूमिकाएँ भारतीय दृष्टि में बहुत छोटी हैं, भारतीय साहित्य और कला-दृष्टि ऐतिहासिक भूमिका का बहुत सीमित उपयोग करती है। वह न उसका प्रत्याख्यान ही करती है, न उसके विरोध में कोई अनैतिहासिक या स्वप्निल भूमिका प्रस्तुत करती है। वह केवल इन दोनों प्रकार की खंडित भूमिकाओं से निरपेक्ष रहनेवाली, देश और काल का अतिक्रमण करने की सम्भावना रखनेवाली, लीला-व्यापारमय भूमिका की सृष्टि करती है।[7]

राम-कृष्ण की ऐतिहासिक भूमिका छोटी, नित्यलीला के रूप में उसकी भूमिका बड़ी है; बुद्ध की शाक्य मुनि के रूप में भूमिका छोटी, बोधिसत्त्व की शृंखला के रूप में बड़ी है। इसलिए प्राचीन भारतीय साहित्य-कला की उपलब्धि का मूल्यांकन करते समय हिन्दू मूल्य-बोध का यह पक्ष ध्यान में रखना आवश्यक हो जाता है।

भारतीय वैज्ञानिक उपलब्धि पर विचार करते समय भी यह बात स्पष्ट दीखती है कि इस विज्ञान का उद्देश्य प्रकृति को जीतना नहीं है, बल्कि मनुष्य और प्रकृति को एक परस्पराकांक्षी युग्म के रूप में स्थापित करना है और सृष्टि-चक्र को पथच्युत होने से रोकना है। प्राचीन भारतीय जीवन में यह नहीं था कि आखेट वर्जित हो, पशुवध न होता हो, किन्तु यह था कि प्रजनन की ऋतुओं में आखेट वर्जित किया जाता था, जिससे सृष्टि का सन्तुलन बिगड़ने न पाए। पेड़ से लकड़ी तोड़ी जाती थी, लेकिन नई शाखा छिनगाना पाप समझा जाता था। कृषि विकास के साथ-साथ वृक्षारोपण और पशु संवर्द्धन को महत्त्व देने के पीछे भी यही प्रयोजन था कि कोई भी विकास अपने-आपमें पूरा नहीं है। बहुत सूक्ष्म पर्यवेक्षण के बाद प्राचीन भारतीयों ने आयुर्वेद और ज्योतिष का ज्ञान विकसित किया और इन दोनों प्रायोगिक विज्ञान के क्षेत्रों में उन्होंने धर्म-दृष्टि खोने नहीं दी। यही नहीं, उन्होंने आयुर्वेद को ज्योतिष से जोड़ा और बाह्य दृश्य या प्रत्यक्ष विद्याओं को अप्रत्यक्ष विद्या—अध्यात्म विद्या से जोड़ा जिससे भले ही किसी खंडित दृष्टि वाले व्यक्ति को अटपटा लगे कि नक्षत्र-विशेष या ऋतु-विशेष में औषधि उखाड़ने में कौन-सा वैज्ञानिक महत्त्व है, पर उसके पीछे एक अखंड दृष्टि है—इसे आज नहीं तो कल ज़रूर आँका जाएगा।

पश्चिम के प्रसिद्ध भारतीय तत्त्ववेत्ता हाइनरिख त्सिमर ने 'हिन्दू चिकित्सा' नामक ग्रंथ में ठीक ही लिखा है कि हिन्दू चिकित्सा पद्धति मन और शरीर के भेद को स्वीकार नहीं करती और केवल शरीर के स्वास्थ्य-लाभ तक सीमित भी नहीं रहती है, वह वस्तुत: शरीर के माध्यम से जीवन के आनन्द की पूर्णता प्राप्त करने की विधि प्रस्तुत करती है। इसलिए आयुर्वेद में शरीर, रति, हेतु, व्याधि, कर्म, कार्य, काल, कर्ता (वैद्य), करण और विधिविनिश्चय—इन दसों का महत्त्व है और यह चिकित्सा-पद्धति इसीलिए आयुर्वेद कही जाती है कि वह जीवन-तत्त्व को परिपूर्णता दिलाने के लिए है। वह मनुष्य के बाहरी शरीर की ही चिकित्सा नहीं, मनुष्य के अन्तर्वर्ती प्राण की भी चिकित्सा है। यही कारण है कि आयुर्वेद की भित्ति सांख्य की त्रिगुणात्मक सृष्टि-योजना है। यह योजना ऊपर से देखने पर बहुत अस्पष्ट और बाह्य वस्तु-निरीक्षण से अप्रमाणित जान पड़ती है, परन्तु इसका आधार शरीर की स्थूल रचना नहीं, शरीर की सूक्ष्म रचना है। इसलिए आयुर्वेद को अच्छी तरह समझने के लिए योग-साधना के अनुसार शरीर में शक्ति-प्रवाह के रूप में स्थित चक्र-शृंखला को समझना आवश्यक हो जाता है। इस शृंखला की कल्पना भी वस्तुत: विराट् विश्व के व्यष्टि शरीर में सूक्ष्म रूप में अवस्थित होने पर आधारित है। इस प्रकार आयुर्वेद का ज्ञान भी आधुनिक अर्थ में विज्ञान भले न माना जाए, पर अनुभव की व्यापकता और गहराई की दृष्टि से यह अधिक पूर्ण विज्ञान सिद्ध हो सकता है—यदि इस पद्धति को माननेवाले इसके सम्पूर्ण परिप्रेक्ष्य में अपने अनुभव के बल पर इसे निरन्तर प्रति-संस्कृत करते हुए आगे बढ़ाएँगे।

ज्योतिष विद्या के प्रसंग में भी यही बात लागू है कि वह केवल काल-गणना या दिग्गणना नहीं है, वह सृष्टि-विद्या भी है और वह खंडकाल के परिणामों के माध्यम से अखंडकाल की साधना करनेवाली विद्या भी है। यह आकस्मिक नहीं है कि हिन्दू ज्योतिष में निरयण गणना को सायण गणना की अपेक्षा अधिक महत्त्व दिया गया है। निरयण गणना सृष्टि के आरम्भ को बिन्दु मानकर चलती है और इसीलिए यह स्थापना करती है कि मनुष्य का जन्म निरवधि-काल और सावधि-काल के मिलन बिन्दु पर होता है। एक ओर वह जीवन की अनन्त यात्रा के पड़ावों की शृंखला के रूप में आता है, और दूसरी ओर उसकी एक खंडकालिक इयत्ता भी रहती है, जो उसी के प्रारब्ध, संचित और क्रियमाण कर्मों के द्वारा नियंत्रित रहती है। हिन्दू ज्योतिर्विद्या का प्रारम्भ सौर-मंडल की कल्पना से नहीं, नक्षत्र-मंडल की कल्पना से हुआ। इसी से इस विद्या में प्रारम्भ में ही पृथ्वी-केन्द्रिक विचारधारा परिपोषित न होकर ब्रह्मांड की एकता देखने वाली विचारधारा परिपोषित हुई। भले ही हिन्दू ज्योतिर्विद्या की बहुत-सी उपलब्धियाँ आधुनिक खगोल विद्या और खगोल भौतिकी के सामने बच्चों की क्रीड़ा लगें, पर यदि सूक्ष्मता से विचार किया जाए तो प्राचीन हिन्दू ज्योतिष की व्यापक दृष्टि आज के गणितज्ञों के लिए भी स्पृहा की वस्तु है, क्योंकि पश्चिम का गणितज्ञ या खगोलवेत्ता आज भी मनुष्य-केन्द्रिक विश्व-दृष्टि से इतना बँधा हुआ रहा है कि वह ब्रह्मांड की लयबद्धता के बारे में शंकालु बना हुआ है। इधर ज़रूर हाइज़ेनबर्ग और आइंस्टाइन के चिन्तन ने व्यापक दृष्टि देकर पश्चिम को विज्ञान के अन्धविश्वास से मुक्त किया है।

विज्ञान के जिन क्षेत्रों में प्राचीन हिन्दू उपलब्धियाँ दीखती हैं, उनमें कृषि, भवन-निर्माण, नगर-निर्माण, धातु-विद्या, रसायन, नौका निर्माण और वस्तु-निर्माण प्रमुख हैं। चावल, गन्ना, कपास की फ़सलें तथा आम, नीबू, सुपारी, नारियल जैसे फलवाले वृक्षों के विकास में भारत का महत्त्वपूर्ण योगदान है। वस्तुतः कलम के आरोपण के द्वारा धान और आम का विकास भारत की निजी उपलब्धि है। भारत में कृषि, उद्यान और गोपालन—तीनों अन्तःसम्बद्ध हैं। हिन्दू शासन-तंत्र ने इनको स्वतंत्र विकास करने के अवसर भी दिये थे। हज़ारों वर्षों तक ग्राम स्तर पर स्वराज्य भारत में अक्षुण्ण बना रहा। भवन-निर्माण, नगर-निर्माण, और धातु-विद्या का विकास अवश्य अवरुद्ध हुआ, उसके भी दो मुख्य कारण थे। एक तो इन विद्याओं के पीछे जो देश-काल की आध्यात्मिक अवधारणा हिन्दू मानस में थी, वह लुप्त हो गई और उसके साथ-साथ रचना की प्रेरक शक्ति—धर्म का व्यापक बोध—लुप्त हो गई। दूसरे यह कि भौतिक समृद्धि के अवसरों का वितरण विषम हो गया, शासन का केन्द्रीयकरण बढ़ गया और सत्ता की लोलुपता के कारण प्राचीन हिन्दू जीवन-दृष्टि में समग्र रूप से जो सौन्दर्य-बोध दीखता रहा, वह क्षीण होने लगा। एकांगी आध्यात्मिकता का प्रसार हुआ। अब इसके कारण भौतिक

सुख-सुविधाओं के लिए सामाजिक दायित्व में ह्रास आया और इसी से धीरे-धीरे शिल्पी, धातुकार, कारीगर बेरोजगार होते गए—और आज इन प्रायोगिक विद्याओं पर एक तो पुस्तकें कम मिलती हैं, जो मिलती भी हैं, उन्हें समझना कठिन हो गया है, क्योंकि प्रयोग की परम्परा बीच में बहुत दिनों तक विच्छिन्न हो गई थी। एलुरा में किस प्रकार एक पहाड़ में ऊपर से नीचे की ओर पत्थर काट-काटकर रचना हुई, किस प्रकार सौ हाथ से ज्यादा लम्बी-चौड़ी-मोटी शिला केवल एक दीवार पर टिकाई गई, किन द्रव्यों से दिल्ली के लौह-स्तम्भ के पॉलिश का निर्माण हुआ है कि उसकी चमक अब तक बनी हुई है। जिस प्रकार की नगर की रचना और सामाजिक सुविधाओं का विन्यास मोहनजोदड़ो में मिलता है, वह क्रम कैसे टूट गया—इन प्रश्नों का उत्तर आज नहीं मिलता। मान भी लें, उत्तर पाने का प्रयत्न नहीं करना चाहिए, क्योंकि मनुष्य का यंत्र-कौशल बहुत विकसित हो चुका है, तो भी यह तो समझने की कोशिश करनी ही चाहिए कि जिस धर्म ने भौतिक-आध्यात्मिक विकास को समानान्तर चलाया, वह धर्म आज के फैलते हुए विश्व में एकाएक क्यों इतना अप्रासंगिक हो गया है और हम क्यों इस धर्म के बारे में क्षमायाची भाव रखते हैं? भारतीय विद्याओं के इस कौशल से भावी विकास में यदि कोई सहायता मिलेगी तो वह यह कि इसके उपयोग में वह एक सर्वभूत हित की दृष्टि दे सकती है। जिस परिवेश-विद्या (इकोलॉजी) की चर्चा का आजकल फ़ैशन है, उसकी मूल स्थापना हिन्दू-चिन्तन के समीप है। जैव-सृष्टि में कोई चीज़ नष्ट नहीं होती, वह पुनः नया जैव-रूप धारण करती है। इसलिए जीव-विनाश का अविवेकपूर्ण अभियान असन्तुलन ला सकता है। उदाहरण के लिए, संसार में भोजन की कमी का समाधान आज आदमी समुद्र-खाद्य के संग्रह से करना चाहता है। विज्ञान ने यह पता लगा लिया है कि समुद्र की सतह पर छोटे-छोटे ऐसे जीव रहते हैं, जो सूर्य के ताप से जीवन ग्रहण करते हैं और पोषक वस्तुओं के परिमाण के अनुपात में इन जीवों की अल्पमात्रा भी पर्याप्त पोषण दे सकती है। अब यदि इसका संग्रह अविवेकपूर्ण ढंग से किया जाए तो परिणाम यह होगा कि उसके ऊपर जीनेवाले समुद्री जीव समाप्त हो जाएँगे और उन जीवों के समाप्त होने से समुद्र की शुद्धता भी समाप्त हो जाएगी, जिससे व्यापक रूप से जीवन के लिए आवश्यक प्राणस्रोत में कमी आ जाएगी। इसी प्रकार समस्त यांत्रिक विकास के सम्बन्ध में एक प्रश्नचिह्न खड़ा हो गया है। मनुष्य की भूख अगर शान्त नहीं होती तो केवल मनुष्य ही नहीं, पूरा भूगोल प्रभावित हो सकता है। यदि हिन्दू ज्ञान-विज्ञान की सबसे महत्त्वपूर्ण उपलब्धि आज जो प्रासंगिकता रखती है, वह है हिन्दू धर्म से अभिभावित उसका सर्वभूतात्मभाव, समस्त जड़-चेतन सत्ताओं में एक जीवनधारा, एक चैतन्य प्रवाह को स्पन्दित देखना (समस्त क्षणों में एक सन्तान देखना), समस्त बुदबुदों में एक अव्यक्त महासागर देखना।[8] आदमी जब इस रूप में देखता है तो एक मायने में तो छोटा हो जाता

है, क्योंकि उसका अहंकार टूट जाता है, पर दूसरे मायने में वह बड़ा हो जाता है, क्योंकि सबका हित देखने वाला स्वयं 'सब' बन जाता है।

हिन्दू धर्म पर इतनी पुस्तकों के होते हुए भी एक और पुस्तक लिखने का उद्देश्य मेरे सामने यही था कि हम अपने को आज के विश्व के सन्दर्भ में फिर जाँचें, इसलिए भी जाँचें कि निरन्तर अपने धर्म को जाँचते रहना इस धर्म की पहली माँग है। हिन्दू धर्म दुनिया में फैले, दूसरों को आलोक दे, इसकी चिन्ता न करके हम केवल यह चिन्ता कर सकें कि हम इससे क्यों नहीं आलोकित हो रहे हैं? हम क्यों दूसरों का मुँह जोह रहे हैं कि वे हिन्दू धर्म की तारीफ़ करें तो हम अपनी पीठ ठोंकें? हम क्यों सतही और कभी-कभी द्वेष या आत्महीनता से प्रेरित आलोचनाओं से घबराकर अपने धर्म से उदासीन बने हुए हैं? हम क्यों नहीं अपने हाथ से अपनी कुल्हाड़ी से अपने निरन्तर परिवर्तनशील धर्म की सूखी डालें काटने के लिए क़दम बढ़ाते हैं? दूसरों द्वारा काटी गई फल-फूल से लदी डाल के सूखे हुए रूप को धर्म मानकर क्यों कुंठित हैं?—इसी भाव को उकसाने के लिए यह छोटा-सा संकल्प मैंने लिया।

स्वर्गीय सम्पूर्णानन्दजी (जिन्हें मैं बाबूजी ही कहता था) ने एक बार जयपुर में बड़ी देर तक बात की और कहा कि यह बात तो समझ में आती है कि आदमी अपने धर्म में जो उसके विवेक के अनुसार अग्राह्य हो, उसका परित्याग करे। जिन्हें जड़ रूढ़ि मानता है, उन्हें निर्मम होकर तोड़े और जिसे ग्राह्य समझता है, उसका वरण करे, उसका और विकास करे, पर यह बात बिलकुल बेतुकी और साथ ही ख़तरनाक लगती है कि आदमी अपनी चली गई राह से तटस्थ हो जाए, किनारा कस ले और दूसरा कोई उस राह के बारे में जो भी कहे, उसका न प्रतिरोध कर सके, न उसे परख सके।

स्वर्गीय बाबूजी ने मुझसे कहा कि आज पढ़ा-लिखा हिन्दू अपने को हिन्दू कहने से भी कतराता है, इस स्थिति की भयावहता को दूर करने के लिए कुछ करना चाहिए। उनकी आज्ञा पालन करने के उत्साह ने मुझे नये सिर से सोचने के लिए प्रेरित किया। इसके साथ ही मेरे स्वर्गीय गुरुदेव पं. क्षेत्रेशचन्द्र चट्टोपाध्याय ने अपने ऋषिकल्प जीवन से हिन्दू धर्म के तपोमय आचरण और स्वाधीन चिन्तन का प्रतिमान उपस्थित किया। मेरे पूज्य पिताजी स्वर्गीय पं. प्रसिद्धनारायण मिश्र और मेरे पूज्य पितृव्य स्वर्गीय पं. मुनिवर मिश्र ने अपनी अप्रतिहत आस्तिकता का संस्पर्श दिया। गाँव में पैदा होने के आकस्मिक सुयोग ने मुझे अनपढ़ स्त्रियों के कंठ से उतरे गीतों में सृष्टिमात्र के लिए मनुष्य-चित्त की व्याकुलता की अभिव्यक्ति देखने की शक्ति दी और हिन्दी भाषा की निष्ठा ने 'आँखिन देखी' कहनेवाले संतों की ऋजुता और गहराई में अद्वितीय जीवन-साक्षात्कार की भाषा की छाँह दी।

विदेश में कई बार जाने से बार-बार खराद पर चढ़ने का अवसर मिला। अनेक विदेशी (केवल ऐतिहासिक और भौगोलिक परिभाषाओं से विदेशी) बन्धुओं की हिन्दू

धर्म-जिज्ञासा ने आत्म-निरीक्षण के लिए विवश किया। बातों ही बातों में एकाएक संकल्प बुलवा लेनेवाले श्रद्धेय भाई (श्री सच्चिदानन्द हीरानन्द वात्स्यायन) और निरन्तर संकल्प की पूर्ति के लिए उकसाने वाले आदरणीय भैयासाहब (पं. श्रीनारायण चतुर्वेदी) ने यह पुस्तक मुझसे लिखा ली। लिखे जाने के पहले मेरे अत्यन्त सहज बन्धु स्वर्गीय ओंप्रकाशजी ने मुझे बाँध लिया। इन सबके प्रति कृतज्ञता ज्ञापित करना, मैं समझता हूँ कि हिन्दू धर्म के प्रति कृतज्ञता ज्ञापित करना है, क्योंकि इन सभी ने हिन्दू धर्म की भाँति अपने जीवन में अपने विवेक से सनातन मूल्यवत्ता की खोज के लिए मुझे उकसाया है। मैं इस पुस्तक के द्वारा दूसरों को उकसा सकूँगा या नहीं, यह नहीं जानता, पर यह जानता हूँ कि इस उकसाव के कारण मैं अपने को हिन्दू मानते हुए तृप्ति और आश्वस्तता कुछ अधिक मात्रा में अनुभव करने लगा हूँ।

मेरी समझ में हिन्दू धर्म सिर्फ़ एक ही वजह से कठिन और उलझा हुआ लगता है, वह यह कि इसकी अन्तिम कसौटी है अपनी आत्मा को प्रिय लगना (स्वस्य च प्रियमात्मन:), यह अपनी आत्मा जान पाना ही मुश्किल है। कुछ लोग समझते हैं कि इससे सब कुछ करने की छूट है। हिन्दू धर्म पाप और पुण्य, दोनों से तटस्थ है। उनके अनुसार आत्यन्तिक रूप से कुछ पाप है ही नहीं, वह निर्नैतिक है। दूसरे लोग समझते हैं कि यह इतना विधि-निषेध में जकड़ा हुआ है कि इस छूटवादी जमाने में बिलकुल ही बेकार है। ये दोनों आरोप सही हैं भी और नहीं भी हैं। हिन्दू धर्म बड़ी नैतिकता के आगे छोटी नैतिकता के परित्याग की बात जब करता है तो वह उस छोटी नैतिकता की अवज्ञा करने के भाव से नहीं, वह उसे मूल्य देने के भाव से करता है, वह नैतिकता की निरन्तर परीक्षा करने के भाव से करता है। और वह जब आचरण में अनुशासन की बात करता है तो स्वाधीनता के सतत अभ्यास के प्रयोजन से, क्योंकि स्वाधीनता स्व को अधीन रखकर, स्व को स्व के अधीन रखकर ही साधी जा सकती है और यदि स्वाधीनता अनियंत्रित भोग में साधी जाती है तो वह कहीं न कहीं पराधीन बन जाती है, कहीं-न-कहीं वह ढोंग बन जाती है, किसी-न-किसी रूप में वह नारा मात्र बनकर रह जाती है। हिन्दू धर्म का महत्त्व मेरे लिए इसी से है कि वह चरम मानव-मूल्य स्वाधीनता की खोज के लिए एक नक्शा प्रस्तुत करता है। इस नक्शे के अनुसार चलकर अन्वेषण करनेवाला इस नक्शे में तरमीम करता चलता है, साथ ही वह स्वयं नक्शा बनता चलता है। हिन्दू धर्म इस अन्वेषण को रसमय भी बनाता है। उसकी भक्ति भोग-विमुख भोग और काम-विजयी काम का आस्वादन कराती है।

मैं इस नक्शे के अनुसार नया कुछ खोज पाया हूँ, इसके बारे में कम-से-कम मुझे कोई मुग़ालता नहीं है, न इसके बारे में मुग़ालता है कि इसके उस सुख के कुछ छींटे मुझे भिगो गए हैं, जो सुख अपने प्राचुर्य और अपने परिप्लाव के कारण उपनिषदों में भूमा कहा गया है (अल्प में रहना सुख का स्वभाव नहीं, उसका

स्वभाव ही है बहुलता, प्रचुरता, सर्वता), पर जो कुछ मैंने आगे के अध्यायों में सोचा-विचारा है, उसे मैंने विचारा है और इसीलिए उसे हिन्दू होकर विचारा है, इसका मुझे अवश्य विश्वास है।

इस पुस्तक को मैंने इसीलिए 'हिन्दू धर्म : जीवन में सनातन की खोज' कहना पसन्द किया, सिर्फ़ इसलिए कि यह खोज चलती रहे, सत्य का रथ कभी रुके नहीं और प्रत्येक व्यक्ति इसे अपने हाथों में लगाम रख करके चलाता रहे। इस पुस्तक में पाँच अध्याय हैं—हिन्दू धर्म : सामान्य लक्षण; हिन्दू धर्म : स्वरूप; हिन्दू धर्म : यज्ञ, उपासना और भक्ति; हिन्दू धर्म : तीर्थ और पर्व तथा हिन्दू धर्म : लोक और शास्त्र। अन्त में तीन परिशिष्ट हैं : प्रत्येक अध्याय की पाद-टिप्पणी (इसे मैंने अन्त में जानबूझकर रखा, सन्दर्भों के ब्योरे में जो जाना चाहे, वही इन्हें देखे, यही भाव मन में रहा है); दो विदेशी मित्रों—रोमानिया के प्रोफ़ेसर ज्बेर्या और अमरीका के प्रोफ़ेसर कुर्टिस—से हिन्दू धर्म के विषय में परोक्ष-प्रत्यक्ष संवाद और कुछ महत्त्वपूर्ण मंत्रों, श्लोकों, संतों की वाणी और आनुष्ठानिक लोकगीतों (अपने जनपद से और अपने परिवेश में स्वयं के सुने हुए) का संकलन। जो लोग वस्तुपरक ज्ञान-मीमांसा के रूप में इस पुस्तक को देखने की कोशिश करेंगे, उन्हें निराशा होगी, क्योंकि मैंने भावहीन होकर अपने धर्म के बारे में लिखने की बात ही नहीं सोची, न यह सोचा कि ऐसी मीमांसा न करने के कारण मेरी बात प्रामाणिकता का दावा नहीं कर सकेगी। यह पुस्तक उन सभी को सम्बोधित है, जो कहीं मन में यह पीर पाले हुए हैं कि ऐसा हिन्दू होने से क्या हुआ, जो हमें मुसलमान कवि रसखान की वह अहीर की छोहरी न बना सका जिसकी छछिया-भर छाछ पर पूरी विश्व-सत्ता, पूरा विश्व-रससम्भार और पूरा विश्व-चैतन्य नाचने को लाचार हो गए। ऐसे सम्बोध्य इसे पढ़कर कुछ और पर्युत्सुक हो सकें, मेरी भूमिका सफल होगी।

अध्याय-1

हिन्दू धर्म : सामान्य लक्षण

हम हिन्दू किसे कहेंगे—जन्म से हिन्दू माँ-बाप की सन्तान को हिन्दू कहेंगे, या लोग मुझे हिन्दू कहते हैं इसलिए अपने-आपको हिन्दू कहेंगे, या विवेकपूर्ण निर्णय के अनुसार अपने को हिन्दू मानेंगे? क्या हिन्दू धर्म में दीक्षित हुए बिना भी कोई हिन्दू हो सकता है?—इस प्रकार के प्रश्नों के उत्तर के द्वारा हम हिन्दू धर्म का सामान्य लक्षण कर सकते हैं।

हिन्दू एक बहुत ही व्यापक नाम है, पर यह नाम हिन्दुओं द्वारा हिन्दुओं के लिए दिया हुआ नाम नहीं है। यह नाम बाहर वालों ने दिया और यह उन सबके साथ चिपक गया है जो मुसलमान, ईसाई, यहूदी, पारसी जैसी परिभाषित कोटियों में नहीं आते। सही बात यह है कि प्राचीन शास्त्रों में केवल 'धर्म' शब्द मिलता है और उसके पूर्व दो या तीन ही विशेषण पाए जाते हैं—मानव धर्म, सनातन धर्म, आर्य धर्म। आर्य धर्म और सद् धर्म शब्द का प्रयोग बौद्धों ने अपने आष्टांगिक मार्ग के सम्बन्ध में किया। अधिकतर धर्मशास्त्र केवल धर्म का ही प्रयोग करते रहे हैं। धर्म मज़हब या रिलीजन से जिस प्रकार भिन्न है, उसी प्रकार हिन्दू मुसलमान, यहूदी, ईसाई आदि से भिन्न है। मज़हब का अर्थ है कुछ निश्चित विश्वास, जिन्हें न मानने से आदमी उस मज़हब की सदस्यता को खो देता है। हिन्दू धर्म में इस प्रकार के किसी निश्चित विश्वास पर बल नहीं दिया गया है। धर्म वस्तुत: पूरी तरह जीने का एक तरीका है। वह विश्वासों से अधिक जीने की प्रक्रिया पर आधारित है। यही कारण है कि हिन्दू धर्म में इतने अधिक सम्प्रदाय, इतने अधिक प्रकार के प्रादेशिक भेद और इतने अधिक प्रकार की रंग-बिरंगी जातियों का समावेश है। यह न तो देश से बँधा है, न ही काल से। जिस किसी देश का व्यक्ति हिन्दू जीवन-दर्शन के साथ साझेदारी रखता है, वह अपने को हिन्दू कह सकता है। हिन्दू धर्म में संस्थाएँ हैं, पर हिन्दू धर्म संस्थागत धर्म नहीं है।

अब यहाँ प्रश्न उठता है कि जब हिन्दू धर्म में भी मन्दिर, ब्राह्मण, पुरोहित, तांत्रिक, धर्माचार्य, महंत जैसी संस्थाएँ हैं तो हिन्दू धर्म भी संस्थागत धर्म माना जाना

चाहिए। इसका समाधान यह है कि ये संस्थाएँ तो हैं, पर ये ही सब कुछ नहीं हैं, मानने वाला भी कुछ है।

संस्थागत धर्म से अभिप्राय ऐसी व्यवस्थाओं से है जहाँ सारे निर्णय व्यक्ति से नहीं, बल्कि संस्था से लिये जाते हैं। वह संस्था चाहे कुछ चुने हुए व्यक्तियों की हो, चाहे धर्माचार्य की गद्‌दी हो या मन्दिर का पुजारी हो, या किसी भी प्रकार के धर्म-गुरु के रूप में हो। हिन्दू धर्म संस्थागत इस माने में नहीं है कि वह संस्थाओं तक सीमित नहीं है और उसमें सबसे अधिक महत्त्व दो बातों को है—एक, व्यक्ति के विवेक को और दूसरे, अमूर्त-शास्त्र को। प्रत्येक धर्मशास्त्र में साफ़-साफ़ स्पष्ट लिखा हुआ है[1] कि देश और काल का विचार करके आदमी को शास्त्रविहित धर्म के सम्बन्ध में निर्णय लेना चाहिए।

धर्म के चार प्रमुख अंग हैं—वेद, स्मृति, सदाचार और आत्मानुकूलता।[2] इसका अर्थ है कि शास्त्र का ज्ञान कोई ठहरा हुआ ज्ञान नहीं है, वह वेद से परिभाषित है, स्मृति सदाचार से और सदाचार अपनी अनुकूलता से। इसलिए शास्त्र एक जड़ वस्तु नहीं, यह निरन्तर जीवन की व्याख्या में उतरते रहने वाला स्मृति से समृद्धतर होने वाला मनुष्य का निरन्तर अनुभव है। हिन्दू का प्रत्येक धार्मिक अनुष्ठान मंत्रोच्चारणपूर्वक होता है। मंत्र के साथ जुड़ने का अर्थ है, एक साथ एक लम्बी परम्परा से जुड़ना और मनुष्य की ज्ञान-यात्रा की प्रारम्भिक बिन्दु से जुड़ना। दैनिक-चर्या से अपेक्षा की जाती है कि मनुष्य *ऋग्वेद* से लेकर आज तक के महत्त्वपूर्ण धार्मिक अनुभव की वाक्-सम्पदा को किसी-न-किसी रूप में दुहराए—संध्योपासन के रूप में, स्तोत्रपाठ के रूप में, या ग्रंथपाठ के रूप में। इस अर्थ में शास्त्र को कोई गतिशील संस्था कहना चाहे तो कह सकता है, परन्तु यह एक सीमित शास्त्र नहीं, इसलिए हम हिन्दू धर्म को संस्थागत धर्म नहीं कहेंगे।[3]

हम यह कह सकते हैं कि हिन्दू धर्म ज्ञान को आचरण से जोड़ते रहने की सतत प्रक्रिया है।[4] इस प्रक्रिया की पहली विशेषता है—जीवन में निरन्तरता और अखंडता का अनुभव करते रहना। जीवन की निरन्तरता केवल स्थूल शरीर या वंशानुक्रम में निरन्तरता नहीं है, यह तो निरन्तरता का केवल वह एक पक्ष है, जिसके कारण मनुष्य अपने को अपनी पूर्ववर्ती तीन पीढ़ियों के साथ एक पिंड का भागीदार मानता है—पूर्ववर्ती ही नहीं, परवर्ती पीढ़ियों के साथ भी और वह अपने प्रत्येक अनुष्ठान में एक तो यह अनुभव करता है कि हम अपने पूर्ववर्तियों को (पितरों को) भाग दे रहे हैं, दूसरी ओर मन में यह आकांक्षा भी पालता है कि हमारी भागीदार सन्तान हमसे अधिक समृद्ध, अधिक बुद्धि-सम्पन्न, अधिक कर्म-सम्पन्न हो। इस प्रकार का अनुभव केवल इसीलिए अतीत से नहीं जोड़ता, न केवल भविष्यत् से जोड़ता है, वह वर्तमान का विस्तार करता चलता है। अतीत और अनागत को वर्तमान में आत्मभुक्त करता चलता है। जीवन की निरन्तरता का दूसरा पक्ष सूक्ष्म शरीर की

अविच्छिन्नता के अनुभव के रूप में उजागर होता है। सूक्ष्म शरीर का अनुभव स्थूल इन्द्रिय से नहीं होता। वह अनुभव उसी के स्तर की सूक्ष्म बुद्धि से होता है। सूक्ष्म बुद्धि निरन्तर अभ्यास से विकसित होती है, अभ्यास इस बात का कि हम यह सोचते रहें कि हम अनन्त काल और देश से जुड़े हुए हैं और अभ्यास यह सोचते रहने का कि किसी भी वस्तु के प्रति यदि हमारा आकर्षण होता है, चाहे वह वस्तु मनुष्य के रूप में सामने आए या प्रकृति के रूप में हो तो उसके पीछे एक चिरसंचित संस्कार प्रेरक है। ऐसा निरन्तर खोजते रहने से स्थूल और सूक्ष्म का विवेक इस स्तर का हो जाता है कि आदमी स्थूल आश्रय में रहते हुए भी उससे अलग अस्तित्व के बारे में सोच सकता है और सूक्ष्म शरीर की भावना करते-करते समष्टि सूक्ष्म के प्रवाह में उसे विसर्जित कर सकता है। जन्मान्तर का सिद्धान्त इस निरन्तरता के अनुभव का ही एक निष्कर्ष है। जन्मान्तर का अर्थ ही है, स्थूल शरीर के नाश को जीवन का अन्त न मानना।

यह सही है कि जन्मान्तर एक वाद के रूप में बाद में रूढ़ हुआ, पर उसके बीज प्रारम्भ से ही वैदिक धर्म में थे, क्योंकि उसमें भी हर स्थूल और गोचर वस्तु तो किसी-न-किसी सूक्ष्म और अगोचर वस्तु का विम्ब माना जाता था। यज्ञ का पूरा अनुष्ठान स्थूल और सूक्ष्म के बीच भीतरी सम्बन्ध की भावना पर आधारित है।[5] यज्ञ की बार-बार इस प्रकार व्याख्या की गई है कि मानो वह सृष्टि को पुनः नया करने का अनुष्ठान हो! यज्ञ एक प्रकार से नया जन्म है। इसमें यज्ञ करनेवाला ही नया जन्म नहीं लेता। जिसके लिए वह यज्ञ करता है, वह देवता भी नया जन्म लेता है और उस देवता और करने वाले के बीच का सम्बन्ध भी नया जन्म लेता है।[6] यज्ञ करते समय यजमान स्वयं देवता होकर यज्ञ करता है, अर्थात् वह स्थूल शरीर होते हुए भी सूक्ष्म शरीर की भावना रखकर यज्ञ करता है। ऐसा न करे तो वह सूक्ष्म से सम्बन्ध स्थापित न कर पाए। सूक्ष्म से सम्बन्ध स्थापित हुए बिना जीवन खंडित है, अधूरा है। इसलिए निरन्तरता के साथ-साथ अखंडता का भी बोध होना इस प्रक्रिया के अन्तर्गत आता है। जो कुछ एक छोटे-से पिंड में घटित हो रहा है, वही ब्रह्मांड में घटित हो रहा है और जो ब्रह्मांड में घटित हो रहा हैं, वह किसी-न-किसी रूप में पिंड में भी घटित हो रहा है, यह भावना हिन्दुओं के मन में इतनी घर कर गई है कि उसके लिए तर्क या उपपत्ति ढूँढ़ने की वह आवश्यकता नहीं समझता। इससे भिन्न अनुभव को ही वह कुछ अटपटे रूप में देखता है।

हिन्दू स्थूल शरीर का सूक्ष्म शरीर के साथ इतना गहरा सम्बन्ध देखता है कि उसका चिकित्सा विज्ञान भी स्थूल शरीर का निदान किये बिना प्रकृति का निदान नहीं कर पाता और वह सूक्ष्म से सूक्ष्म भावना को भी स्थूल रूप दिये बिना सन्तुष्ट नहीं होता। यज्ञ, पूजा, पाठ—सब सूक्ष्म की भावना से किये गए स्थूल या बाह्य अनुष्ठान हैं। केवल सूक्ष्म से काम नहीं चलता, केवल अदृश्य या अमूर्त से काम

नहीं चलता, स्थूल और दृश्य वस्तुओं में सूक्ष्म का दर्शन करने से ही जीवन अखंड होता है और तभी इस जीवन की निरन्तरता देश और काल को लाँघकर भी ठीक तरह से अनुभव की जा सकती है।

हिन्दू जीवन-प्रक्रिया की दूसरी मुख्य विशेषता है : कर्मवाद; अर्थात् दूसरे शब्दों में, कर्म और फल की शृंखला को दो तरह से देखना—एक तो यह कि आदमी स्वयं अपनी स्वेच्छा से कर्म और उसके फल से बनता है, पर कर्म से बँधकर फल से छुट्टी नहीं पा सकता और फल से बँधने पर कर्म से छुट्टी नहीं पा सकता; कर्म-फल की इस शृंखला को मानना भाग्यवाद नहीं है[7] जैसाकि भ्रमवश बहुत लोगों द्वारा समझ लिया जाता है। भाग्यवाद का अर्थ होता है—कोई दूसरा है जो नियंत्रण करता है, या कोई संसार द्वारा नियत स्वभाव है, जिससे उसमें पैदा होने वाला हर जीव उसमें फँस जाने के लिए लाचार है। कर्म और फल की शृंखला को सचेत रूप से जीने का अर्थ होता है, यह जानना कि मैं जो फल पा रहा हूँ, वह मेरे कर्म का फल है। आज जो कर्म कर रहा हूँ, उसका फल भी मुझे भोगना होगा, यदि मैं कर्म करते समय फल की आकांक्षा लेकर करता हूँ। चूँकि इसके साथ यह भी अनुभव करना सम्मिलित है कि मैं चाहूँ तो कर्म के फल की इच्छा का त्याग करके फल से मुक्त होकर कर्म कर सकता हूँ और फल-रूप में प्राप्त भोग को ऐसे भोग सकता हूँ कि उसके साथ अनासक्त होकर आगे की शृंखला को समाप्त कर सकता हूँ। ऐसा करने के लिए दो रास्ते हैं—एक यह कि जो कुछ करें, वह विराट् भाव के लिए करें। 'मेरा नहीं', 'मेरा नहीं' (न मम, न मम)—इस भावना का अभ्यास करके ऐसी स्थिति में पहुँचें, जहाँ करने का अर्थ समर्पण हो जाए। दूसरा रास्ता यह कि ऐसा विवेक बार-बार उभारें कि मैं करनेवाला नहीं हूँ, करनेवाला मुझसे पृथक् मेरा एक आश्रित, साथ ही एक दूसरे स्तर पर मेरा आश्रय स्थूल शरीर है, इसलिए मैं अपने को उससे अलग करके देख सकता हूँ, मैं करनेवाले को अनुमति तो दूँगा, पर उसे फल की इच्छा से विरत कर दूँगा। दोनों रास्ते अपनी जगह ठीक हैं। पहला रास्ता ममता के त्याग का है, भक्ति का है, श्रद्धा का है और दूसरा, अहंता के त्याग का है, कर्म का है, संन्यास का है।[8]

कर्मवाद की इस अवधारणा के सम्बन्ध में पश्चिमी सामाजिक चेतना के दबाव के कारण स्वाभाविक रूप से यह प्रश्न उठता है—यह कर्मवाद सामाजिक न्याय के विरुद्ध तो नहीं है? कोई आदमी ग़रीब है तो क्या वह अपनी ग़रीबी के लिए अकेला ज़िम्मेदार है और क्या उस ओर से समाज दायित्वहीन हो जाता है और इस प्रकार की अवधारणा से सामाजिक विषमता के उत्पन्न होने का भय नहीं उपस्थित होता? सतही तौर पर तो इसका समाधान यह है कि अकेले केवल कर्मवाद ही हिन्दू धर्म का लक्षण हो तो उसे सामाजिक न्याय का विरोधी माना जा सकता है, पर उसकी सबसे बड़ी विशेषता यदि जीवन की निरन्तरता और अखंडता को स्वीकारना हो

और उसके साथ-साथ पूरी सृष्टि के प्रति कृतज्ञता और ऋणबद्धता का भाव हो तो सामाजिक न्याय की उपेक्षा की बात अपने-आप समाप्त हो जाती है। इसके प्रत्युत्तर में तुरंत दूसरा प्रश्न उठता है—किसी भी अच्छे या बुरे संकल्प का फल इस जन्म तक तो सोचने में कुछ उपपत्ति है और इसके आगे उसका फल होता है, इसमें कौन-सी उपपत्ति है और यदि नहीं है तो अदृष्ट के चक्कर में सामने जो सामाजिक दायित्व है, उसकी उपेक्षा क्यों की जाए? इसका प्रश्नात्मक सभाधान यह है कि अच्छे संकल्पों को नैतिक ऊर्जा में परिवर्तित होते हुए हम यदि देख सकते हैं और यह स्वीकार कर सकते हैं कि वह नैतिक ऊर्जा आधुनिक जीवन में प्रेरक और बचाव का भी काम करती है तो फिर इस नैतिक ऊर्जा की शक्ति को स्थूल शरीर से हद-से-हद सौ-सवा सौ वर्षों तक बाँधे रखने में तो और भी बेतुकापन दिखाई पड़ता है। इतने कम समय के लिए इतनी बड़ी शक्ति का प्रयोजन क्या अर्थ रखता है? इसके अलावा कर्म के संस्कार को दूसरे जन्म से संक्रान्त न मानने से कई प्रकार की वैयक्तिक विसंगतियों का कोई भी सही कारण नहीं दीखता, एकाएक अत्यन्त अनैतिक जीवन बिताने वाले के मन में उदात्त मानवीय भाव उमड़ते हैं और गहरी नैतिकता के तल में हिंस्र पशु-भाव उभर आता है। इनकी उपपत्ति तो इस जन्म से पूर्व की वासना में ही सम्भव है। दूसरे, केवल सामाजिक परिस्थितियों से या मनोवैज्ञानिक उलझनों से इन विसंगतियों का समाधान प्रयत्न करने पर भी सम्भव नहीं हो पाया है। कर्म और फल की श्रृंखला को स्वीकार करने से यह अवश्य है कि मोक्ष के लिए कोई आसान नुस्खा नहीं मिलता है।

कर्म तीन प्रकार का है—प्रारब्ध, संचित और क्रियमाण। प्रारब्ध—जिसका फल मिलना शुरू हो गया है, इसलिए जिसके पूरे चक्कर से गुज़रना अपरिहार्य है। संचित—ऐसा कर्म-समूह जो किया जा चुका है, पर जिसका फल मिलना प्रारम्भ नहीं हुआ है; और क्रियमाण—जो किया जा रहा है। संचित और क्रियमाण की फल-श्रृंखला एक झटके में व्यक्ति अपनी विवेक-बुद्धि से काट सकता है, बशर्ते यह विवेक-बुद्धि अहंता और ममता से विलग हो चुकी हो। तब उसके कर्म सबके कर्म बन जाते हैं और सबके लिए कर्म बन जाते हैं। तब वह न एकाकी भोक्ता रहता है, न एकाकी कर्ता। किन्तु प्रारब्ध का क्षय भोग से ही होता है। ज्ञानी पुरुष को भी प्रारब्ध का भोग करना पड़ता है, फ़र्क सिर्फ़ इतना पड़ता है कि वह भोग को भोगता नहीं, भोग होते देखता है। भोग में यदि कष्ट है तो उस कष्ट से उसे पीड़ा नहीं होती, उस कष्ट का केवल बाहरी प्रकटीकरण होता है, भीतर तक वह कष्ट नहीं होता है और यदि सुख है तो उसको कोई प्रसन्नता नहीं होती है, केवल देखने में सुख लगता है। इसलिए मुक्ति का रास्ता कर्मत्याग या निष्क्रियता का रास्ता नहीं है, वह केवल सधे हुए चित्त से सबके लिए सबकी ओर से किये जाने वाले निष्काम या पूर्ण काम कर्म का रास्ता है। वह ऐसे कर्म का रास्ता है, जिसमें कर्म

करने के पहले ही अपनी कही जाने वाली सभी इच्छाएँ मर चुकी हैं। यही कारण है कि हिन्दू धर्म के केन्द्र में गृहस्थ है, संन्यासी नहीं। संन्यासी तो उसकी परिधि है। इसी मामने में वह श्रमण केन्द्रित या वैराग्य-केन्द्रित धर्मों से अलग है। हिन्दू धर्म में सगुण साकार, या सगुण निराकार ईश्वर ही नहीं, निर्गुण निराकार परब्रह्म भी स्वेच्छा से कर्म करने के लिए किसी-न-किसी मूर्तरूप में प्रकट होते रहते हैं और उनके आविर्भाव से मनुष्य की जीवन-यात्रा उनके आलोकित कर्म पथ पर चलने के लिए बार-बार उत्साह पाती रहती है। अवतार[9] कर्म की विराट् सत्ता से जुड़ने का ही सहज परिणाम है।

हिन्दू जीवन-प्रक्रिया की तीसरी विशेषता है, उसकी आनृण्य व्यवस्था। वर्णाश्रम व्यवस्था इस आनृण्य व्यवस्था के कार्यान्वयन के रूप में आई। 'शतपथ ब्राह्मण'[10] में चार ऋणों की बात आती है—ऋषि ऋण, पितृ ऋण, देव ऋण और भूत या मनुष्य ऋण। ऋषि ऋण से आदमी तभी उऋण होता है, जब वह तपपूर्वक पूर्व-ऋषियों द्वारा प्राप्त अनुभव को अपने जीवन में उतारकर अपना अनुभव बना ले, कोरा ज्ञान वहन करनेवाला जड़-ग्रंथ न बने। वह ज्ञान को जीने वाला और उसको और अधिक सक्रिय बनाकर भविष्यत् को सौंपने वाला ज्ञान-परम्परा का सचेत वाहक बने। ऋषि ऋण का परिशोध लोग मोटे तौर पर समझते हैं, ब्रह्मचर्य-आश्रम से अधिक होता है, पर यह बात केवल इस अंश तक सही हो सकती है कि किसी समय विशेष में समाज द्वारा एक वर्ग विशेष को एक अवस्था-विशेष में यह भार सौंपा गया, पर सब लोग सभी अवस्था में विद्या की तपस्या के अधिकारी हैं। कितनी कलाएँ, कितने शिल्प, कितनी साधनाएँ ऐसी हैं जो ब्राह्मणों के हिस्से में पहले भी नहीं थीं और कितनी ऐसी हैं जो जीवन के प्रारम्भिक अंश तक ही सीमित नहीं रहीं। सच पूछा जाए तो ऋण का स्मरण ऋण के परिशोध में सबसे अधिक महत्त्वपूर्ण है और वह अच्छी तरह तभी परिशोधित होता है, जब वह जीवन की लय में उतरता है। मनुष्य जब अपने प्रत्येक अनुभव को पूर्ववर्ती के प्रत्येक सार्थक जीवन-अनुभव से जोड़ने में समर्थ हो, अपनी उपलब्धि को अद्वितीय न मानकर पूर्ववर्ती की शृंखलाओं में आनेवाली उपलब्धि के लिए प्रारम्भ मानने की विनम्रता रखे, तभी ऋण का वास्तविक परिशोध होता है और यह प्रत्येक के लिए प्रत्येक अवस्था में महत्त्वपूर्ण है। ऋषि ऋण के स्मरण का यही ठीक-ठीक अर्थ है। इसी कारण गुरु-शिष्य परम्परा का इतना आदर होते हुए भी गुरु को शिष्य से पराजित होने में गौरव का अनुभव होता है। ऐसा विश्वास सत्य की निरन्तर खोज के लिए नई प्रेरणा देता है, साथ ही रूढ़ियों को निरन्तर तोड़ता रहता है। हिन्दू धर्म परम्परावादी धर्म है, रूढ़िवादी नहीं। यह अवश्य है, यदि ब्रह्मचर्य आश्रम के साथ इसे जोड़ा जाता है तो उसके सघन अभ्यास के लिए वह उपयुक्त अवस्था है; इसे सत्ता से, धनार्जन से विमुख और इसी कारण अल्प आवश्यकताओं वाले वर्ग-विशेष को विशेष रूप से सौंपने के पीछे

यह भावना थी कि ऋषि ऋण का परिशोध स्वाधीनता के परिवेश में ही सम्भव है, पर वह स्वाधीनता सबका ध्यान करनेवाली हो, अपने लिए कुछ माँगने वाली न हो।

इसी प्रकार पितृ ऋण से उद्धार का अर्थ मोटे तौर पर लोग यह मानते हैं कि विवाह करके सन्तान उत्पन्न करो, वह भी पुत्र। पर यह उद्धार वास्तविक उद्धार नहीं है। सन्तान का अर्थ है, अच्छी तरह फैलाव (सम = सम्यक्, तान = विस्तार) इसलिए जब तक यह भाव न हो कि हम अपने पितरों के दाय का न केवल कोई उत्तराधिकारी देते हैं बल्कि उस अधिकारी को यह दायित्व भी देते हैं कि वह इस दाय को समृद्धतर करता चले, तब तक ठीक तरह से इस ऋण की परिशुद्धि नहीं हो सकती। पितृ ऋण का वास्तविक अर्थ है : परिवार-भाव के प्रति दायित्व का बोध। आदमी अपने-आपमें इकाई नहीं है, वह परिवार से संयुक्त होकर ही इकाई है।

हिन्दू परिवार को समाज की सबसे छोटी इकाई मानकर चलता है, व्यक्ति को नहीं। इसलिए इसमें पश्चिमी दर्शन के निजी एकान्त नामक पदार्थ का कोई अस्तित्व नहीं है और एक आदमी का दूसरे आदमी से, निरे व्यक्ति का निरे व्यक्ति से नहीं, बल्कि किसी-न-किसी पारिवारिक रिश्ते में जुड़े सामाजिक इकाई के दो पूरकों के रूप में है जिसे पश्चिमी जीवन में बन्धुता या मैत्री कहा जाता है, वह भी हिन्दू सन्दर्भ में आकर भ्रातृत्व बन जाता है। पढ़ाने वाला गुरु भी पिता बन जाता है। परिवार को इकाई मानने से ही व्यक्ति में छोटी निजता अपने-आप नहीं रह जाती और परिवार-भावना का ही विकास करते-करते धीरे-धीरे आदमी पूरे विश्व को परिवार के रूप में स्वीकार कर लेता है—जिसके मनुष्य ही नहीं, पशु-पक्षी, नदी-पर्वत भी कभी सहचर, कभी माता-पिता, कभी सन्तान हो जाते हैं।

पितृ ऋण का भाव भविष्यत् में आशा का भाव है, वह अतीत-पूजा का भाव नहीं है, क्योंकि पितरों के लिए किये सारे अनुष्ठान उनके स्थूल शरीर के स्मरण के लिए नहीं किये जाते हैं। स्थूल शरीर तो अग्नि, या गंगा या किसी जलप्रवाह को भेंट किया जाता है, उनके भावना-शरीर को ही स्मरण किया जाता है और अन्त में उनकी तृप्ति के लिए एक मंत्र पढ़ा जाता है, जिसका भावार्थ है[11]—गोत्र, वंश, सन्तान की वृद्धि हो। हमारे यहाँ निरन्तर अतिथि आएँ, हम किसी के आगे हाथ न पसारें, दूसरे हमारे आगे हाथ पसारें। इस प्रकार यह अनुष्ठान अतीत की पूजा मात्र नहीं, भविष्यत् में विश्वास भी है। इस ऋण से मुक्ति के लिए गृहस्थ-आश्रम आवश्यक माना गया है, पर जो व्यक्ति इतना समर्थ हो कि सीमित परिवार में गए बिना असीम परिवार का बोध कर सके, उसके लिए यह अपरिहार्य नहीं है। इसी प्रकार इसे लोग क्षत्रिय धर्म से जोड़ते हैं, क्योंकि पितृ ऋण अपने ऊपर लेने का अर्थ पालन का भार अपने ऊपर लेना होता है और वह पालक धर्म क्षत्रिय-धर्म में मुख्य रूप से केन्द्रित है। परन्तु क्षत्रिय या राजा ही गृहस्थ नहीं होता। गृहस्थ तो सभी होते हैं, गृहस्थ होते हुए राजा का मन रखना होता है—राजा रंजक के अर्थ

में, शासक के अर्थ में नहीं, क्योंकि हिन्दू परिवार का कर्ता शासक नहीं होता, वह सबकी ओर से सबके लिए एक धरोहरी रूप में कर्ता होता है।

तीसरा ऋण है : देव ऋण। इसका शोध लोग मानते हैं कि बानप्रस्थ आश्रम से और यज्ञ-उपासना आदि से होता है, किन्तु देवता की भावना जिस रूप में हिन्दू धर्म में है, वह जीवन के प्रत्येक क्षण के साथ जुड़ी हुई है। प्रत्येक स्थान, प्रत्येक परिधि, प्रत्येक बाह्य और आभ्यन्तर क्षमता का एक देवता होता है और प्रत्येक क्षण या प्रत्येक कण के साथ आदमी जब अपने को इस भाव से जोड़ना चाहता है कि उस क्षण और कण के आगे वह छोटा है, उस क्षण और कण में भी कोई विशेषता है, जिसे उसे पाना है और विनम्र होकर छोटा होकर ही यह पाना सम्भव है, तब-तब वह देव ऋण चुकाता रहता है। जिस क्षण वह विशिष्टता से जुड़ने के लिए वह विनम्र होता है, उसी क्षण उसे देवत्व की दीक्षा लेनी पड़ती है। उसी शरीर में वह उस एक क्षण के लिए वह देवता हो जाता है और फलस्वरूप अपनी बाह्य स्थूलता से और अपने भीतरी दुराव की सीमा से विलग हो जाता है।

यज्ञ का अर्थ है—देवता के लिए इष्ट द्रव्य का त्याग, अर्थात् जो वस्तु अपने को अतिशय प्रिय हो, उसको देवता को इस भाव से अर्पित करना कि यह तुम्हारे लिए प्रिय हो और यह वस्तु भाव ' मेरेपन' (ममकार) से न जुड़ी रह जाए। इस प्रकार यज्ञ के अनुष्ठान में मनुष्य और देवता के बीच जो सम्बन्ध स्थापित होता है, वह बाह्य और आभ्यन्तर सृष्टि को नई सार्थकता देता है। ज्यों-ज्यों यज्ञ का विस्तार हुआ, त्यों-त्यों यज्ञ करने वाले के संसार का विस्तार हुआ और पूरा संवत्सर (कालचक्र) यज्ञ हुआ, पूरी सृष्टि यज्ञ हुई, पूरी सामाजिक व्यवस्था यज्ञ हुई और एक ऐसे पुरुष-मेध की अवधारणा विकसित हुई, जिसमें विराट् पुरुष के रूप में यह सृष्टि ही यज्ञ का उपकरण बनी।[12] देवता यजमान बने और यज्ञरूप परब्रह्म ही देवता बना। इस प्रकार यज्ञ की भावना का अर्थ ही ब्रह्म ही भावना हो गया। एक प्रकार से यज्ञ-संस्था हिन्दू समाज संस्था की आधारशिला है। आज के हमारे सभी अनुष्ठान, हमारे मन्दिरों का स्थापत्य, हमारे घरों का स्थापत्य, हमारा पूरा जीवन किसी-न-किसी रूप में, यज्ञ के किसी-न-किसी रूप, आकार या अर्थ से जुड़ा हुआ है।

उपासना का अर्थ है[13] : पास बैठना, समीप होना, आत्मीय होना। देवता के साथ मनुष्य का सम्बन्ध हिन्दू जीवन-दर्शन में परस्पर सहयोगी का सम्बन्ध है। मनुष्य ही सहभोक्ता का अभ्यास करते-करते ऐसी ऊँचाई पर पहुँच जाता है कि देवता उसके आगे दीन बन जाते हैं और वही देवता मनुष्य की दुर्बलता में उसके आह्वान पर उसके सहायक बन जाते हैं। हिन्दू धर्म में देवताओं की अपेक्षा असुर शक्तिशाली रहे हैं, पर देवताओं को इस कारण बड़ा और आराध्य माना गया है कि उनमें अच्छा रास्ता फिर से पकड़ने का विवेक होता है, असुर सुरों की अपेक्षा अधिक प्राणवान्

हैं, अधिक मेधावी हैं, शक्तिशाली हैं, वे उद्यमी भी हैं, परन्तु असुर बुरे रास्ते को एकमात्र रास्ता मानने का अविवेकपूर्ण दुराग्रह रखते हैं, इसीलिए तिरस्करणीय हैं, हेय हैं, त्याज्य हैं। अविवेक के प्रति कृतज्ञता नहीं होती, होती है विवेक के प्रति, क्योंकि विवेक जगाकर ही मनुष्य भटक-भटककर भी अच्छे रास्ते पर आता रहता है।

देव ऋण विवेक के प्रति कृतज्ञता ज्ञापन से परिशोधित होता है, क्योंकि देवत्व के स्मरण के द्वारा ही हम अपने सत् का, सत्य का, प्रकाश का, दूसरे के सत् का, दूसरे के प्रकाश का स्मरण करते हैं। देव ऋण से मुक्ति का अर्थ केवल बाह्य अनुष्ठान नहीं, बल्कि अपने भीतर सुप्त देवता का आह्वान भी है। मनुष्य के प्रत्येक अंग में देवता का निवास है। बाह्य अनुष्ठान आवश्यक इसलिए माना जाता है कि एक तो बाह्य से कटकर कोई आभ्यन्तर है नहीं; दूसरे, बाह्य अधिक सुगम है। साधारण आदमी उसी द्वार से भीतर की ओर प्रवेश कर सकता है। देव ऋण से बँधे रहने का भाव आदमी को निरन्तर यह स्मरण दिलाता रहता है कि कोई क्षण नहीं जो पवित्र न हो; कोई स्थान नहीं जो पवित्र न हो; कोई वस्तु हेय नहीं, क्योंकि हर वस्तु में कहीं-न-कहीं देवत्व है। साथ ही जिस क्षण जो वस्तु पवित्र है, उस क्षण उसकी तरह कोई दूसरी वस्तु पवित्र नहीं है। प्रत्येक में अपनी एक अद्वितीयता है। सभी वस्तुएँ एक ही सनातन भाव की ओर अग्रसर हैं, किन्तु अनुभव-गोचर रूप में सबकी विविधता और सबकी अद्वितीयता भी विशिष्ट मूल्य रखती है।

यह बात अत्यन्त एकत्ववादियों की समझ में नहीं आ सकती, इसीलिए वे हिन्दू को बहुदेववादी समझते हैं। वे लोग एक यह बात भूल जाते हैं कि हिन्दू अपने देवता को परोक्ष-प्रिय मानता है।[14] वह जिस भी रूप में देवता को सामने रखता है, उस रूप की ओट में ही देवता रहता है, जिसकी मूर्ति के आगे नमन करता है। देवता उस मूर्ति में न रहकर उसके द्वारा ध्याये गए अर्थ में रहता है। इसीलिए हिन्दू देववाद जड़वाद नहीं है, स्थूल वस्तुवाद नहीं है। प्रत्येक जड़ में चैतन्यमयी स्फूर्तिदायिनी शक्ति की सक्रियता देखने वाली एक जीवन-दृष्टि है। इसीलिए न तो देवता की आराधना का कोई निश्चित एक प्रकार है, न कोई निश्चित स्थान है। उसके अनेक प्रकार, अनेक स्थान, अनेक विधियाँ और अनेक अवसर हैं। प्रत्येक अवसर, या प्रत्येक स्थान, या प्रत्येक व्यक्ति की क्षमता के अनुरूप देवता और उसकी उपासना का विधान है। किसी के लिए नाम का जप पर्याप्त है, किसी के लिए कीर्तन, किसी के लिए आत्मविभोर नृत्य, किसी के लिए शिल्प, किसी के लिए यज्ञ, किसी के लिए तप और किसी के लिए बड़े विशद अनुष्ठान के साथ पूजा।

देवता की पूजा-कामना से भी की जा सकती है, निष्काम भाव से भी की जाती है। कामनापूर्वक की गई पूजा आदमी को बाँधती है, पर निष्काम भाव से की गई पूजा आदमी को मुक्त रखती है। इस प्रकार निष्काम भाव से देवता का सान्निध्य पाने का भाव हिन्दू के लिए भ्रम, या नशा, या हिन्दू कहलाने की औपचारिकता

नहीं है, वह उसकी आवश्यकता है, किन्तु तभी, जब आवश्यकता का अनुभव करे। जब तक न करे तब तक वह जो भी देवोपासना करेगा, वह भावहीन होगी।

देवोपासना एक विशेष प्रकार की विश्व-दृष्टि की भावना से जुड़ी है और एकान्त रूप से वानप्रस्थ आश्रम में साधारण जन (वैश्य—विश्=बैठना, वैश्य=एक जगह जमकर काम करनेवाला) बनकर, वन के सहज जीवन में प्रकृति के परिवेश से अन्तरंग सम्बन्ध जोड़ने पर यदि आदमी देवोपासना करता है, तो इससे देवोपासना सीमित नहीं होती। यह मनुष्य को सृष्टि में मूर्धन्य या विशिष्ट बनाने के अभिप्राय से नहीं, वरन् सामान्य और विनीत बनाने के भाव से की जाती है, ताकि मनुष्य अपने को परिवेश का स्वामी न समझे, अपने को परिवेश का एक अंग समझे। वह अपने ऊपर विजय प्राप्त करने पर बल दे, अपने को नियंत्रित करने पर बल दे, परिवेश के नियंत्रण की बात न सोचे। वह परिवेश के साथ समरसता और सन्तुलन के मार्ग की निरन्तर खोज करे, जिससे उसके लिए परिवेश सुखद हो, समरस हो और उस परिवेश में जीना अर्थ रखे।

देवोपासना वस्तुत: अपने आसपास शक्ति के विकिरण को ग्रहण करने का एक प्रकार है। बिना यह ग्रहण करना सीखे आदमी अपने देवता से उऋण नहीं होता।

चौथा ऋण है : मनुष्य ऋण या भूत ऋण। इसका परिशोध आदमी निर्वर्ण होकर, शूद्र होकर, परिव्राजक होकर कर सकता है। वह नामहीन और सत्ताहीन होकर सेवा-भाव रखते हुए दूसरों के दु:ख के प्रति करुणा, उसके सुख में प्रसन्नता और दूसरों के असत् कार्य की उपेक्षा और अच्छे कार्य के प्रति आदर भाव रखते हुए, सबमें एक तरह से सर्वात्म होकर रमता रहे, तभी ठीक तरह से इस ऋण का परिशोध होता है। बाद में इसके लिए एक निश्चित आश्रम की व्यवस्था की गई, पर प्रत्येक मनुष्य जब इस ऋण का भार अनुभव करता है तब उसे अपने-आप अपना देश, काल, वर्ग, परिवार, और भी ओछी-छोटी सीमाएँ भूलकर ही यह पात्रता प्राप्त होती है कि वह समस्त भूतों, प्राणियों के हित की बात सोच सके। वह गृहस्थ आश्रम में रहता हुआ भी संन्यासी हो जाता है। ब्राह्मण होते हुए भी अपने को ब्राह्मण के रूप में नहीं देखता। किसी कालावधि में जन्म लेकर भी केवल उस कालावधि की बात नहीं सोच सकता। उसका कर्तव्य इससे नियंत्रित होता है कि जो मैं कर रहा हूँ, इसमें सबका हित हो रहा है कि नहीं और हित सब काल के लिए हित है या नहीं?

वह बेघर होकर विश्वग्राही बनता है, इसीलिए उस अवस्था में आदमी एक जगह से बँध जाए तो उसका सबकी सेवा का व्रत खंडित हो जाता है। उसे निरन्तर एक विपत्ति बँटाकर दूसरी विपत्ति बँटाने के लिए आगे जाते रहना है। यह ऋण इसीलिए सबसे चरम और परम माना गया है और इसके परिशोध के लिए अर्पित व्यक्ति कभी संन्यासी हुआ, कभी वैरागी हुआ और हिन्दू प्रतिष्ठा-व्यवस्था में उसको सबसे ऊँचा आसन मिला, इस बात का हिन्दू समाज-व्यवस्था पर गहरा असर पड़ा।

इसीलिए हिन्दू व्यवस्था में वर्णाश्रम व्यवस्था का स्तर-भेद होते हुए भी स्तरों के ऊपर जाकर जीवन को परखने का भाव बराबर बना रहा। इसमें इस प्रकार चारों ऋणों की पूर्ति भले ही आदमी से एक जन्म में न हो, पर इनकी पूर्ति के लिए जो प्रयास प्रारम्भ होता है, उससे ही आदमी हिन्दू बनता है। और चूँकि कोई प्रयास नष्ट नहीं होता, इसलिए एक बार भी कल्याण-बुद्धि मन में आए तो उसकी निरन्तर वृद्धि ही होती है और हर वृद्धि मनुष्य को आगे की ओर ले जाती है। किसी भी प्रयत्न का नाश नहीं होता, न कर्म की गति को पीछे मोड़ना ही सम्भव होता है और जब एक बार भी अच्छी गति के लिए पैर उठ जाते हैं तो बाधाएँ चाहे कितनी आएँ, कभी-न-कभी गन्तव्य पर आदमी पहुँच ही जाता है। इस प्रकार यहाँ मनुष्य के विवेक की भूमिका बहुत अधिक प्रभावशाली है।

यहाँ प्रश्न उठता है कि क्या जो अपने को हिन्दू कहते हैं, उन्हें इन विशेषताओं का अपने भीतर एहसास रहता है?

इसका उत्तर यह है कि पूरा लक्षण कहीं नहीं घटाया जा सकता और आत्यान्तिक स्तर पर हिन्दू हो जाए तो वह वैसे ही हिन्दू होते हुए भी हिन्दू-अतीत हो जाता है। किसी-न-किसी अंश तक, किसी-न-किसी रूप में एहसास जिसे हो, वह अपने को हिन्दू कह सकता है। न भी कहे, न भी सचेत रूप से समझे, तो भी वह हिन्दू है। हिन्दू-माता-पिता से उत्पन्न बालक में अपने परिवेश के प्रभाव से इसका एहसास रहता है। इससे भी अधिक एहसास की सम्भावना उसके संस्कारों की प्रक्रिया से बढ़ती है। पर, यदि कोई व्यक्ति किसी भी जाति, देश और मज़हब में है, हिन्दू जीवन-प्रक्रिया का वरण किसी भी अंश तक करता है तो वह हिन्दू ही है, क्योंकि उसने हिन्दू जीवन-मार्ग का वरण किया है।

हिन्दू धर्म की चौथी विशेषता पुरुषार्थ है। आज जिस अर्थ में मूल्य (वैल्यू) का प्रयोग होता है, उसी अर्थ में पुरुषार्थ का प्रयोग किया गया है। पुरुष के लिए कौन-से मूल्य बड़े और कौन-से छोटे हैं, इसकी अवधारणा सापेक्ष रूप से ही की जा सकती है। धर्म, अर्थ, काम, मोक्ष—चारों ही जीवन-मूल्य हैं। इनमें धर्म, अर्थ, काम एक-दूसरे से जुड़े हैं। निरपेक्ष रूप में न तो धर्म, न ही अर्थ, न ही काम जीवन-मूल्य हो सकते हैं। धर्म के अनुकूल सम्पत्ति का अर्जन करना (अर्थ) और धर्म के अनुकूल उसका उपभोग करना (काम), यह तभी सम्भव है जबकि मनुष्य की एक सन्तुलित जीवन-दृष्टि हो और वह तीनों को एक साथ संयुक्त रख सके। हिन्दू धर्म में न आत्यन्तिक भौतिकता है और न आत्यन्तिक आध्यात्मिकता है। भौतिक जीवन अपने-आपमें अशिव नहीं है, न इन्द्रिय-भोग पाप है। इसी प्रकार निरपेक्ष रूप से निवृत्ति का मार्ग भी धर्म नहीं है। वह जब इस उद्देश्य से ग्रहण किया जाए कि एषणाओं (लोकैषणा, पुत्रैषणा, वित्तैषणा) की पूर्ति किसी रूप में हो जाने पर सर्वभूत के लिए जीने की सार्थकता दीखने लगे, तभी वह धर्म है।

चार ऋणों की व्यवस्था को अधिक सप्रयोजन बनाने के लिए चार पुरुषार्थों की व्यवस्था की गई है। इनमें पहले तीन में धर्म को पहला स्थान इसलिए दिया गया है कि धर्म ही प्रेरक है, अर्थ और काम का। धर्म का लक्षण[15] है, 'जिससे सांसारिक अभ्युदय हो और परमार्थ की सिद्धि हो', वही धर्म है। जो मनुष्य को न्यायपूर्वक जीवन बिताने के लिए प्रेरित करे, वही धर्म है। धर्म एक गतिशील अवधारणा है, इसीलिए उसका अमूर्त आकार वृषभ माना गया है। उसके सत्य, अहिंसा, तप और आर्जव (सीधापन)- चार पैर माने गए हैं, जिनसे वह संचरण करता है। पर यह धर्म भी प्रेरक होते हुए भी स्वयं में साधन है और उसकी अपेक्षा मोक्ष अधिक चरम मूल्य है। यह अवश्य है कि मोक्ष का साधन भी धर्म के बिना नहीं हो सकता। धर्मयुक्त जीवन बिताते हुए ही मोक्ष का गन्तव्य दीखता रहता है और उसकी कामना ही मनुष्य को आसक्ति के बीच भी निस्संग बनने का अभ्यास कराती रहती है।

वैदिक हिन्दू धर्म में दो धाराएँ थीं—एक थी यज्ञपरक, और उसमें यज्ञ के अर्थ का विस्तार करते-करते मनुष्य सम्पूर्ण जगत् को ब्रह्म के रूप में देखने की स्थिति में पहुँच जाता है। दूसरी धारा थी आभ्यन्तर अनुशासन अर्थात् योग की, चित्तवृत्तियों का निरोध करके केवल आत्मा के साक्षात्कार की। पहली धारा में बाह्य अनुष्ठान पर बल था, दूसरी धारा में आन्तरिक साधना पर। जहाँ बाह्य यज्ञ भीतर की भावनाओं को बहिर्मुख करता है, वहीं योग मनुष्य को बाह्य जगत् से खींचकर अन्तर्मुख करता है और शरीर के भीतर ही अनेक लोकों, शक्तियों, रंगों, आकारों, नादों, स्पर्शों, गन्धों और रसों की अवधारणा करके प्राण के साधन से मनुष्य को एक ऐसी एकाग्रता की स्थिति में पहुँचाता है, जब वह शरीर के रहते हुए भी शरीर, मन, चित्त, अहंकार—इन सबसे अलग हो सकता है। इस योग की धारा ने ही आत्मतत्त्व की जिज्ञासा को जन्म दिया और यज्ञ और योग, दोनों धाराओं के मिलने से ब्रह्म और आत्मा में अद्वैत स्थापित हुआ। इन दोनों के योग से मोक्ष की मूल्य के रूप में अवधारणा सम्भव हुई। मोक्ष एक प्रकार से मूल्य का मूल्य है जिसके कारण धर्म, अर्थ, काम मूल्य होते हैं और जिसको ध्यान में न रखने के कारण मूल्यहीन हो जाते हैं। ऐसे मूल्य की खोज अपरिहार्य थी, क्योंकि सीमित आनन्द से, सीमित सुख से हिन्दू मात्र की तृप्ति नहीं हो सकती थी। उसे पूर्ण सुख, पूर्ण आनन्द अभीष्ट था। उसे अखंड और अनन्त सुख की आवश्यकता थी और वह सुख जीवन के सीमित मूल्यों के पीछे भटकने से सम्भव नहीं था। इसलिए इसी मायने में श्रमणों के मोक्ष से हिन्दू मोक्ष की अवधारणा में थोड़ा-सा अन्तर हुआ। हिन्दू मोक्ष में बल दु:ख या तृष्णा की निवृत्ति पर नहीं है, वह अखंड सुख की प्राप्ति के बिना सन्तुष्ट नहीं होता। कालान्तर में मोक्ष को भी अतिक्रमण करने वाले एक पाँचवें पुरुषार्थ की अवधारणा हिन्दू-जीवन में हुई, वह थी—भक्ति की, ऐसे भागवत भाव की, जिसे पाकर मुक्ति की भी उपेक्षा करने का मन हो जाए। यही इच्छा बनी रहे कि मुक्त होकर भी

दूसरों का दुःख दूर करने के लिए जीवन अर्पित होता रहे, जिससे भगवान् में जीने की सार्थकता प्रमाणित होती रहे। यह पुरुषार्थ संतों का मार्ग बना, और इसने हिन्दू सामाजिक जीवन में उदारता, करुणा और मानवीयता को आध्यात्मिक रंग दिया। इसके कारण हिन्दू समाज में विनयशीलता के साथ-साथ गहरा आत्मविश्वास आया, अपने धर्म में निष्ठा के साथ-साथ सहिष्णुता आई, स्वीकार करने का भाव आया, और उसके साथ-ही-साथ किसी ज़बरदस्त प्रवाह के विरोध में भी टिके रहने की दृढ़ नकार-शक्ति भी आई।

दीक्षा देने वाले मज़हबों के माहौल में प्रायः यह प्रश्न पूछा जाता है कि क्या हिन्दू धर्म में दीक्षित होने की कोई प्रक्रिया है?

सीधा उत्तर तो यह है कि हिन्दू धर्म में दीक्षित करने की कोई प्रक्रिया नहीं है। किन्तु किसी विशेष प्रकार की उपासना के लिए दीक्षा-मंत्र आवश्यक माने गए हैं। वह दीक्षा, जो जन्म से हिन्दू है, वह भी लेता है और जो नहीं है, वह भी ले सकता है। अनेक दूसरे मज़हब के लोग इस प्रकार की दीक्षा में शताब्दियों से दीक्षित होते रहे हैं। ईसा-पूर्व दूसरी शताब्दी में 'हेलियोडोर' नामक ग्रीक राजदूत ने भागवत मार्ग में दीक्षा ली थी और उसने अपनी भक्ति की उमंग में विदिशा में एक गरुड़ध्वज स्थापित किया था। यह प्रक्रिया मध्ययुगीन भक्ति आन्दोलनों में भी चलती रही, पर दूसरे धर्म परिवर्तन वाले अभियानों की देखा-देखी उन्नीसवीं शताब्दी के अन्त से हिन्दू धर्मान्तर के भी अभियान हुए, पर मेरी समझ में ये अभियान बहुत आगे नहीं चले, क्योंकि हिन्दू धर्म की प्रकृति में ही इस प्रकार के अभियान की अपेक्षा नहीं है। समझा-बुझाकर या बलपूर्वक किसी दूसरे मज़हब में पैदा हुए आदमी को हिन्दू बनाने की बात ही हिन्दू धर्म में अटपटी लगती है।

आज की सामाजिक गतिशीलता एक शंका कर सकती है कि क्या वर्णाश्रम धर्म न मानते हुए भी कोई हिन्दू कहा जा सकता है? ऐतिहासिक दृष्टि से इसका समाधान यह है कि वर्णाश्रम व्यवस्था देश-काल से नियंत्रित व्यवस्था है। वह आनृण्य-व्यवस्था की एक भारतीय इतिहास में घटित परिणति है। इसलिए वह व्यवस्था ऐसी नहीं है कि एकदम हिन्दू धर्म को जकड़ने वाली हो, बाँधकर रखने वाली हो। भारत से बाहर रहने वाले हिन्दुओं ने अपने जीवन-क्रम से यह प्रमाणित कर दिया है कि इसका अतिक्रमण करके भी हिन्दू जीवन जिया जा सकता है। दूसरे, यह व्यवस्था जितनी कठोर मानी जाती है, उतनी कठोर प्रारम्भिक इतिहास में कभी भी नहीं रही है, न उसका स्पष्ट विभाजन ही रहा है, जितना कि मान लिया जाता रहा है। यह अवश्य है कि सामाजिक श्रम विभाजन और सामुदायिक संगठन की दृष्टि से यह व्यवस्था बहुत लम्बी अवधि तक बहुत उपयोगी रही है।[16] इसने सत्ता को किसी एक वर्ग में केन्द्रित होने से बचाया है, सम्पत्ति और शक्ति को साथ नहीं रखने दिया है, संग्रह की अपेक्षा तप और त्याग को ऊँची मर्यादा दी है, राज्य शक्ति को बौद्धिक

शक्ति से नियंत्रित रखा है और बौद्धिक शक्ति को अत्यन्त सामान्य जीवन बिताने के लिए इसलिए विवश किया है कि वह सामान्य जीवन की अपेक्षाओं को समझते हुए नियमों का नियमन कर सके, शिक्षा दे सके और समाज को संहत रख सके। जो वर्णाश्रम व्यवस्था का अर्थ यह लगाते हैं कि केवल ऊँच-नीच का निर्णय वर्ण या आश्रम से होता है, वे यह भूल जाते हैं कि ऐसा होता तो युधिष्ठिर जो धर्म के आदर्श माने जाते हैं, यह न कहते कि "वर्ण के आधार पर ऊँच-नीच का निर्णय करना अत्यन्त कठिन है, क्योंकि जाति स्वयं इतनी मिली-जुली है, इतनी जातियों, रक्तों का सम्मिश्रण हुआ है कि यह बतलाना ही असम्भव है कि कोई शुद्ध रूप से ऊँची जाति का है या नीची जाति का है। कौन ऊँचा है और कौन नीचा है, इसका निर्णय केवल उसके शील से हो सकता है।" वे यह भी भूल जाते हैं कि 'महाभारत' में तप के अहंकार से पीड़ित ब्राह्मण को धर्म की शिक्षा एक मांस विक्रेता से लेनी पड़ती है। वर्णाश्रम एक प्रकार का बाह्य प्रभाव रोधक (इन्सुलेटर) का काम करता रहा है और अब दोनों प्रकार की अवस्था हिन्दू धर्म में सम्भव हो गई है—एक, बाह्य प्रभाव को न लेने वाली और दूसरी, उस प्रभाव को लेने वाली और वर्णाश्रम के कवच को उतारने वाली।

हिन्दू धर्म के जो सामान्य लक्षण ऊपर बतलाए गए हैं, उनके अलावा भी बहुत-से व्यावर्तक लक्षण बतलाए गए हैं, पर मैंने वे ही लक्षण चुने, जो देश-काल-सम्प्रदाय-आयामों को समेटने में समर्थ हों। हिन्दू धर्म का ऐतिहासिक विकास प्रस्तुत करने का उद्देश्य मेरे सामने नहीं है। हिन्दू धर्म जिस रूप में जिया जाता रहा है, जिस रूप में जिया जाता रहेगा, उसे ही प्रस्तुत करना चाहता हूँ। ये सामान्य लक्षण, विशेष लक्षणों से आगे के अध्याय में अधिक स्पष्ट किये जाएँगे। विशेष लक्षणों के द्वारा ही इन सामान्य लक्षणों की प्रामाणिकता और प्रमाणित होती रहती है।

अध्याय-2

हिन्दू धर्म : स्वरूप

इस अध्याय में हिन्दू धर्म का स्वरूप पहचानने की कोशिश करेंगे। स्वरूप-विशेषों से ही स्पष्ट होता है, अतः हिन्दू धर्म के अलग-अलग प्रकारों की बात पहले करनी चाहिए। हिन्दू धर्म, क्योंकि जीने का एक प्रकार है, इसलिए इसके मुख्य रूप से दो प्रकार हैं—सामान्य धर्म और विशेष धर्म।

सामान्य धर्म के कई प्रकार हैं—'मनुस्मृति'[1] में धैर्य, क्षमा, दम, अस्तेय (चोरी न करना), शुचिता (भीतर और बाहर, दोनों की), इन्द्रिय निग्रह, बुद्धि, विद्या, सत्य, अहिंसा—ये दस धर्म के लक्षण बतलाए गए हैं। 'महाभारत'[2] के शान्ति पर्व में इसी को स्पष्ट करते हुए कहा गया है कि सनातन धर्म यही है कि आदमी सत्य बोले, दान दे, तप करे, शुचि हो, सन्तोष रखे, उसमें लोक-लज्जा हो, क्षमाशील हो, व्यवहार में सीधापन हो, ज्ञानपूर्वक कार्य करे, शान्ति हो, दया हो, ध्यान एकाग्र करने की प्रवृत्ति हो। इससे भी ऊपर सनातन धर्म को स्पष्ट करते हुए 'महाभारत' में अन्यत्र[3] कहा गया है कि समस्त प्राणियों के साथ मन, कर्म, वाणी—तीनों से द्रोह न रखना, अनुग्रह भाव रखना और सबको कुछ-न-कुछ देने का भाव रखना—यही सज्जनों का भाव है, यही सदा सत् है। इस प्रकार इन नित्य धर्मों में सबसे बड़ी प्रतिष्ठा सत्य, अहिंसा और दान की है। 'उपनिषदों'[4] में कथा आती है कि देवताओं, असुरों, और मनुष्यों ने तप किया और वर माँगा, ब्रह्मा ने तीनों को एक ही वर दिया : द...द...द। देवताओं ने इसका अर्थ लगाया कि हमें अपनी भोग-वृत्ति को वश में रखना चाहिए। हम बहुत भोग में आसक्त हो जाते हैं, उसे ही हम नियंत्रित करें। मनुष्यों ने समझा, हम कृपण और लोभी हैं, इसलिए हमारे लिए उपदेश है कि हमें देना चाहिए। दानवों ने अपने को अतिकर समझ 'द' से अपने लिए दया करने का उपदेश समझा। दान करने से वस्तुतः मनुष्य संकोच, छोटेपन और सीमित स्व के ऊपर विजय प्राप्त करता है, पर सत्य ही सबसे बड़ा सनातन धर्म है, क्योंकि वही धर्म का सबसे बड़ा आधार है। सत्य की निरन्तर खोज की भावना ही मनुष्य की दृष्टि को उदार बनाती है। तभी वह किसी को भी अपने विरोध में नहीं पाता। तभी

वह समझता है कि हिंसा दूसरे को मारने का निषेधात्मक मूल्य है। इस निषेधात्मक मूल्य से बचना ही मनुष्य की मनुष्यता में दीक्षा है और जब मनुष्य में यह उदारता आती है तो वह स्वतः दानशील हो जाता है। वह अपना जीवन अपने लिए सीमित नहीं मानता, क्योंकि सत्य का विराट् रूप उसे विराट् जीवन की ओर अपने-आप खींचता जाता है। हिन्दू धर्मशास्त्रों[5] में सत्य को और ऋत को जोड़ा गया है और यह कहा गया है कि सचाई को प्रिय होना चाहिए, पर प्रिय को भी ऋत-विरोधी नहीं होना चाहिए। इस प्रकार सत्य, प्रिय और ऋत—तीनों को एक बिन्दु पर रखने का प्रयास करना चाहिए और तीनों को परस्पर-सापेक्ष बनाना चाहिए। ऋत का अर्थ है—सृष्टि की गति का नियम। सत्य का अर्थ होता है—टिकने की क्षमता। सनातन धर्म की परिकल्पना में तीनों चीजें आवश्यक हैं—टिकने की क्षमता, गतिशीलता और सबके लिए प्रिय होने की क्षमता। परस्पर-सापेक्ष होने के कारण यह धर्म नित्य होते हुए भी सनातन रूप से प्रवाही धर्म है अर्थात् जहाँ तक मनुष्य प्रगति कर लेता है, उसी के साथ सामंजस्य रखते हुए सत्य और प्रिय की भी बात सोची जा सकती है, किन्तु साथ ही असत्य से हुई प्रगति का निषेध भी इसमें अन्तर्भुक्त माना जाना चाहिए। इसी प्रकार सत्य और ऋत का पालन करते हुए भी मनुष्य के रागात्मक चित्त को परितृप्त करने की जिसमें क्षमता न आए तो ये सत्य और ऋत अपना महत्त्व प्रकट नहीं कर पाते।[6] ये नित्य धर्म सबके लिए हैं और प्रत्येक अवस्था के लिए हैं। इन्हीं से दूसरे धर्म अवभासित होते हैं। इनके आलोक में ही उन्हें देखने और जाँचने का प्रयत्न करना चाहिए।

अब इन मूलभूत धर्मों से व्युत्पन्न धर्मों पर आएँ। इन दूसरे धर्मों में कुछ प्रतिदिन नियमपूर्वक करने के हैं और कुछ नैमित्तिक हैं। प्रतिदिन करने के धर्मों में शरीर के भीतर-बाहर की शुचिता है, ध्यान है, ज्ञानार्जन या स्वाध्याय है, समस्त प्राणियों को और समस्त देशकाल को बलि या उपहार देना है, दान है, दया है, क्षमा है, कपटरहित व्यवहार है, भोग करते हुए भी उसके ऊपर नियंत्रण रखने का भाव है। क्रोध आदि भीतरी शत्रुओं पर काबू पाने का भाव है। अपने शरीर को धर्म का साधन मानते हुए उचित पोषण देने का भाव है। जागरूक रहकर अपने दिये हुए कर्तव्य के पालन को अनुष्ठान के रूप में लेने का और निश्चय ही कल्याण होगा और यह अपराजेय आशा रखने का भाव है। इसीलिए किसी के सिद्धि के लिए कई प्रकार के अनुष्ठान नित्य कर्म में आते हैं। प्रातः स्नान और अंग-शुचिता के द्वारा शरीर और उसके द्वारा मन को चिन्तन के लिए उपयुक्त मात्र बनाते हैं, संध्या-वन्दन के द्वारा सृष्टि के उद्‌देश्य के साथ अपने को जोड़ने का प्रयत्न[7] तथा प्राणायाम के द्वारा आभ्यन्तर शुचिता का प्रयत्न; तर्पण के द्वारा ऋषियों, देवताओं, पितरों के प्रति कृतज्ञता का स्मरण, समस्त प्राणियों के लिए अपने को अर्पित करने का प्रयत्न तथा गायत्री[8] के द्वारा बाहर के प्रकाश को अपने भीतर के प्रकाश से जोड़ने का

प्रयत्न—ये सभी प्रकार के चिन्तन सधते हैं। इसी नित्य धर्म के अनुष्ठान रूप में अतिथि सेवा भी आती है, क्योंकि अतिथि अदृश्य पर लोकव्यापी नारायण का ही प्रतिनिधि होता है। उसके व्याज से नारायण की सेवा ही मन में अभीष्ट रहती है। नित्य अनुष्ठान में भोजन भी एक धर्म है और इसीलिए किस भाव से भोजन पकाया जा रहा है, परसा जा रहा है, किया जा रहा है—ये सभी बातें महत्त्वपूर्ण होती हैं।

हिन्दू मानता है कि प्राण अन्नमय होते हैं, इसलिए अन्न-भोजन करते समय वह समस्त प्राणियों को इसका सहभागी बनाना चाहता है, वह सबके प्राण के साथ अपने प्राण जोड़ना चाहता है और पाँचों प्राणों के लिए अन्न को अर्पित करके हो अन्न ग्रहण करना चाहता है। वह अन्तरिक्ष, आकाश, वायु, प्राण और अग्नि—इन पाँचों के विराट् स्वरूप का स्मरण करता है। इस प्रकार उसका भोजन भी उसके धर्म का एक अविभाज्य अंग बन गया है। हिन्दू के लिए भोजन का दोहरा अर्थ है—भोजन से अपना पोषण करना, जिससे दूसरे का पोषण करने की क्षमता हो और दूसरों का पोषण करना, क्योंकि उन दूसरों में कहीं अपना अन्तर्निहित है। भोजन केवल ऐन्द्रिय आस्वाद या पेट पालन नहीं है। इसी प्रकार प्रतिदिन के जो कर्म हैं, जो मनुष्य के निजी दायित्व की पूर्ति के लिए किये जाते हैं, वे भी तभी धर्ममय हैं, जबकि वे धर्म-भाव से किये जाएँ, निष्ठा से किये जाएँ; सत्य, ऋत और प्रिय का पालन करते हुए किये जाएँ अर्थात् अपने परिवेश के साथ सामंजस्य रखते हुए किये जाएँ। अधिक अच्छा हो कि वे विश्वात्मा की भावना के लिए किये जाएँ। इस अर्पित भाव को जगाने के लिए ही स्वाध्याय, स्तोत्र पाठ, रामायण-पाठ, भजन, रात्रि में कथा-कहानी—ये सारी बातें हिन्दू पारिवारिक जीवन में अंग बन गई हैं। इस उपासना के कई रूप हैं और मनुष्य की अपनी-अपनी परिस्थिति के अनुसार प्रचलित हो गए हैं। इनका वर्णन अलग से किया जाएगा।

दैनन्दिन जीवन में दूसरे को सताए बिना[10] और खल के द्वार पर गए बिना स्वल्प लाभ भी बहुत अधिक माना गया है। इसका अर्थ यह है कि लोक-संग्रह का कहीं विरोध नहीं है। पर लोक-संग्रह[11] या लोक-यात्रा उचित साधनों से हो और ऊँचे साधनों से हो और ऊँचे साध्य को सामने रखकर हो तो कोई भी कर्म छोटा नहीं होता, बशर्ते वह अच्छी तरह, अच्छी भावना से अनुष्ठित हो और वह कुशलता के साथ सम्पादित किया गया हो।

अब आएँ नैमित्तिक धर्मों पर। नैमित्तिक धर्म दो प्रकार के हैं—नियत और अनियत। नियत नैमित्तिक धर्म मनुष्य के जीवन चक्र की विभिन्न अवस्थाओं से सम्बद्ध हैं। इनके अन्तर्गत गर्भाधान से अन्त्येष्टि तक षोडश संस्कार[12] आते हैं—गर्भाधान, पुंसवन, सीमन्तोन्नयन, जातकर्म, नामकरण, निष्क्रमण, अन्नप्राशन, चौलकर्म, विद्यारम्भ, कर्णवेध, उपनयन (यज्ञोपवीत), समावर्तन (छुरिकावन्ध), विवाह, अग्न्याधान, और अन्त्येष्टि। ये सोलह संस्कार तथा मनुष्य की विविध

अवस्थाओं के कर्तव्यपालन से सम्बद्ध अनुष्ठान, प्रथम अवस्था में ब्रह्मचर्य, द्वितीय में गृहस्थाश्रम, तृतीय में वानप्रस्थ, चतुर्थ में संन्यास नियत अर्थात् निश्चित कालावधि से बँधे हुए नैमित्तिक कर्म हैं।

दूसरे प्रकार के नैमित्तिक कर्म हैं—कालचक्र या ऋतुचक्र से सम्बन्धित। इन्हीं के अन्तर्गत पर्व या उत्सव आते हैं, उनका विवरण आगे दिया जाएगा। अनियत नैमित्तिक धर्म के अन्तर्गत कुआँ खोदवाना, बाग़ लगवाना, पाठशाला बनवाना आदि लोकोपकार के इष्टापूर्त कार्य आते हैं। सत्संग, मन्दिर-पूजा नित्य भी हो सकती है, नैमित्तिक भी हो सकती है। बहुत-से सम्प्रदाय हैं, जहाँ नित्य पूजा की विधि सम्प्रदाय के मन्दिर में ही सम्पन्न करने का विधान है। घर में स्थान की संकीर्णता की दृष्टि से और अनुष्ठान की विशदता से बचने के लिए मन्दिर में दर्शन करने से चित्त शुद्धि हो जाए, यह सर्वसाधारण के लिए अधिक सुलभ दिखाई देता है। परन्तु पूजा घर या मन्दिर में कहीं हो, वह व्यक्तिगत होती है, वह सामूहिक नहीं होती। यहाँ तक कि कीर्तन भी ऊपर से देखने पर सामूहिक पूजा लगता है, पर उसमें प्रत्येक व्यक्ति की भूमिका अलग होती है। असली कीर्तन वही होता है कि आदमी अपने में खो जाए, भीड़ या समूह की ताल पर चलने वाला कीर्तन तमाशा हो जाता है।

अब प्रश्न उठता है कि हिन्दू धर्म में जब परिवार-भावना समुदाय-भावना और अधिक आगे जाकर विश्व-भावना में परिणत होती ही है तो पूजा क्यों नहीं सामुदायिक होती है? इसका उत्तर यह है कि पूजा वस्तुतः समष्टि चैतन्य की ही पूजा है, समस्त समुदाय में व्याप्त पवित्रता की धारा की ही पूजा है, समस्त समुदाय में व्याप्त प्रकाश-रूप चैतन्य की पूजा है, समुदाय के ऐश्वर्य की पूजा है, इसलिए इस पूजा में सम्मिलित होना अपने-आपमें समुदाय-भावना की एक पूर्ति है; पर हिन्दू धर्म में चूँकि प्रत्येक व्यक्ति अपनी साधना का प्रारम्भ अलग-अलग बिन्दुओं से करता है और साथ ही उसकी बाह्य पूजा भी उसकी परिस्थिति और शिक्षा के अनुपात में विस्तृत या संक्षिप्त होती है, और पूजा अपने को अपने भीतर खींचने का एक उद्यम है, इस लिए वह एकसाथ, एकभाव और एकाग्रता के साथ सामूहिक रूप में की नहीं जा सकती। मन्दिर की अनियंत्रित भीड़ और गिरजाघर के नियंत्रित और अनुशासित समाज में मौलिक अन्तर यही है कि मन्दिर की भीड़ में अनियंत्रण महत्त्वपूर्ण है ही नहीं, महत्त्वपूर्ण है भीतर का उल्लास और भीतर की विह्वलता, दीनता और सम्पन्नता, स्वयं और देवता तथा अस्ति और भाव की ऐसी सघन सबलता और ओतप्रोतता कि भीड़ में रहते भी आदमी न अकेला रहता है, न समष्टि रहता है, वह न कुछ (रिक्त) से हुए कुछ (भरित) या कुछ से न कुछ (अनल्प) हो रहा होता है, जबकि दूसरे सामूहिक धार्मिक समागमों में एक लय, एक तान, एक प्रार्थना के साथ सबको समताल होना रहता है। दोनों अपनी-अपनी विश्व-दृष्टि के अनुकूल हैं, पर आदमी ईसाई विश्व-दृष्टि से संसार को देखते हुए

मन्दिर में जाएगा तो फिर उसे भीड़ सह्य नहीं होगी और हिन्दू-दृष्टि से गिरजाघर में या मसजिद में जाएगा तो उसे अनुशासनबद्ध क़तार का मौन आरोपित लगेगा। हिन्दू के लिए मन्दिर देवता ही नहीं, विश्व भी है। ईसाई या मुसलमान के लिए गिरजाघर या मसजिद परमात्मा की उपस्थिति के लिए स्थान है। दूसरी बात यह भी है कि पूजा-मात्र धर्म नहीं है, न पुजारी-मात्र धर्म का व्यवस्थापक है। पूरा जीवन धर्म है।

यज्ञ और उपासना के सम्बन्ध में विस्तार में अगले अध्याय में विवेचन होगा।

अब नियतकालिक धर्म-प्रकारों पर आएँ। इनमें सबसे महत्त्वपूर्ण स्थान संस्कारों का है। हिन्दू जीवन संस्कार को बहुत महत्त्व देता है। शायद इसलिए कि प्रत्येक नई अवस्था में प्रवेश करते समय उस अवस्था के कर्म के प्रति जागरूकता लाना चाहता है।

संस्कारों के प्रयोजन दो प्रकार के हैं—एक तो, जैसाकि जैमिनि ने 'पूर्वमीमांसा' सूत्र में कहा है जिसके होने पर कोई पदार्थ होने के योग्य होता है, उसे ही संस्कार कहेंगे। दूसरा प्रयोजन यह होता है कि यह भावना विकसित हो संस्कार एक प्रकार का नव-जन्म है। षोडश संस्कार तो प्रसिद्ध हैं, पर इन्हीं की तरह और भी संस्कार होते हैं, जो नियत-कालिक न होकर अवसर विशेष या यज्ञ-विशेष के लिए अपेक्षित होते हैं, जैसे : सात पाक यज्ञ, सात हर्वियज्ञ, सात सोम यज्ञ और अशौच निवृत्ति हेतु किये अनुष्ठान भी एक विशेष प्रकार के दीक्षात्मक संस्कार हैं। कुछ लोग वानप्रस्थ और संन्यास को भी संस्कार मानते हैं, क्योंकि उनके द्वारा जीवन की प्रक्रिया में नया मोड़ लाना सम्भव होता है। संस्कार में दो बातें सम्मिलित होती हैं—एक तो, अनुष्ठान करते समय विश्वास कि यह अनुष्ठान अभीष्ट पुरुषार्थ की पूर्ति में सहायक होगा; दूसरे, यह बोध होना कि यह अनुष्ठान जीवन के सम्बद्ध सोपान का प्रतीक है।

षोडश संस्कारों में गर्भाधान, पुंसवन, सीमन्तोन्नयन और कुछ लोगों के मत से विष्णुबलि भी जन्म से पूर्व किये जाने वाले संस्कार हैं।

गर्भाधान संस्कार[13] **:** इनमें प्रजापति के व्याहृति मंत्रों के उच्चारण द्वारा प्रजापति के आह्वान का विधान है। इसका अर्थ यह है कि प्रजनन का कार्य तीनों लोकों में आत्म-विस्तार का कार्य है और इस भावना से संस्कृत होकर प्रजनन का व्यापार एक पवित्र व्यापार है।

पुंसवन संस्कार[14] **:** यह गर्भ के तीसरे मास में पुत्र-सन्तान उत्पन्न करने के उद्देश्य से किया जाता है। पितृसत्तात्मक हिन्दू समाज में पुत्र-सन्तान का महत्त्व अधिक रहा है, इसलिए इस संस्कार का भी महत्त्वपूर्ण स्थान है। यह संस्कार हस्त, मूल, श्रवण, पुनर्वसु, मृगशिरा, पुण्य—इनमें से किसी एक नक्षत्र में पति या उसके वंश का कोई पुरुष सम्पन्न करता है। वह दूध वाले वृक्ष की टहनी स्त्री की दाहिनी नाक में डालकर जीव-पुत्र मंत्र का उच्चारण करता है तथा प्रजापति को एक ग्रास समर्पित कर प्रार्थना करता है कि पुत्रों से उत्पन्न दुखों से मेरी रक्षा करो।

सीमन्तोन्नयन संस्कार[15] **:** इसमें पुरुष स्त्री की माँग दूब के तीन तिनकों से या फल-युक्त गूलर की टहनी से बीच में से विभाजित करता है और व्याहृति मंत्र का उच्चारण करता है। इसके साथ-ही-साथ वीणा वादन होता रहता है और पुरुष अपने क्षेत्र में बहने वाली नदी का नाम लेता है, फिर स्त्री के सिर में जौ के नये अंकुर बाँध दिये जाते हैं और वह नक्षत्र दिखाई देने तक मौन रहती है। फिर तारे दिखाई देने पर पुरुष स्त्री के साथ पूर्व दिशा में जाकर एक बछड़े का स्पर्श करता है, तब स्त्री मौन तोड़ती है।

विष्णुवलि संस्कार[16] **:** गर्भ के आठवें महीने में किया जाता है, इसमें पद्म या स्वस्तिक की वेदी बनाकर चौंसठ आहुतियाँ, भात (ओदन) की विष्णु को दी जाती हैं।

गर्भाधान से विष्णुवलि तक ये चार संस्कार अब केवल नाम-शेष रह गए हैं। इनका प्रयोजन तो यह था कि उत्पन्न होने वाले जीव के जन्म में पुरुष स्त्री के समान योगदान की भावना और उसके कल्याण की संयुक्त कामना की बात पर बल दिया जाए। इसके अलावा इन अनुष्ठानों का दूसरा प्रयोजन प्रजनन व्यापार को विश्व चेतना का अंग बनाना भी था।

जातकर्म संस्कार[17] **:** पुत्र जन्म संस्कार होता है जिसमें आग में सरसों की धूनी दी जाती है और पुत्र का पिता पृथ्वी से प्रार्थना करता है कि वह सन्तान से वियोग न होने दे। साथ ही एक पत्थर पर कुल्हाड़ी और उस पर सोना रखा जाता है, फिर उसे उलट दिया जाता है, जिससे पत्थर ऊपर आ जाता है और इस पत्थर पर नवजात शिशु को रखकर कहा जाता है—पत्थर की तरह दृढ़, लोहे की तरह रक्षक और कंचन की तरह तपाने पर भी कान्तिमय बने रहो, सौ वर्ष जियो।

नामकरण-संस्कार[18] **:** नामकरण संस्कार दसवें या बारहवें दिन प्रसूतिका के तीन स्नान के बाद सम्पन्न किया जाता है। इस समय अग्नि स्थापित की जाती है और उसमें आहुति देकर पृथ्वी और वरुण की प्रार्थना की जाती है (चूँकि पृथ्वी जगद्धात्री है और वरुण चूँकि आत्मिक बल का देवता है)। इसके बाद दो या चार अक्षर का नाम दिया जाता है। दो प्रकार के नाम दिये जाते हैं : एकजन्म-नक्षत्र का नाम जो गुह्य होता है, दूसरा पुकार-नाम व्यवहार के लिए है। किसी-किसी गृह्य-सूक्त के अनुसार कन्या का नाम तीन या पाँच अक्षर का होना चाहिए। नाम को संस्कार मानना हिन्दू चिन्तन का द्योतक है। इसके लिए नाम शब्द ही नहीं, एक कल्याणमय विचार भी है। नाम देते समय यह भी ध्यान दिया जाता है कि सन्तान के पिता या पितामह के एकाध नामाक्षर भी आ जाएँ, जिससे कि वह नाम एक सातत्य का सूचक हो। कृत् प्रत्यय में नाम का अन्त होना चाहिए जिससे क्रियाशीलता बच्चे के जीवन में आए।

निष्क्रमण संस्कार[19] **:** निष्क्रमण संस्कार लोकाचार ही अधिक है। प्रायः घर से बाहर नवजात शिशु को खुले में ले जाने का संस्कार है। आँगन या घर के सामने सफ़ाई करके उस पर स्वस्तिक चिह्न बनाया जाता है, धान के लावे बिखेरे जाते

हैं, तब उस स्थान पर बच्चा लाया जाता है और उसे सूर्य-दर्शन कराया जाता है। इसका अभिप्राय असत् के गर्भ से सत् के प्रकाश में बच्चे को लाना है।

अन्नप्राशन संस्कार[20] : प्राय: छठे महीने में बच्चे को सबसे पहले अन्न दिया जाता है और वह अन्न प्राय: दूध में पकी चावल की खीर होती है। इसमें तीन मंत्र पढ़े जाते हैं जिनका अर्थ है : हमें शक्ति मिले, भोजन का स्वाद मिले, सुगन्धि का आनन्द मिले। इस संस्कार का उद्देश्य यह है कि अन्न हिन्दू के लिए स्वयं एक पवित्र वस्तु है, इसलिए उसका प्रथम आस्वाद कराते समय उसके माधुर्य का परिचय कराना, उसके रस का परिचय कराना, इसकी गन्ध का परिचय कराना और उसके तेज का परिचय कराना और उसके ऊष्ण स्पर्श का परिचय कराना है और इस मंत्र शक्ति की ध्वनि का परिचय कराना ऐन्द्रिय अनुभव के भरे-पूरे संसार में उसे दीक्षित करने के लिए है। आजकल जातकर्म, नामकरण और निष्क्रमण एक ही साथ सम्पन्न होते हैं तथा अन्नप्राशन अलग सम्पन्न होता है। इन सभी संस्कारों के साथ पितरों का श्राद्ध, देवपूजन और बन्धु-बान्धवों तथा पुरोहित को भोजन भी कराया जाता है। साथ-ही-साथ इनके साथ नृत्य-गीत भी होते हैं, क्योंकि ये संस्कार व्यक्ति के होते हुए भी समाज की साझेदारी के बिना पूरे नहीं होते। ये संस्कार उत्सव के रूप में मनाए जाते हैं, जिससे व्यक्ति के संस्कृत करने में समाज की प्रसन्नता प्रकट हो और उसके विकास में समाज का दायित्व आहूत किया जा सके।

चौलकर्म संस्कार[21] : यह पहले, तीसरे, पाँचवें वर्ष में जन्मकालिक केशों के का मुंडन संस्कार है। यह केश एक प्रकार से पूर्वकालिक अशुचिता के अवशेष माने जाते हैं और इनके मुंडन का उद्देश्य स्वास्थ्य और शरीर का नया संस्कार ही है। इसी समय शिखा भी रखी जाती है। इसकी प्रक्रिया यह है कि तीन बार ठंडे और गर्म जल की धार बच्चे के केशों पर छोड़कर वायु की आराधना की जाती है, और दही तथा जल से बाल धोये जाते हैं तथा अदिति की स्तुति की जाती है। बालों को कुश से बाँधे रखते हैं और एक-एक बार उन लटों को काटते हुए शमी वृक्ष की पत्तियों के साथ केश काटने वाला बालक की माता को सौंपता जाता है और इसके बाद वह उसे गोबर से चिपका देती है। छुरे की धार पोंछते हुए यह कहा जाता है कि इसका सिर पवित्र हो, यह दीर्घजीवी हो। बालकों के चोटी छोड़ दी जाती है। पहले एक शिखा से पाँच तक गोत्रानुसार छोड़ते थे, अब एक छोड़ी जाती है। कहीं-कहीं पहले मुंडन में नहीं वरन् दूसरी बार के मुंडन में शिखा छोड़ते हैं। यह मुंडन बालिकाओं का भी होता है किन्तु उनकी शिखा नहीं छोड़ी जाती। केशवपन के समय वायु की स्तुति करने के पीछे कदाचित् यह अभिप्राय हो कि सिर के केश वायु में लहराने वाले बादल की तरह घने और काले हों, वैसे ही स्निग्ध हों, आकर्षक हों और अदिति की स्तुति तो निश्चित रूप से मूर्द्धा में अवस्थित ब्रह्म-रन्ध्र में आत्मिक प्रकाश के आह्वान के लिए है।

विद्यारम्भ या अक्षरारम्भ संस्कार[22] **:** यह प्रायः चौलकर्म के साथ ही होता है। इसमें विष्णु, लक्ष्मी, सरस्वती, ऋषियों और कुलदेवता की स्तुति की जाती है और विष्णु, लक्ष्मी तथा सरस्वती को घृत की आहुति दी जाती है। बिखेरे हुए पीले चावलों पर सोने की लेखनी या किसी फलवाले वृक्ष की टहनी से 'ॐ सरस्वत्यै नमः, श्रीगणेशाय नमः, ऊँ नमः सिद्धाय' बालक की उँगली पकड़कर लिखाए जाते हैं। श्रुति से इतर विद्या की शिक्षा इसी समय से शुरू हो जाती है। विद्याध्ययन की यह प्रथम सीढ़ी है और यह भी एक संस्कार इसलिए माना जाता है कि अक्षर के संसार में प्रवेश मानव-सृष्ट संस्कृति के संसार में प्रवेश होने के कारण महत्त्वपूर्ण घटना है।

कर्णवेध संस्कार[23] **:** जन्म से लेकर पाँचवें-छठे वर्ष के भीतर कभी भी करने का विधान है। वस्तुतः कर्णवेध आयुर्वेद का एक विधान है, कई रोगों के लिए यह निवारक का काम करता है। इसीलिए यह बालक तथा बालिका—दोनों के लिए है। पहले दोनों आभूषण पह्नते थे। अब बालिकाएँ ही पहनती हैं।

बालिकाओं का कर्णवेध अभी भी एक निश्चित संस्कार के रूप में कुछ लोगों में सुरक्षित है, पर बालकों का संस्कार अब लुप्त हो गया है।

उपनयन संस्कार[24] **:** उपनयन का अर्थ होता है गुरु के पास ले जाना। अथर्व वेद में उल्लेख आता है—आचार्य ब्रह्मचारी का उपनयन करते हुए मानो उसे गर्भ में धारण करता है। तीन रात अपने उदर में रखता है, बाहर आने पर उसे देखने के लिए देवताओं की भीड़ जमा हो जाती है। इसका महत्त्व सबसे अधिक इसलिए है कि यह मनुष्य के आध्यात्मिक जीवन में प्रवेश का द्वार है। इसके बाद उसका पुनर्जन्म होता है। एक प्रकार से प्राकृत शरीर की मृत्यु और उसमें से एक नये भाव का आविर्भाव होता है। एक प्रकार से स्वच्छन्दता में स्वतंत्रता के संक्रमण का यह प्रारम्भिक बिन्दु है। स्वच्छन्दता का अर्थ है : बन्धन अस्वीकारना और स्वतंत्रता का अर्थ है : आत्मसंयम से अपनी तथा समष्टि की इच्छा को जोड़ना। इसके बाद ही वेदाध्ययन का अधिकार है। इसके पूर्व तो अपरा या लोक विद्या तो अर्जित की जा सकती थी पर, परा या लोकोत्तर नहीं। यह दीक्षा सावित्री दीक्षा है—उस सविता की दीक्षा है, जो अपने बाहरी प्रकाश से भीतरी प्रकाश को सक्रिय बनाते हैं और उस भीतरी प्रकाश को सक्रिय बनाकर मनुष्य को अपने प्रकाश से विश्व को आलोकित करने के लिए प्रेरित करते हैं। इसीलिए यह सविता से प्रेरित मंत्र-गायत्री मंत्र की दीक्षा है। इस उपनयन के साथ-ही-साथ यज्ञोपवीत धारण भी होता है। यज्ञोपवीत का उल्लेख अधिकांश गृह्य-सूक्तों में नहीं मिलता; मेखला, मृग चर्म, दंड का उल्लेख तो मिलता है (क्योंकि ये तीनों ब्रह्मचारी के आवश्यक अंग हैं)। लोकमान्य बाल गंगाधर तिलक ने यज्ञोपवीत को प्रजापति के कटिवस्त्र का ही स्मारक चिह्न माना है। उनके अनुसार जैसे पारसी अपने हवोमयस्त में मन्युतष्ट (तारा चिह्नांकित उपवसन) को परमेश्वर-कृत मानते हैं, उसी प्रकार हिन्दू भी यज्ञोपवीत को प्रजापति

(स्रष्टा) का सहज परिधान मानते हैं। उपवीत का अर्थ है : बुना हुआ। इससे लगता है कि पहले यह वस्त्र ही रहा होगा। सूत्र रूप में यह वस्त्र का प्रतीक बन गया है। पहले यह मेखला के रूप में धारण किया जाता रहा होगा, बाद में यह बायें कंधे से कटि तक धारण किया जाने वाला हो गया और वस्त्र भी पहले तेहरा कर बाँधा जाता था, अब यज्ञोपवीत के तीन सूत्र होते हैं—और प्रत्येक सूत्र में पुनः तीन सूत्र होते हैं। इसमें तीन गाँठें रखी जाती थीं और इन गाँठों को सोम की नीवि (गाँठ) कहा जाता है। वस्तुतः यज्ञ की दीक्षा लेते समय ही यह मेखला बाँधी जाती थी और मेखला बाँधते समय यज्ञकर्ता प्रजापति के रूप में अपनी अवधारणा करता था। वह प्रजापति की पूरी वेश-भूषा धारण करता था और इस रूप में उसका नया जन्म होता था, उसके पूर्व शरीर की मृत्यु हो गई मानी जाती थी। यज्ञ की व्याख्या ही है नया जन्म, नई सृष्टि और बहुत-सी बाँधने वाली सीमाओं की मृत्यु। यज्ञ के अर्थ का जब विस्तार हुआ तो ज्ञान भी यज्ञ हुआ, पूरा जीवन ही यज्ञ हुआ, अतः ऐसे यज्ञ को प्रस्तुत करने के पूर्व उसका परिधान स्वीकारना अनिवार्य हुआ। उपनयन के साथ यज्ञोपवीत को जोड़ने का यही अर्थ है कि जैसे बच्चा अपने नाल-सूत्र से पोषण करनेवाली माता से सम्बद्ध रहता है और उसके छेदन से वह स्वतंत्र हो जाता है, वैसे यज्ञ ब्रह्म से सम्बन्ध बनाए रखने के लिए एक सूत्र आवश्यक होता है और जब उसके पोषण की आवश्यकता नहीं रह जाती, अहंता और ममता का त्याग हो जाने पर संन्यास में प्रवेश के पूर्व इस सूत्र का भी त्याग कर देना होता है। यह सूत्र एक प्रकार से प्रजापति के साथ तादात्म्य का स्मरण दिलाने वाला है, देव-कार्य करते समय दाहिना कंधा मुक्त रखा जाता है, पितृ-कार्य करते समय बायाँ कंधा और दिव्य मनुष्य तर्पण करते समय इसे माला की तरह धारण किया जाता है। अपसव्य या पितृकार्य में यज्ञोपवीत को दायें कंधे पर रखने का अर्थ सम्भवतः देवगति (बायें से दायें) का पूरक बनना है (दायें से बायें), एक आगे जाना है, एक पीछे देखना है, यज्ञोपवीत के लिए कंधे बदलना एक प्रतीकात्मक संकेतमात्र है। मल-मूत्र त्याग के समय इसे दाहिने कान पर धारण किया जाता है। इसके पीछे वृत्ति-निरोध की ही भावना सम्भवतः हो सकती है। उपनयन में यज्ञोपवीत के बाद ब्रह्मचर्य आश्रम प्रवेश का अधिकार होता है। ब्रह्मचर्य का अर्थ ब्रह्मा (प्रजापति) होकर कार्य करना, जिसमें स्वाध्याय के साथ-साथ सारे विश्व से भिक्षा माँगने का भाव निहित है, क्योंकि सबसे लेने से ही अध्ययन में उदार दृष्टि, आगे की बात, सोची जा सकती है।

वेदारम्भ संस्कार : इसमें चार प्रकार के वेदव्रतों का आरम्भ सम्मिलित है। महानाम्नी, महाव्रत, उपनिषद् और गोदान—ये चार व्रत कहे गए हैं। गोदान (जिसे केशान्त संस्कार भी कहते हैं) एक स्वतंत्र संस्कार भी किसी-किसी सूत्र में माना गया है। प्रारम्भ में यज्ञोपवीत के तत्काल बाद वेदारम्भ नहीं होता था, क्योंकि बहुत

कम आयु (8 वर्ष) में यज्ञोपवीत होता था, पर बाद में देर से होने पर दोनों साथ जुड़ गए और वेदवेदांग तथा दूसरे शास्त्रों का अध्ययन यज्ञोपवीत के बाद शुरू होने लगा। इस संस्कार के समय गुरु शिष्य को अग्नि के पास बैठाता है और निर्दिष्ट देवता के लिए उससे घृत की आहुति दिलवाता है। इसके साथ ही वेद-राशि रूपी आलोकित ज्ञान के लिए और प्रजापति के लिए होम भी किया जाता है, तदन्तर संहिता, ब्राह्मण, आरण्यक उपनिषद की तथा व्याकरण, ज्योतिष, छन्द-शिक्षा, कल्प निरुक्त आदि वेदांगों की शिक्षा आरम्भ होती है। अब इस प्रकार की शिक्षा का प्राय: लोप हो चुका है और केवल प्रतीक रूप में प्रथम मंत्रों के पाठ करा दिये जाते हैं।

केशान्त या गोदान संस्कार : पहले यह दाढ़ी-मूँछ के केश दीखने पर किया जाता था और यह प्राय: सोलहवें वर्ष में सम्पन्न होता था। इस समय एक बार केशवपन होता, तदन्तर गोदान करके किशोर नई अवस्था में प्रवेश करने का संकल्प लेता था। पहले अध्ययन का कार्य बारह से सोलह वर्ष तक रहता था और अध्ययन के बीच में ही यह संस्कार सम्पन्न होता था, पर अब यह भी यज्ञोपवीत के साथ प्रतीकात्मक रूप में कर दिया जाता है।

समावर्तन संस्कार[25] : समावर्तन का अर्थ घर लौटना है। गुरुकुल से लौटने के पहले स्नान करके व्यक्ति ब्रह्मचारी के परिधान त्याग करता है और गृहस्थ-परिधान धारण करने का उपक्रम करता है। इसका मुख्य अनुष्ठान था : स्नान। अत: लौटने वाला स्नातक कहा जाता था अर्थात् विद्यारूपी प्रवाह में स्नान कर वह लौट रहा है, यह भाव रहता था। विद्यार्थी इस संस्कार के अवसर पर छाता, जूता, छड़ी, माला, पगड़ी, आभूषण धारण करता है और गुरु को भी भेंट में यही देता है। इस संस्कार में मित्र और वरुण देवताओं की स्तुति का विधान है। मित्र और वरुण व्यक्त और अव्यक्त प्रकाश, चेतन और अवचेतन मन, जागरण और स्वप्न, कर्म और विश्राम, इन युग्मों के देवता हैं। इनकी साथ-साथ स्तुति के कई सूक्त 'ऋग्वेद' में मिलते हैं। गृहस्थ जीवन में प्रवेश करते समय दोनों प्रकार की शक्तियों का सन्तुलन अपेक्षित है, इसलिए इनका स्मरण किया जाता है।

अब यह भी यज्ञोपवीत के साथ समाविष्ट हो गया है और एक ही दिन दो वेदियों पर ब्रह्मचर्य में प्रवेश और समावर्तन के संस्कार कर दिये जाते हैं। क्षत्रियों और वैश्यों में तो उपनयन से समावर्तन तक संस्कार अति संक्षिप्त रूप में विवाह के एक दिन पहले या उसी दिन सम्पन्न किये जाते हैं। उपनयन से समावर्तन तक के संस्कारों का महत्त्व धीरे-धीरे प्राय: कम हो गया है और यज्ञोपवीत का धारण नियम ही रह गया है। तब भी इस संस्कार के साथ केवल ऊँची जाति का बोध जो जुड़ता गया, उसने इसका महत्त्व घटा दिया और बहुत-से लोग केवल यह दिखाने के लिए कि उनमें ऊँच-नीच की धारणा नहीं है, इसे पहनने और द्विज होने को सामाजिक अन्याय मानते हैं। पर द्विज होना समाज में ऊँचा होना नहीं

है, समाज के आगे हाथ पसारने वाला वामन होता है, यह बात अनदेखी नहीं की जानी चाहिए।

अध्ययन के लिए अपने-आपको अर्पित करनेवाला व्यक्ति जब नया जन्म धारण करने की बात सोचता है तो वह ऊँचा होकर नहीं सोच सकता, वह अकिंचन होकर सोच सकता है। जो लोग यज्ञोपवीत नहीं धारण करते, वे जब किसी विशेष उपासना की दीक्षा लेते हैं तो उस दिन से उनका नया जन्म होता है और उस अर्थ में सभी द्विजता के अधिकारी होते हैं। यज्ञोपवीत धारण की द्विजता एक ऐतिहासिक सन्दर्भ में जुड़ी है और यदि उस सन्दर्भ में जाति के अहंकार को न जोड़ा जाए तो वह सन्दर्भ लज्जा या आत्मसंकोच की वस्तु न होकर गौरव की वस्तु हो सकती है।

विवाह संस्कार[26] **:** विवाह इस समय सबसे महत्त्वपूर्ण संस्कार है; क्योंकि यही एक ऐसा संस्कार है जो सभी वर्णों में समान रूप से विशद अनुष्ठान के साथ सम्पन्न होता है और इसकी विधि की पूर्णता की चिन्ता सबको रहती है। विवाह स्त्री-पुरुष सम्बन्ध को सामाजिक मान्यता तो प्रदान करता ही है, साथ ही गृहस्थाश्रम में प्रवेश के लिए स्त्री-पुरुष के साहचर्य और सहधर्माचरण की भूमिका भी तैयार करता है। विवाह के लिए कई शब्दों का प्रयोग मिलता है—'उद्वाह', इसका अर्थ है : कन्या को ऊपर ले जाना; 'विवाह', इसका अर्थ है : कन्या को विशेष प्रयोजन से ले जाना; 'परिणय', इसका अर्थ है : किसी के साथ परिक्रमा करना और 'पाणिग्रहण', इसका अर्थ है : हाथ पकड़ना।

हिन्दू विवाह-संस्कार के कर्मकांड के विशद् होने के पीछे चार भावनाएँ काम करती हैं—पहली तो यह कि विवाह के द्वारा दो कुल सम्बद्ध होते हैं और विवाह से उत्पन्न होने वाली सन्तान दोनों कुलों को आगे बढ़ाने वाली होती है।

दूसरी भावना यह है कि स्त्री-पुरुष मिलकर, पूर्ण इकाई बनते हैं और यज्ञ—वह चाहे वैदिक हो, चाहे स्मार्त्त यज्ञ हो या पूरे जीवन यज्ञ रूप में भावित क्यों न हो, बिना सहधर्मचारिणी के नहीं किया जा सकता। हिन्दू धर्म में सौभाग्य की देवता गौरी शिव के आधे अंग के रूप में स्थित मानी जाती हैं, इसीलिए स्त्री को अर्द्धांगिनी माना जाता है। इसी में उसकी शोभा है और पुरुष की भी शोभा है। कोई भी अर्द्धभाग बेहतर या बदतर नहीं है, दोनों समान हैं।

तीसरी भावना यह है कि विवाह एक आहुति की तैयारी है, जिसमें पति-पत्नी, दोनों सहभागी होते हैं; जिसमें परिवार, गाँव, जनपद, देश, विश्व के प्रति उत्सर्ग करने की भावना प्रारम्भ करते हैं।

चौथी भावना यह है कि विवाह एक स्थायी सम्बन्ध है। विवाह के समय ध्रुव का दर्शन करना, अरुन्धती का दर्शन कराने के पीछे यही एक अभिप्राय निहित रहता है। यहाँ यह अनदेखा नहीं किया जाना चाहिए कि आदर्श रूप में स्थायित्व का यह विधान होते हुए भी व्यवहार में ऐसे भी विवाह स्वीकृत रहे हैं, जिनमें सम्बन्ध-विच्छेद

या पुनर्विवाह या असहमतिपूर्वक विवाह की स्थिति में दूसरे सम्बन्ध किसी-न-किसी रूप में स्वीकार कर लिये जाते हैं, या व्यवस्था में सन्निविष्ट कर लिये जाते हैं। हाँ, यह सही है कि एकनिष्ठ सम्बन्ध को सबसे अधिक महत्त्व प्राप्त है, पर समाज की व्यवस्था को कुछ विशेष परिस्थितियों में चलाने के लिए, पुनर्विवाह सम्बन्धों को स्वीकृति प्राप्त हो गई है। विवाह का विधिवत् संस्कार तो मात्र ब्राह्म, दैव, आर्ष और प्राजापत्य—इन चार प्रकारों में ही होता है और इस विधिवत् संस्कार में मुख्य हैं—वाग्दान, मंडप निर्माण और देवपूजा, आभ्युदयिक या वृद्धि-श्राद्ध, वर-पूजन, गोत्रोच्चार पूर्वक कन्यादान और पाणिग्रहण, अग्नि-प्रदक्षिणा, लाजाहोम, सप्तपदी, अश्मारोहण, हृदय-स्पर्श, ध्रुव-दर्शन। कहीं-कहीं सिन्दूर दान, त्रिरात्रव्रत और चतुर्थीकरण भी जुड़ते हैं। इनमें भी चार अत्यन्त आवश्यक हैं। इनके बिना विवाह अपूर्ण माना जाता है। ये चार हैं—कन्या का 'पाणिग्रहण', जिसमें पिता वर से कहता है : तुम अपनी विवाहिता से धर्म, अर्थ, काम का छल नहीं करोगे और वर प्रतिज्ञा करता है कि छल नहीं करूँगा। इसी समय पिता कन्या का हाथ वर के हाथ में देता है और इसी समय वर तथा कन्या की तीन पीढ़ियों का स्मरण करते हुए दोनों कुलों को याद किया जाता है।

लाजा-होस : इसमें भुने हुए धान के लावा से तीन आहुतियाँ दी जाती हैं। तीन दायें और एक बायें और इसी समय वर-वधू प्रदक्षिणा करते हैं।

सप्तपदी : वेदी पर स्थापित अग्नि से उत्तर की ओर चावल की सात ढेरियों पर वर-वधू एक के पीछे एक पैर रखते तथा सात प्रतिज्ञा करते हैं। एक के बाद दूसरी प्रतिज्ञा एक-दूसरे के तादात्म्य के स्तरों की भावना के लिए की जाती है। सातवीं प्रतिज्ञा उनके पूर्ण रूप से तादात्म्य की होती है। बिना इस क्रिया के विवाह पूर्ण नहीं माना जाता।

आजकल सप्तपदी और अग्नि परिक्रमा को मिलाकर सात भाँवरों के रूप में कर दिया गया है, पर सप्तपदी वस्तुतः सात प्रतिज्ञाओं का ही द्योतक है। इनके अलावा और अनुष्ठान हैं। उनमें जहाँ तक चतुर्थी का प्रश्न है, वह अब लुप्तप्राय है। इसका प्रयोजन खीर की आहुति देकर वर-वधू को खिलाना है, जिसके बाद ही बाद उनका शारीरिक सम्बन्ध होना काम्य है। तीन दिन तक इस प्रकार के एकीकरण के पूर्व व्रत करना होता है, जिससे सूचित होता है कि विवाह उद्दाम भोग के क्षेत्र में प्रवेश नहीं है, यह संयत भोग की दीक्षा है।

विवाह के लिए लोकाचार विधियों में मंडप सजाना, जल वाले स्थान से मिट्टी लाकर मंडप में रखना, उसी से मंडप की वेदी बनाना, विवाह के एक दिन पूर्व वर-वधू को हल्दी लगाना, मंडप में वंश-वृद्धि के रूप में हरे बाँस को लगाना, उर्वरता के प्रतीक रूप में फल स्थापित करना और दो व्यक्तियों की संयुक्त यात्रा के प्रतीक रूप में जुआ रखना, वर के द्वारा कन्या के गले में मंगलसूत्र बाँधना या

कन्या के सीमन्त में सिन्दूर डालना, मंडप में वन्दनवार तानना और विवाह के चार-पाँच दिन बाद वन्दनवार समेटकर तालाब या नदी में विसर्जित करना—इस प्रकार की और भी छोटी-मोटी विधियाँ सम्पन्न होती हैं तथा मंत्रों के साथ ही लोकगीतों का भी यथासमय गान होता चलता है।

ये गीत प्रायः मंत्रों के समानान्तर चलते रहते हैं और इनकी भाव-व्यंजना के अन्तर्गत इतनी बातें आती हैं—एक तो यह कि दो प्राणियों का मिलन हो रहा है; दूसरे, कन्या एक परिवार से दूसरे परिवार में जा रही है; तीसरे, कन्या के पिता की चिन्ता दूर हो रही है; चौथे, बड़े तप से कन्या सौभाग्य को प्राप्त कर रही है, अपने स्त्री-जन्म का सार्थक्य प्राप्त कर रही है; पाँचवें, गृहस्थ जीवन का संकल्प कठिन संकल्प है और इसका निर्वाह करने के लिए पितरों और देवताओं का आशीर्वाद अपेक्षित है।

विवाह के साथ-ही-साथ अधिकतर वधू विदा होती है और उसका प्रथम प्रवेश पतिगृह में मांगलिक विधि से होता है। उसका स्वागत घर की लक्ष्मी तथा गृहस्वामिनी के रूप में किया जाता है। इसी एक भावना के कारण हिन्दू समाज में पुरुष-प्रधानता होते हुए भी गृह-क्षेत्र में नारी का सम्मान अधिक है, क्योंकि वह गृह-क्षेत्र में सम्राज्ञी रूप में है। यह भावना मंत्रों द्वारा भरी जाती है और यही भाव हिन्दू विवाह सम्बन्ध को स्थायी पवित्र और सन्तुलित बनाए रखता है। वह केवल भोग्या या संगिनी ही नहीं रहती, न चार दिनों की मधुराका की रानी रहती है।

हिन्दू वैवाहिक जीवन में, प्रेम रूप के आकर्षण से अधिक साहचर्य से प्राप्त विश्वास है। यह विश्वास प्राप्त कराने में समस्त परिजन सहायक होते हैं। इसीलिए पति-पत्नी में छोटे-मोटे कलह हों तो भी विरसता उत्पन्न हो नहीं पाती, क्योंकि उस विरसता के न होने की ज़िम्मेदारी पति-पत्नी की नहीं वरन् दोनों के परिवारों की होती है। इस कारण क्षणिक आवेश से कोई सम्बन्ध-विच्छेद होने की सम्भावना क्षीण रहती है।

यह सही है कि अब संस्कार प्रायः सभी अधिकतर भावशून्य कर्मकांड मात्र होकर रह गए हैं, या शान-शौकत के प्रदर्शन ही रह गए हैं, तो भी संस्कार के पीछे भावना कुछ-न-कुछ हद तक सभी वर्गों में सुरक्षित है और इसे सुरक्षित रखने में मंत्रों और लोकाचार के गीतों की महत्त्वपूर्ण भूमिका है। यह उल्लेखनीय है कि हिन्दू विवाह में पुरोहित का स्थान सहायक का है, प्रमाणकर्ता का नहीं। प्रमाणकर्ता तो अपने विवाह संस्कार का व्यक्ति स्वयं होता है। मंत्र के जुड़ने का अर्थ ही है, प्रमाणकर्ता बनना।

कुछ लोग वानप्रस्थ और संन्यास को ही संस्कार मानते हैं, पर वानप्रस्थ के लिए कोई विशेष विधान नहीं है। केवल घर छोड़कर पति-पत्नी भोगविरत होकर वन में रहकर देवपूजन करने का एक संकल्प लेते हैं और परिवार का दायित्व प्रायः बड़े लड़के या कुल के नये कर्ता को सौंप देते हैं।

यों तो प्रत्येक मांगलिक कृत्य से दूर पितरों का श्राद्ध, देवताओं का पूजन, विशेष रूप से गौरी-गणेश का सबसे पहले पूजन, कलश स्थापन, दिग्पालों, मातृकाओं, देवताओं, ग्राम-देवता और कुल देवता का पूजन अनिवार्य होता है और अन्त में संक्षिप्त हवन विधि भी अनिवार्य होती है, उसे अन्यत्र विस्तार में दिया जा रहा है।

संन्यास आश्रम वस्तुत: निर्वर्णता की स्थिति का प्रारम्भ है, इसीलिए शिखा-सूत्र सबका परित्याग करना होता है। संन्यासी होने के विधान में सबसे पहला यह है कि मनुष्य अपने शरीर को शव मान लेता है और वह व्यक्ति के रूप में, शरीर के रूप में मृत होकर नारायण के साथ आत्म रूप होकर विचरण का संकल्प लेता है। उसके नियमों में काषाय वस्त्र, दंड-धारण और परिव्रजन आवश्यक है। वह किसी एक व्यक्ति या परिवार पर आश्रित नहीं रहता, पूरे समाज के लिए पूरे समाज पर आश्रित रहता है। वह प्रत्येक व्यक्ति में नारायण देखता है और वह अग्नि का स्पर्श नहीं करता। अग्नि का स्पर्श करने का अर्थ है—कर्म का स्पर्श और वह कर्म चाहे शुभ हो या अशुभ, दोनों को ज्ञान की अग्नि में झोंककर ही संन्यास लिया जाता है। इसीलिए संन्यासी का अग्नि-संस्कार नहीं होता, उसका शव प्रवाहित कर दिया जाता है।

अन्त्येष्टि संस्कार[27] **:** अन्त्येष्टि शब्द का अर्थ है—अन्तिम यज्ञ। हिन्दू धर्म जीवन की निरन्तरता में विश्वास करता है, इसलिए मृत्यु को वह एक अर्द्ध-विराम मात्र मानता है, अवसान नहीं मानता। इसे दूसरे जन्म में प्रवेश का द्वार मानता है, उसे जीवन की समाप्ति नहीं मानता। हाँ, उसे स्थूल शरीर की समाप्ति मानता है और मृत्यु के बाद स्थूल शरीर को वह अशुचि मानता है, उसे छूने में अपवित्रता का संसर्ग मानता है। मृत शरीर का दाह या प्रवाह करने के पीछे भावना यही है कि स्थूल-शरीर कारण-शरीर के छोड़ देने पर हेय है, वह पंच तत्त्वों का बना है, उसे पंचतत्त्वों को सौंप देना चाहिए।

अग्नि पावक है, पवित्र करती है, अत: अग्नि को सौंपने से अधिक शुद्ध रूप में शरीर के तत्त्व वितरित होंगे, इसी भावना से दाह ही मुख्य विधि है।

प्रवाह, संन्यासी के शरीर का ही प्राय: होता है। उसका प्रयोजन यह है कि संन्यासी शुद्ध रूप से दूसरों के लिए जीता है। वह पवित्र है, उसका मृत शरीर भी जलचर प्राणियों के काम आए, इसलिए उसे प्रवाहित किया जाए।

दूसरे, यह भी है कि संन्यासी संन्यास आश्रम में प्रवेश करने के पूर्व अग्नि परित्याग कर चुका होता है, एक प्रकार से उसका तप शान्त हो गया होता है, वह अग्नि के व्यक्त रूप को छोड़कर जल के अव्यक्त रूप में प्रविष्ट हो चुका होता है, वह सनातन प्रवाह हो चुका होता है, इसलिए भी उसके शरीर को जल में प्रवाहित करने की संगति है।

अग्नि-संस्कार के बाद जो भी अनुष्ठान होते हैं, वे पिंडदानात्मक हैं। दस दिनों तक निरन्तर एक-एक पिंड दिया जाता है, दाह तक 6 पिंड शवयात्रा के दौरान दिये जाते हैं और इन सोलह के द्वारा कारण-शरीर के 16 उपादानों, दस इन्द्रिय, एक मन और अन्तःकरण चित्त, बुद्धि, अहंकार और आत्मा का पुनः संयोजन और पोषण प्रयोजित होता है। इसके बाद सपिंडीकरण श्राद्ध के द्वारा मृत व्यक्ति को पितरों की श्रेणी में प्रवेश दिलाया जाता है। सपिंडीकरण के पूर्व उसकी प्रेत संज्ञा रहती है, वह शरीरी और भावनारूप अस्तित्व के बीच में लटका रहता है, पितर होते ही वह एक भावनात्मक अस्तित्व बन जाता है। प्रेतदशा में उसकी आसक्ति शरीर से बनी रहती है। प्रेतत्वमुक्ति का अर्थ है : जीव को संचरण के लिए मुक्ति दिलाना, प्रथम श्राद्ध का यही उद्देश्य है। इसके बाद उस जीव की स्मृति एक ऐसी शक्ति के रूप में सुरक्षित की जाती है, जो चार पीढ़ियों तक के मानवीय अस्तित्व के साथ सहभोक्त्री हो सके, सपिंडभागी या सपिंड हो सके। सपिंडीकरण अनुष्ठान में इसीलिए पितृ-पिंड को पितामह-पिंड के साथ, फिर पितामहपिंड को प्रपितामहपिंड के साथ मिलाया जाता है और फिर मिलाए हुए पिंड को विभक्त किया जाता है। ये प्रतीकात्मक अनुष्ठान उन पीढ़ियों के साथ अपना एकीकरण स्थापित करने के लिए हैं, जिनके जीवकोश (gene) व्यक्ति में संक्रान्त हुए हैं।

हिन्दू धर्म सूक्ष्म को स्थूल में और स्थूल को सूक्ष्म में मंत्र-भावना से रूपान्तरित करने में विश्वास करता है। इसका अर्थ यह नहीं है कि वह सूक्ष्म को स्थूल या स्थूल को सूक्ष्म देखता है। इसका प्रमाण यह है कि हिन्दू धर्म स्थूल पिंड भी इस सूक्ष्म भावना से देता है कि इसका सूक्ष्म रस सूक्ष्म भाव से वर्तमान पितृसत्ता को मिलेगा और उस समय उसके लिए यदि पिता स्थूल आकार ग्रहण करके आएँ भी तो वे वास्तविक रूप से पिंडभागी नहीं होंगे, पिंडभागी होगी आसन पर भावना द्वारा उपस्थापित सूक्ष्म उपस्थिति।

श्राद्धकर्म जिस तृप्ति और पोषण के लिए किया जाता है, उस तृप्ति का हिस्सेदार श्राद्ध करनेवाला व्यक्ति स्वयं होता है। इसी से श्राद्ध पिंड को अन्त में सूँघने का विधान है। जैसाकि पहले कहा जा चुका है, श्राद्ध के अन्त में भविष्यत् की सुख-तृप्ति की भी कामना इसीलिए की जाती है कि श्राद्ध एक परम्परा की पूर्णता की अनुस्मृति का अनुष्ठान है।

इन सोलह संस्कारों के अलावा ऋतुचक्र से सम्बद्ध अनुष्ठान हैं। पूर्वकाल में यज्ञ थे, जिनका विवरण अगले अध्याय में दिया जाएगा। बाद में विभिन्न ऋतुओं से सम्बद्ध पर्वों के व्रत और उनसे सम्बद्ध अनुष्ठान विकसित हुए, उनका वर्णन पर्वों के अन्तर्गत किया जाएगा।

हिन्दू के लिए ऋतुचक्र उसके निजी जीवन का ही प्रतिबिम्ब है। वह विश्व की गति के साथ समंजस इसलिए नहीं रहता कि प्रकृति से उसे प्यार है या वह कृषि-

संस्कृति या गोपालक-संस्कृति का उत्तराधिकारी है, इसलिए रहता है कि प्रकृति उसका अंग है। वह प्रकृति का अंग है, उसमें प्रकृति ओत-प्रोत है। इसलिए उसका धर्मभाव प्राकृत नहीं है, वह नारायण भाव से भावित है।

आनन्द कुमार स्वामी ने ठीक ही सोचा है, हिन्दू धर्म माया को या जगत् को भ्रम नहीं मानता है, प्रतिभास मानता है—ऐसा प्रतिभास, जो प्रकाश का, चैतन्य का परिमापक होता है। हिन्दू के लिए जगत् सार्थक है, क्योंकि उसी में तो धर्मों का धर्म विश्वात्मा की उपस्थिति की प्रतीति होती है।

हिन्दू धर्म का स्वरूप इसीलिए बाह्य दिखता है, पर वस्तुतः वह बाह्य न होकर आभ्यन्तर है। वह परोक्ष का प्रत्यक्ष अनुभव है।

अध्याय-3

हिन्दू धर्म : यज्ञ, उपासना और भक्ति

हिन्दू धर्म, जैसाकि पहले बतलाया जा चुका है, सृष्टि के साथ तादात्म्य पर बल देने वाला धर्म है और उसके समस्त अनुष्ठान इस तादात्म्य के लिए साधन हैं। यज्ञ और उपासना उसके बाह्य और आभ्यन्तर पक्ष हैं। यज्ञ-संस्था वैदिक युग में सामाजिक संस्था थी, यज्ञ में ही समाज की संहत इकाई के दर्शन होते थे, और इसीलिए इस यज्ञ का विकास ब्रह्म के साक्षात्कार में हुआ। प्रारम्भ में ब्रह्म का अर्थ था मंत्र और मंत्र बोलने वाला, बाद में यज्ञ में मंत्र बोला जाता था। इसलिए यज्ञ ब्रह्म हुआ और तब समूची सृष्टि की भावना यज्ञ के रूप में हुई। यज्ञ जैसे ममत्व का त्याग है, वैसे ही सृष्टि भी स्रष्टा के ममत्व का त्याग है, इस भावना के विकास के साथ-साथ पूरा चराचर जगत् यज्ञ हुआ, संवत्सर यज्ञ हुआ, समस्त प्रकार का सर्जनात्मक व्यापार यज्ञ हुआ।

वैदिक यज्ञ में इज्य देवता और यजमान जैसे एक-दूसरे से जुड़े हुए थे, वैसे ही सृष्टि प्रक्रिया की जब कोई भावना करता है तो उसका सम्बन्ध सृष्टि के ग्रहीता से न रहे तो सृष्टि अर्थहीन हो जाए। और जीवन अर्थ की तलाश है, निरर्थक श्वास लेना नहीं है।

यज्ञ प्रारम्भ से ही केवल बाह्य अनुष्ठान नहीं था। मंत्र का प्रयोग ही यह सूचित करता है कि इसमें ऐसी वाणी का उपयोग है जो मनन के लिए है (मंत्र शब्द का व्युत्पत्तिगत अर्थ ही है : 'ममन का साधन')। मंत्र के द्वारा जो उपस्थिति भावित हो, वही उपस्थिति यज्ञ के लिए वास्तविक उपस्थिति है।

इस प्रकार यज्ञ व्यक्त और अव्यक्त का संयोजक है—प्रकाश और अप्रकाश का, अग्नि और सोम का, आत्मा और अनात्मा का, देव और मनुष्य का संयोजक संकल्प है। यज्ञ बाहरी वस्तु का अग्नि में प्रक्षेपमात्र नहीं है; पर जैसाकि आनन्दकुमार स्वामी ने कहा है[1] कि यजमान स्वयं अपने को अर्पित करता है और विभिन्न प्रतीकात्मक अनुष्ठानों के द्वारा यह अर्पण सम्पन्न होता है; उदाहरण के लिए, प्रस्तर के रूप में यजमान अपने को अग्नि में आहुत करता है और अग्नि से प्रार्थना करता है : मुझे

लो, पर जलाओ मत। वह जब गार्हपत्य या आहवनीय अग्नि के समीप खड़ा होता है तो यह भावना करता है कि अग्नि ने जान लिया है कि यजमान ने अपने को मुझे सर्वात्म रूप से सौंप दिया है, वह गार्हपत्य अग्नि में अपने को बीजभूत रूप में सिक्त करता है ('शतपथ ब्राह्मण', 7.2.1.6 : आत्मानं रेतोभूतं सिंचति) ताकि दिव्य रूप में वह पुनर्जन्म ले। यज्ञ की अवधारणा के बारे में प्राय: जो अनेक भ्रांतियाँ फैली हुई हैं, वे सिर्फ इसलिए कि यज्ञ के भीतरी अर्थ को समझने की कोशिश नहीं की गई है। 'शतपथ ब्राह्मण', 'जैमिनीय ब्राह्मण', 'गोपथ ब्राह्मण', 'ऐतरेय ब्राह्मण' जैसे ग्रंथ यज्ञानुष्ठान के प्रतीकार्य पर विपुल प्रकाश डालते हैं। जो लोग समझते हैं कि यज्ञ का लोप हो गया, वे भी भ्रम में हैं। वस्तुत:, यज्ञ न पहले बाह्य होते हुए बाह्य था, न बाद में अपने रूपान्तरित रूप में वह बाह्य है। आज का सबसे बड़ा यज्ञ है : 'जपयज्ञ'। 'गीता' में भी इसे साक्षात् श्रीकृष्ण रूप कहा गया है ('यज्ञानां जपयज्ञोस्ति')।[2]

यज्ञ के प्रारम्भिक रूप की ही बात पहले लें। प्रारम्भ में केवल देवता के निमित्त प्रिय अन्न या भोज्य पदार्थ अर्पित किया जाता था और अर्पण करते समय उसका मंत्र द्वारा आवाहन किया जाता था। मंत्रोच्चारण के साथ-साथ ही देवता की उपस्थिति भावित होती थी। मंत्र का नाम 'ब्रह्म' इसीलिए पड़ा कि वह देवशक्ति का वर्धन था, इन्द्रसूक्त में 'ऋग्वेद' में स्वयं ब्रह्म का अर्थ 'यस्य ब्रह्म वर्धनं' कहकर किया गया है। जो मंत्र पढ़ता था, वही देवता की शक्ति को परिस्फुरित करता था, इसलिए वह भी ब्रह्मा कहलाया। देवता का आवाहन कुश पर किया जाता था। कुश का भी संस्कृत नाम 'बर्हि' अर्थात् 'बढ़ने वाली' है। इस प्रकार यज्ञ एक कर्म था : देवता के लिए और अपने लिए। बाद में अग्निस्थापन और अग्नि में आहुति का भी प्रारम्भ हुआ, वेदी बनाई जाने लगी, अनुष्ठान का कर्मकांड विस्तृत हुआ, तब भी अग्नि में आहुति मुख्य याग-कर्म की प्रतिपत्ति अर्थात् अनुवर्ती और पुष्टिकारक क्रिया मानी गई।[3] अग्नि के मुख से जो सूक्ष्म रूप में परिणत द्रव्य देवता को प्राप्त होता है, वह देवमयी पूरी सृष्टि को प्राप्त होता है। वही पर्जन्य अर्थात् बादल के रूप में परिणत हो जाता है, वह सृष्टिचक्र का प्रवर्त्तक हो जाता है। वैसे मुख्य यज्ञ तो त्यागवाचक 'वषट्' के बोलते ही समाप्त हो जाता है।

यज्ञसंस्था के विकसित होने के बाद धीरे-धीरे यज्ञविधान बहुत विस्तृत और वर्गीकृत हुआ। नित्य किया जानेवाला अग्निहोत्र नित्य यज्ञ और ऋतु-चक्र के साथ या विशेष उद्देश्य या प्रयोजन से किया जाने वाला यज्ञ नैमित्तिक यज्ञ कहा गया। नित्य यज्ञ गृहस्थ का अपरिहार्य कर्तव्य था। वह यज्ञ के द्वारा अग्नि धधकाए रखना चाहता था, जिससे वह निरन्तर अनुभव करता रहे कि मैं अपने को नित्य देवार्पित कर रहा हूँ। मेरे जीवन का प्रतिदिन एक आहुति है, या सोमयाग में सवन अर्थात् जीवन रस द्रवित करने के लिए एक दवाव है। 'ऐतरेय ब्राह्मण' में कहा गया कि

बाहर का अग्नि तो प्रतीकमात्र है, वस्तुतः अग्नि तो अपने भीतर है ('ऐ. ब्रा.' 7/12 : आत्मन्येव हिता भवन्ति) और इसी प्रकार 'छान्दोग्य उपनिषद्'[4] ने एक सौ सोलह वर्ष की पूर्ण आयु को तीन सवनों में विभक्त किया—प्रथम 24 वर्ष प्रातः सवन, बीच के 44 वर्ष माध्यंदिन-सवन और अन्त के 48 वर्ष सायं-सवन है। प्रथम सवन के देवता 8 वसु हैं जो जीवन को अधिष्ठान देते हैं। बीच के हैं 11 रुद्र, जो रुलाते हैं, संघर्ष में झकझोरते हैं और अन्तिम सवन के 12 आदित्य, जो अपनी किरणों से उन्हें खींचकर अमृत रस में परिवर्तित करते हैं, तभी व्यक्ति की सार्थकता पूर्ण होती है।

एक बात और। यज्ञ के अनुष्ठान की प्रत्येक व्याख्या के अन्त में यह ज़रूर आता है कि जो इस विधि से यज्ञ करता है, उसे और जो इसे जानता है, इस विधि का प्रतीकार्थ समझता है अर्थात् जो इस विधि के द्वारा ज्ञानपूर्वक भावना करता है, उसे भी समान फल मिलता है। इसी कारण यज्ञ के प्रतीकानुष्ठान का चरम उत्कर्ष हुआ जप यज्ञ में, क्योंकि जप के द्वारा एकाग्र होकर एक धारा में एक को अर्पणभाव यज्ञ की चरम सार्थकता है। वस्तुतः द्रव्य-यज्ञ में ही आत्म-यज्ञ सन्निहित था, क्योंकि द्रव्य चाहे धन हो, चाहे सोमरस, चाहे पशु, वह यजमान ही है। यजमान अपने को उसमें सन्निविष्ट करता है।

ऋतुचक्र के साथ चलने वाले अनुष्ठान थे आग्रायणेष्टि (मार्गशीर्ष या आज के नवम्बर में शरद् ऋतु की समाप्ति के बाद), जो पहली फ़सल कटने के समय कृतज्ञता ज्ञापन के निमित्त की जाती थी, उसी तरह वसन्त ऋतु की समाप्ति होते-होते, दूसरी फसल के पकने पर चैत्री या शूलगव, श्रावण में श्रावणी, आश्विन में श्राद्ध यज्ञ, वर्षा में चातुर्मास्य याग (इसी में कृषिकर्म से सम्बद्ध शुनासीर और तीन अन्य याग, वैश्वदेव, वरुणप्रघास और शाकमेध आते हैं) होते थे। यह यज्ञ सामाजिक संस्था थे, इनमें बड़ा समुदाय भाग लेता था। ऋतुओं के मोड़ के साथ यज्ञ को जोड़ने का अर्थ था : यज्ञ को ऋत के रूप में देखना।

इनके अतिरिक्त प्रति अमावस्या और पूर्णिमा को दर्श पौर्णमास इष्टि का विधान था। ये दोनों तिथियाँ केवल चन्द्रमा के पूर्ण रूप से विलय या उनकी पूर्णता की ही द्योतक तिथियाँ नहीं थीं। ये तिथियाँ अमृतत्व के लिए प्रत्येक व्यक्ति के पूर्ण विवेचन की और उसकी पूर्ण कलासम्पन्नता प्राप्त करने की अनवरत अनवच्छिन्न क्रम सूचित करनेवाली बिंदुएँ थीं। शुक्ल पक्ष की प्रतिपदा से मास का प्रारम्भ होता था। इसीलिए पूर्णिमा का तिथि अंक 15 है और अमावस्या में समाप्त होता था, अमावस्या का अंक 30 है। मासान्त का खाली होना, शून्य होना, नये मास के भरने की प्रक्रिया का प्रारम्भ है। शुक्ल पक्ष की प्रतिपदा की कला वह षोडशी कला है, जो अस्ति (सत्रा सत्), भाति (ज्ञान, चिम्) और प्रियं (सुखकर लगना, आनन्द) का नवसर्जन है; यही कला शिव के मस्तक पर उनकी ज्ञानचक्षु के ऊपर विराजती है। पुरुष को भी षोडशकलाओं वाला कहा गया है। भगवान् विष्णु के

श्रीकृष्ण के रूप में पूर्णावतार को भी इसीलिए षोडशकलाओं से पूर्ण कहा जाता है। श्रीकृष्ण के ही जीवन में पूर्णता की अभिव्यक्ति जिस विराट्ता के साथ है, उसी प्रकार शून्यता, निस्संगता और निराट् अकेलेपन का भी गहनतम अनुभव है।

दूसरे प्रकार के यज्ञ हैं जो वर्ष में कभी एक बार किये जाते हैं—वे एक दिन में सम्पन्न हों, या कई दिन चलते हैं। कई दिन चलने वाले सत्र कहलाए, क्योंकि उसमें बहुत-से लोग साथ बैठे रहे। ये यज्ञ विशेष उद्देश्यों से सम्पन्न किये जाते थे, इन्हीं में ज्योतिष्टोम, अतिरात्र, वाजपेय, अश्वमेध जैसे यज्ञ आते हैं। इन यज्ञों का प्रयोजन दुहरा था—एक तो, विशालतर समुदाय का सहयोग (केवल एक स्थान के ही नहीं, विभिन्न केंद्रों के लोग इसमें सम्मिलित होते थे) प्राप्त किया जाता था। दूसरे, इन यज्ञों के व्याज से मानव जीवन के महनीय अर्थ (मूल्य) पर विचार-विनिमय होता था। इन्हीं सत्रों का विकास ज्ञानसत्र के रूप में हुआ।

इन यज्ञों को विनियोजित द्रव्य के आधार पर तीन प्रकारों में विभक्त किया जाता है :

1. पाक यज्ञ : जिनमें चरु (यज्ञ में अर्पित किया जाने वाला पदार्थ) पकाया जाता है। इस चरु के साथ आहुति भी दी जा सकती है, या केवल चरु ही चढ़ाया जा सकता है। ये सात प्रकार के होते हैं : स्थालीपाक, अष्टका, अमाश्राद्ध, औशसन होम, श्रावणी, आग्रहायणी और चैत्री।

2. हविर्यज्ञ : जिनमें अग्नि में आहुति देना आवश्यक है और पकाया हुआ या राँधा हुआ पदार्थ नहीं अर्पित किया जाता। ये सात प्रकार के होते हैं : अग्निहोम, दर्श, पौर्णमास, आग्रयण, चातुर्मास्य, निरूढ़ पशुबन्ध और सौत्रामणि।

3. सोमयज्ञ : जिनमें आहुति या चरुसमर्पण के साथ-साथ अपरिहार्य रूप से पत्थर से कुचकुचाकर सोम का रस निकाला जाता है, और वह अर्पित होता है। ये सात प्रकार के होते हैं : अग्निष्टोम, अत्यग्निष्टोम, उक्थ्य, षोडशी, वाजपेय, अतिरात्र और आप्तोर्याम।

ये 21 प्रकार के यज्ञ जब बहुत विस्तृत हो गए तो उनका सरलीकरण भी प्रारम्भ हो गया और इन श्रौतयज्ञों का स्थान (जिनमें वैदिक मंत्रों का ही प्रयोग हो सकता था) स्मार्त्तयज्ञों ने लिया। इन स्मार्त्तयज्ञों के भी दो प्रकार हैं : एक नित्य, जो संध्यावंदन के साथ-साथ पंच महायज्ञ के रूप में किये जाते हैं; दूसरे नैमित्तिक, जो देवता-विशेष के निमित्त निष्काम या सकाम सम्पन्न होते हैं। इनमें वैदिक मंत्रों के साथ-साथ तांत्रिक मंत्रों का भी प्रयोग होता है। यहाँ अनुष्ठान संक्षिप्त होता है। इस सरलीकरण के पीछे एक तो परिस्थिति यह थी कि भौतिक द्रव्यों के रसास्वाद से और पशु-बंध से श्रमण-संस्कृति के प्रभाव से विरति होने लगी। दूसरी परिस्थिति यह कि सोमवल्ली दुष्प्राप्य हो गई; सोम और चरु के साथ जो शरीर, प्राण, मन और वाक् का मादन और इनकी परितृप्ति का एक साथ बोध होता था, वह कुछ

कम हो गया और तीसरा कारण यह था, शायद यही मुख्य कारण था, कि ब्रह्मरूप विश्व के चिन्तन का तादात्म्य अब अन्तर्मुख चैतन्यरूप आत्मा के चिन्तन के साथ उपनिषद्काल तक हो गया, इसलिए समाज सम्पृक्त यज्ञ-संस्था का स्थान व्यक्ति सम्पृक्त उपासना-संस्था ने ले लिया और इसके अनुकूल यही पड़ता था कि सीमित साधनों से सीमित समय में यज्ञ की भावना कर ली जाए। पंच महायज्ञ हैं : ब्रह्मयज्ञ, पितृयज्ञ, देवयज्ञ, भूतयज्ञ और मनुष्ययज्ञ। 'मनुस्मृति' में इनके सम्पादन की यह व्यवस्था थी :

अध्यापनं ब्रह्मयज्ञः पितृयज्ञस्तु तर्पणम्।
होमो दैवो बलिर्भौतो नृयज्ञोतिथिपूजनम्॥ 3/48

पढ़ना-पढ़ाना ब्रह्मयज्ञ या ऋषियज्ञ भी है। इसके अन्तर्गत स्वाध्याय है, मंत्रों और शास्त्रों का पारायण है, एकाग्रभाव से मंत्रों के अर्थ का मनन और निदिध्यासन है। पितरों को (पितृपक्ष से तीन और मातृपक्ष से तीन) तर्पण देना ही पितृयज्ञ है, पितृयज्ञ का तात्पर्य है कि अपने दिन-प्रतिदिन के जीवन के आस्वाद में उन्हें संयुक्त करना, अर्थात् यह भावना करना कि जो भी हमें प्राप्त है, उसमें उनका योगदान है, उनसे प्रार्थना की जाती है :

आयान्तु नः पितरः सोम्यास्तेऽग्निष्वात्ताः पथिभिर्देवयानैः।
अस्मिन् यज्ञे स्वधया मदन्तोऽधिब्रुवन्तु तेवन्त्वस्मान्॥

['शुक्लयजुर्वेद', 19/58)]

अर्थात् वे सोमरस की तरह सूक्ष्म भावनात्मक स्वाधीन अस्तित्व में प्रविष्ट, अग्नि द्वारा परिशुद्ध पितर देवमार्ग से आएँ, प्रकाशरूप में आगे उपस्थित हों (अन्धकार की तरह पीछे न सवार हों), वे हमारे जीवन में अपने को प्रतिबिंबित और चरितार्थ पाकर तृप्त हों, हमें आगे बढ़ने की प्रेरणा दें, हमारे ऊपर स्नेहच्छाया रखें, हमारी रक्षा करें।

देवयज्ञ देवताओं के निमित्त प्रातः और सायं दी गई आहुतियों से सम्पन्न होता है। प्रत्येक आहुति के अन्त में 'स्वाहा' और 'इदं देवाय न मम' कहकर 'अब यह मेरा नहीं' का भाव, ममकार के त्याग का भाव भावित किया जाता है। भूतयज्ञ का ही नाम बलिवैश्वदेव भी है। अन्न-भोजन के पूर्व अन्न का कुछ भाग समस्त देवताओं और समस्त प्राणियों को अर्पित किया जाता है, जिससे अपने स्वयं की अन्न की तृप्ति समस्त प्राणिलोक की तृप्ति बने। देखने में यह ढोंग लगे, पर जो व्यक्ति यह समझ जाता है कि इस अन्न में अकेले मेरा हिस्सा नहीं है, वह किसी भी प्राणी को भूखा देखकर स्वयं अन्न नहीं ग्रहण कर सकता है। नृयज्ञ या मनुष्य-यज्ञ का दूसरा नाम अतिथि-यज्ञ भी है। जो भी मनुष्य दरवाज़े पर आ जाए, वह वैश्वानर है,

विष्णु है, नारायण है, केवल नर नहीं। उसे खिलाए बिना स्वयं खाना मनुष्य यज्ञ के साथ अपघात करना है।

इन पंच महायज्ञों का निष्ठापूर्वक पालन आज भी बालिद्वीप में होता है। वहाँ प्रतिदिन बिना भूत-यज्ञ का अनुष्ठान किये हुए कोई भी गृहस्थ घर में अन्न नहीं ग्रहण करता। भूतयज्ञ में देश-काल, दोनों का सम्पूर्ण स्मरण होता है। दस दिशाओं और तीन कालों को एक साथ देखने पर इसमें बल दिया जाता है। आभ्यन्तर और बाह्य, दोनों ही सत्ताओं के तादात्म्य की भावना की जाती है, बाह्य परिवेश से सामंजस्य की साधना की जाती है। इन यज्ञों के द्वारा मनुष्य विनम्रता, अकिंचनता और परार्थता का अभ्यास करता है और अपने भीतर एक नया आपूरण-विश्वास दिन-प्रतिदिन भरता है। इन समस्त यज्ञों को भी संस्कार माना गया है, क्योंकि इनकी भावना से जीवन नया होता रहता है। भगवान् श्रीकृष्ण ने 'गीता' में यह उपदेश दिया :

ब्रह्मर्पणं ब्रह्म हविर्ब्रह्माग्नौ ब्रह्मणाहुतम्।
ब्रह्मैव तेन गन्तव्यं ब्रह्मकर्मसमाधिना॥

['श्रीमद्भगवद्गीता', 4/24]

अर्थात् ब्रह्म होकर व्यक्ति अर्पण करता है। जो हवि अर्पण करता है, वह भी ब्रह्म है। जिस अग्नि में अर्पण करता है, वह भी ब्रह्म है। जिसे अर्पण करता है, वह भी ब्रह्म है और अर्पण का व्यापार भी ब्रह्म है। बस, एक शर्त है, अर्पण करते समय मन एकाग्र भाव से यह सोचता रहे कि यह अर्पण ब्रह्म होने की प्रक्रिया है। इस उपदेश के पीछे उनकी गहरी तत्त्व-साधना है। उन्होंने अपने गुरु घोर आंगिरस से गुह्य ज्ञान की ज्योति पाई, इसका उल्लेख बड़ी काव्यमय भाषा में 'छान्दोग्य उपनिषद्'[5] में मिलता है :

"यह आदमी जो है न, जब उसे भूख लगी होती है, प्यास लगी होती है, कहीं उसे चैन नहीं पड़ता है, उस समय वह जीवन-यज्ञ में दीक्षा ले रहा होता है।

दीक्षा की शर्त है : ख़ाली होकर भरने की आकांक्षा करना।

जब वह खाता है, पीता है और उसका मन रमने लगता है, तब समझना चाहिए कि वह यज्ञ वेदी के पास पहुँच गया।

जब वह हँसता है, जब वह भोग को आत्मसात् करता है, जब वह अपने संसार को नष्ट करता रहता है, जब वह दो का एक होता रहता है, जब वह स्त्री-पुरुष-संयोग के अद्वैतात्मक क्षण में प्रविष्ट होता रहता है, रूपक की भाषा में निगीर्ण होता और निगीर्ण करता रहता है, तब वह यज्ञ में शस्त्र और स्तोत्र नामक मंत्रों के उच्चारण के साथ यज्ञ के भीतर अग्निसात् हुआ, यह मानना चाहिए।

और इस यज्ञ की दक्षिणा के रूप में इस जीवन-यज्ञ के उस कर्ता को जिसने अपने को इस जीवन में झोंका और अपने को अलग रखा—दक्षिणा के रूप में

मिलते हैं तप, दान, आर्जव (सबसे सीधा भाव रखना), अहिंसा और सत्य। एक प्रकार से यह यज्ञ पुनरुत्पादन है, नया जन्म है, इस भावना से जिया गया जीवन मृत्यु है अहंकार का। इसीलिए यज्ञ के बाद स्नान करना इस जीवन का अवभृथ स्नान है। पूरा जीवन लिया गया यज्ञ पूरा हुआ, पुनः संसार में प्रवेश करने से पूर्व अवभृथ स्नान होता है, वही मृत्यु है। [एक यज्ञ का देहरूप परिधान उतरा, नये परिधान धारण करना है। हाँ, दक्षिणा जो टेंट में बँधी थी, वह सहेज कर रख लेनी चाहिए।]

यही विद्या घोर आंगिरस ने देवकी-पुत्र श्रीकृष्ण को सिखाई और उनकी प्यास बुझ गई, जिससे अन्तवेला में उन्हें यह ज्ञान बना रहे—तुम्हारा कोई घर नहीं, तुम अक्षित हो; तुम्हारा कुछ नहीं घटता, तुम अच्युत हो; प्राण तुम्हें और सान पर चढ़ाते रहते हैं, तुम प्राणसंशित हो। मृत्यु प्राचीन बीज का नया अंकुरण है। हम अन्धकार के पार जाते रहें, बराबर आगे की ज्योति से देखते रहें, आत्म-रूप प्रकाश से आगे देखते रहें—यही देवता होना है, क्योंकि इसी मार्ग से देवता परम प्रकाश के पास पहुँचते रहे हैं।"

श्रीकृष्ण का जीवन इसी प्रकार का यज्ञ है और उस यज्ञ से अभिभूत है उत्तर- वर्ती हिन्दू धर्म। यहाँ एक ऐतिहासिक सन्दर्भ और देना आवश्यक है। पहले चर्चा की जा चुकी है कि ब्रह्मपरक और आत्मपरक चिन्तन 'उपनिषद्' और 'श्रीमद्भगवद्गीता' में एक बिन्दु पर मिल गए हैं। इसका क्रम सम्भवतः इस प्रकार रहा होगा—मंत्र-वाचक ब्रह्म, मंत्र से मंत्रवक्ता, मंत्रवक्ता से यज्ञ हुआ, यज्ञ से समस्त सृष्टि हुआ, क्योंकि सृष्टि का उद्भव बिना विराट् पुरुष के द्वारा अपने को यज्ञिय वस्तु के रूप में, पशु के रूप में अर्पित किये होता तो वह मनमानी सृष्टि होती। वह सृष्टि सोद्देश्य नहीं होती, वह विराट् सत्ता की लीला का अधिष्ठान न होती। इस तरह अर्थ-विस्तार के द्वारा और यज्ञ के प्रतीकार्थ की गहरी सामाजिक और आध्यात्मिक व्याख्या के निरन्तर अभ्यास के द्वारा ब्रह्म का अर्थ हुआ : चर-अचर समस्त सृष्टि, समस्त व्यापार, समस्त स्तरों की चेतना, समस्त ऐंद्रिय और अतींद्रिय जगत् और उस समस्त में देखनेवाला, समझने वाला भी, क्योंकि उस समस्त से एकाकार हुए बिना वह यज्ञ कर ही नहीं सकता। इस ब्रह्म के साक्षात्कार की प्रक्रिया में देवता स्वयं ब्रह्मभाव के अभ्यर्थी हो गए, देवता यज्ञ करनेवाले हुए, यज्ञ के प्रथम प्रतिष्ठापक हुए, वे इस सृष्टि के लिए विसृष्ट हुए (अर्वाग् देवा अस्य विसर्जनेन, 'ऋग्वेद' के नासदीय सूक्त में ही यह विचार पल्लवित हो चुका था) मनुष्य का स्थान ऊँचा हुआ, क्योंकि यज्ञ की इस विस्तृत भावना का विकास करनेवाला ब्रह्मवेत्ता स्वयं ब्रह्म होने की ओर उन्मुख हुआ (ब्रह्मविद् ब्रह्मैव भवति)।

यज्ञ के रहस्य का साक्षात्कार ब्राह्मणों और उपनिषदों में बहुत क्रमिक था। इसका एक दूसरा महत्त्वपूर्ण पक्ष आनन्द और अमृतत्व की प्राप्ति भी था। यज्ञ में

सोम और अग्नि का सम्बन्ध रहस्यान्वेषण का माध्यम बना, सोम अग्निसात् हो जाता है, अग्निमय हो जाता है और अग्नि भी सोम पीकर सोम बन जाता है। सूर्य अमावस्या को चन्द्रमा को आत्मसात् कर लेते हैं, तो सूर्य और चन्द्र का एकीकरण हो जाता है। यही अमावस्या है, दो प्रेमियों का एकीकरण है—द्यौः और पृथ्वी का, वाङ् और मन का, व्यक्त और अव्यक्त का एकीकरण है। अपने को पूर्ण रूप से विनष्ट करके ही प्रजापति अपने शरीर को विश्वभाव के लिए अर्पित करते हैं तो सृष्टि उत्पन्न होती है, यज्ञ प्रथम धर्म होता है।[6] मनुष्य भी उसी का अनुकरण करता है अर्थात् सृष्टिकर्ता की भूमिका में अपने को स्थापित करता है। यज्ञ इस प्रकार सर्जनात्मक व्यापार होता है और इसीलिए यह निरतिशय आनन्द देता है, इस व्यापार से गुजरकर भीतर का वृत्र (अन्धकार) मर जाता है और दूसरे के लिए सोचने वाला प्रकाशित होकर बाहर आता है।

इस यज्ञ-चिन्तन में ही इस प्रकार आत्मचिन्तन के बीज पड़े। अग्निचयन-विद्या का जब विकास हुआ तो उसमें प्रतीक रूप में पुष्करपर्ण पर हिरण्मय पुरुष के रूप में प्रजापति की स्थापना हुई और ईंटें (इष्टकाएँ) शंक्वाकार स्तूप के रूप में चारों ओर चिनी गईं। इस चिन्तन को बल मिला—बाह्य अनुष्ठान की उपेक्षा करके शरीर को और मन को साधने वाले योगियों से। यह नहीं है कि योग की अवधारणा यज्ञ में नहीं थी, पर वह योग का बहिःक्षेप था, उसका मुँह बाहर था। योग का मूल अर्थ था : जोतना, शरीर के रथ में इन्द्रियों के घोड़ों को जोतना या दूसरे शब्दों में : अपने को समझदारी के साथ शरीर की चेष्टाओं के नियंत्रक की भूमिका में डालना। इसका अर्थ दमन नहीं है, इसीलिए यह क्रमशः यम से समाधि तक पहुँचता है। समाधि की अवस्था में योग केवलीकृत, परिशुद्धीकृत आत्मा से जुड़ना या मिलन हो जाता है।[7] इस प्रकार की स्थिति प्राप्त कर लेने पर आदमी जो करता है, जो रचता है, उसमें उसके रागद्वेष, उसको बाँधने वाली सीमाएँ, उसका कलुष, उसका छुटपन—ये सब नहीं रहते, उसकी आसक्ति नहीं रहती, वह रचते हुए, देते हुए, गढ़ते हुए, काम करते हुए बराबर उस कार्य में अपने को जोते रहता है। वह फल में नहीं, कर्म में तल्लीन रहता है, इसलिए उसे कौशल या कुशलता प्राप्त होती है। इस कौशल को भी योग कहा गया। इस प्रकार योग की साधना ने शरीर को, देह को महत्त्व दिया। बाद के तंत्रग्रंथों में इसे परम उत्कर्ष तक पहुँचाया। 'परशुराम कल्पसूत्र' में कहा गया : 'आनन्द ब्रह्मणो रूपं तद्धि देहे व्यवस्थितम्' (आनन्द, जो ब्रह्म का अभिव्यंजक रूप है, इसी देह में विशेष रूप से अवस्थित है)। यह शरीर आनन्द का, आनन्द-रूप परमात्मा का विग्रह है।

'श्वेताश्वतर उपनिषद्'[8] में योग के अनुभव का वर्णन इस प्रकार मिलता है : "पहले कुहासा छाया दीखता है, फिर धुआँ दीखता है, फिर कई प्रकार के प्रकाश दीखते हैं—सूर्य का प्रकाश, अग्नि का प्रकाश, जुगनू का प्रकाश, विद्युत् का प्रकाश,

स्फटिक का प्रकाश और निर्मल शशि का प्रकाश। भीतर ये प्रकाश ही यह तादात्म्य स्थापित करते जाते हैं कि वह मैं हूँ 'सोहम्'। योग का बाहरी लक्षण है हलकापन, स्वस्थता, ललक का अभाव, चेहरे की प्रसन्नता, स्वर में सौष्ठव, शरीर से सुगंधि निकलना, मल-मूत्र की प्रवृत्ति कम होना।

जैसे कोई प्रकाशमान बिंब हो, उस पर मिट्टी लेप दी गई हो, उसे कोई धोकर सामने रख दे, उसी प्रकार योगी अपने स्वरूप का, प्रकाशमान आत्मा का साक्षात्कार करके कृतार्थ हो जाता है, फिर कोई दु:ख-शोक नहीं रहता।"

योग की इस धारा ने शरीर के भीतर ब्रह्मांड का दर्शन किया और इसने बाह्य अनुष्ठान को आभ्यंतर अनुष्ठान बनाया, प्राणों की प्राणों में आहुति का अभ्यास कराया। बाह्यानुष्ठान के विकास, अग्निचयन के रहस्य के अभ्यास और योग के विकास की परिणति हुई ब्रह्मात्मैक्य में, ब्रह्म और आत्मा की एकता की स्थापना में। उपनिषदों ने पुकारा—वह तुम हो (तत्त्वमसि), बाहर जो कुछ फैला हुआ या फैलाने वाला व्यापार या सत्ता या भाव देख रहे हो, तुम हो; समस्त भूत तुममें है और तुम सबमें हो। यज्ञ और योग के संयोग से हमारी उपासना पद्धति विकसित हुई, कायशुद्धि, चित्तशुद्धि और वाक्शुद्धि उपासना के लिए आवश्यक हुई।

एक ओर यज्ञ के बाहरी वितान ने उत्तरकालीन मन्दिर को आकार दिया जिसे इसके साथ दिये गए तुलनात्मक चित्र से समझा जा सकता है तो दूसरी ओर यज्ञ के प्रतीकार्थ चिन्तन ने षोडशकलाओं वाले पुरुष की पूर्वभावना के लिए षोडशोपचार पूजन की व्यवस्था विकसित की, इसीलिए षोडशोपचार पूजन में 'पुरुषसूक्त' के मंत्रों का विनियोग प्रचलित हुआ। योग ने उपासना में ही प्रत्युत प्रत्येक अर्पित कर्म में प्राणायाम और ध्यान का समावेश कराया। यज्ञ संस्था का अवदान है, बाह्य भौतिक संसार का महत्त्व और विश्व की अखंडता पहचनवाने में, यज्ञ-संस्था में भौतिक ऐंद्रिय सुखों का तिरस्कार नहीं था, वह भाव हिन्दू-धर्म में यज्ञ-संस्था के उपासना और कर्म में रूपान्तरित हो जाने पर भी बना रहा। इस संस्था ने आशा और विश्वास की दृढ़ भित्ति तैयार कर दी, जिससे सूर्य की उपासना प्रात:काल जब व्यक्ति करे और सूर्य को सम्बोधित करे कि तुम तमोमलिन दिशाओं के पुंडरीक हो, तब मन में यह आशा रखे कि मैं मनुष्यों में पुंडरीक हूँगा।[9] पुंडरीक होने का अर्थ है : सर्जक होना, आनन्दप्रद होना और गहरी जड़ों वाला होना। यह आकस्मिक नहीं था कि हमारे समस्त कला अभिप्राय पुंडरीक के ही किसी-न-किसी रूप में विकसित अभिव्यक्तियाँ हैं, जैसाकि एफ. डी. के. बाश ने अपनी 'द गोल्डेन जर्म' पुस्तक में विस्तार से प्रतिपादित किया है। यज्ञ-संस्था का दूसरा अवदान यह है कि आदमी जब खाता है, पीता है तो अन्न और रस से अक्षय तृप्ति पाता है कि "हम भोजन करें, हम रस पिएँ, हमारे लिए वरुण, प्रजापति और सविता अन्न लाए। हे अन्नपते, अन्न लाओ, लाओ अन्न[10] ('छांदोग्य उ.,' 1-12-5)। आगे जब भक्ति का

विकास हुआ तो अन्न प्रसाद हो गया। देवता की प्रीति उसमें समाविष्ट हो गई। अतिशय वैराग्य को महत्त्व देने वाले लोग इस भाव को कुछ हीनभाव मानते हैं, पर यही जीवन का स्वीकार है।

याग-शाला और मन्दिर में तुलना

याग-शाला

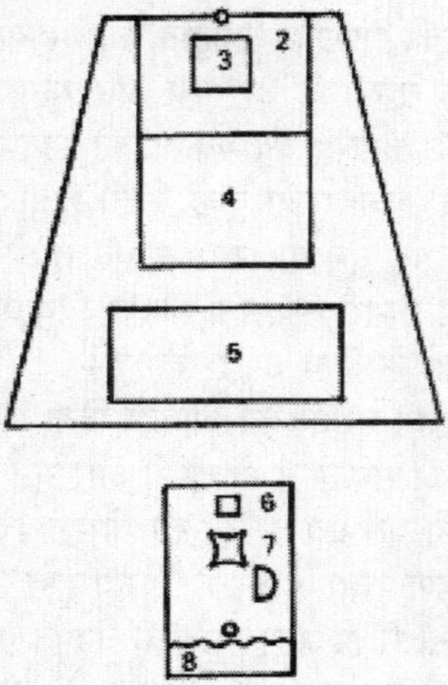

मन्दिर

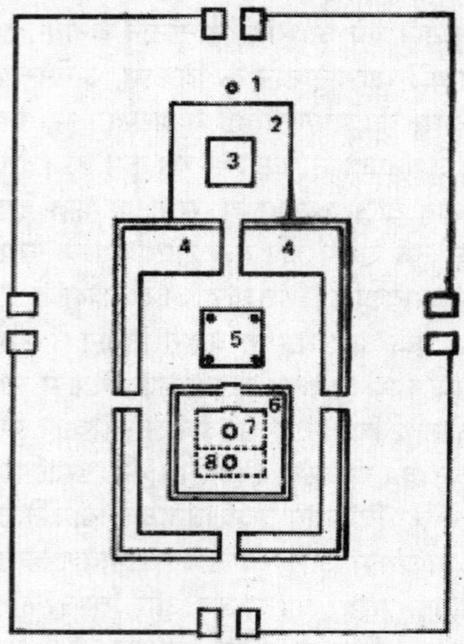

1. भूप
2. उत्तर वेदी
3. दशपद
4. हविर्धान
5. सदस्
6. अग्निहोत्रशाला
7. मुख्य वेदी
8. पत्नीशाला

1. ध्वज
2. बलिगृह
3. बलिपीठ
4. भोजनशाला
5. मंडप
6. गर्भ-गृह
7. प्रतिष्ठा (मुख्य मूर्ति)
8. शक्ति प्रतिष्ठा

'द कल्चरल हेरिटेज ऑफ इंडिया', खंड 4, भाग 3, 'रिचुअल्स ऑफ वर्शिप्' (एल.ए. रवि वर्मा), पृ. 448 (साभार)

यज्ञ-संस्था और योग संस्था, दोनों का एकीकरण एक नया मूल्य-सन्तुलन लाया, व्यक्ति के विकास और समष्टि की निरन्तर भावना और दोनों का समन्वय इससे हो सका। ये दोनों संस्थाएँ हमारे जीवनक्रम के प्रत्येक क्षण को उद्भासित करने लगीं। हिन्दू उपासना में चाहे कितने भी तत्त्व क्यों न मिले हों (और सामान्य लोक की आदिम श्रद्धाभिव्यक्ति के तत्त्व मिले, यह हिन्दू धर्म के लिए गौरव की बात थी, वह कभी भी उच्चवर्ग की सम्पत्ति नहीं रहा), उसका प्राणभूत तत्त्व है आत्मशुद्धि द्वारा विश्वात्मा की व्यापकता का साक्षात्कार। मनोवाक्कायशुद्धि के अनन्तर जब व्यक्ति सर्वभूतात्मा का साक्षात्कार करता है और उसे प्रणाम निवेदन करना चाहता है तो उसे लगता है[11] : "उसकी सब तरफ़ आँखें हैं, सब ओर मुख है, सब ओर बाँहें हैं, अपनी बाँहों में सब घेरता रहता है, वह एक है, वही स्फुरण मात्र से आकाश और पृथ्वी की सृष्टि करता है।" इस एकता का साक्षात्कार उसे प्रणाम करनेवाला नहीं रहने देता, उसे साक्षात् प्रणम्य परमात्मा उस एक क्षण के लिए बना देता है। यह उपासना कहीं भी की जा सकती है, उस स्थान को शुद्ध करना होता है—भौतिक रूप से, मंत्रोच्चारण से और मानस भावना, तीनों से। मन्दिर में की जाए, पवित्र तीर्थ में की जाए, अरण्य में की जाए, पर सर्वत्र एक सौष्ठव और सामंजस्य होना चाहिए, एक अनुपात होना चाहिए। जैसाकि पहले कहा जा चुका है, यज्ञवेदी और अग्निचयन की स्तूपाकृति, दोनों मिलकर मन्दिर के आयाम बने, अग्निचयन के स्तूप में ज्यों-ज्यों ऊपर जाते हैं, त्यों-त्यों आकार छोटा होता चला जाता है और यह आरोह क्रमिक होता है। हिन्दू उपासना भी क्रमिक साधना है, धैर्य माँगती है, कोई वादा नहीं करती कि बस, तुम्हें अब छुट्टी मिल गई, तुम्हें कुछ नहीं करना है; बराबर कहती रहती है, आत्मदीप बनो, अपने उद्धारकर्ता स्वयं तुम बनो। प्रत्येक व्यक्ति शुरू से ही अव्यक्त का ध्यान नहीं कर सकता, इसलिए 'धियालंबध' के रूप में उसे व्यक्त से प्रारम्भ करना पड़ता है, पर वह व्यक्त भी ऐसा होता है जो अव्यक्त का आभास कराता है। हिन्दू मन्दिर बाहर की बहुरंगी विविधता और गर्भगृह की निविड़ शान्ति और सघन एकरसता के द्वारा उस परम तत्त्व की दुहरी भाववत्ता का ही विग्रह है, वह देवता का गृह-मात्र नहीं, स्वयं देवता है, चर-अचर सृष्टि का एक कला के भभके से खींचा हुआ मादन रस है।

उपासना, अर्चा और पूजा—ये तीन शब्द मिलते हैं। उपासना में गुरु के समीप बैठकर रहस्य में प्रवेश किया जाता है, अर्चा आकार की होती है, पूजा प्राणाविष्ट आकार की होती है। अब सब एकाकार हो गए हैं। दैनन्दिन संध्योपासन में एक ओर वैदिक मंत्रों का पारायण है। इनमें मुख्य मंत्र हैं, सृष्टि मंत्र (ऋतंचसत्यं च...), पापक्षपन मंत्र (सूर्यश्च...), पवित्रीकरण मंत्र (आपो हिष्ठा...तथा द्रुपदादि...), गायत्री मंत्र और सूर्योपस्थान मंत्र। सृष्टिमंत्र का अर्थ है[12] : "तप से ऋत और सत्य उत्पन्न हुए, उसके बाद अव्यक्त सृष्टि—यह समुद्र (यहाँ दृश्य जल से अभिप्राय नहीं)

हुई, इससे संवत्सर उत्पन्न हुआ (सावधि काल का बोध हुआ), आत्मवशी प्रजापति ने तब दिन-रात पलक झँपाते-झँपाते पैदा किये। उन्होंने पूर्वसृष्टि के अनुसार सूर्य और चन्द्रमा को उत्पन्न किया। अन्त में द्युलोक, अन्तरिक्ष और भूमि का विभाजन हुआ।" इस मंत्र का प्रयोजन प्रतिदिन सृष्टि व्यापार का अनुध्यान है।

पापक्षपन मंत्र का तात्पर्य है[13] कि "(प्रातः) सूर्य [(सायं) अग्नि], आवेग और आवेगों के स्वामी आवेशजन्य पापों से रक्षा करें, रात्रि में ('प्रातःकाल की संध्या में') या दिन में ('सायंकाल की संध्या में') जो कुछ इन्द्रियों और मन से पाप हुए हों, उन्हें मैं अमृतयोनि, सूर्य की ज्योति में आहुति के रूप में सौंपता हूँ।" यह मंत्र पाप का स्वीकरण तक ही सीमित नहीं है, पाप का समर्पण भी है, पाप के रूप में अपने ही अंश की आहुति है।

पवित्रीकरण मंत्र में जल (जो अव्यक्त सृष्टि का प्रतीक है) से कल्याण कामना की जाती है[14] कि "हे जल देवताओ, हमारे लिए कल्याणकर हो, हमें ऊर्जस्वी बनाओ, हमें महनीय और दर्शनीय बनाओ। जो तुम्हारा शिवतम रस है, उसमें हमें हिस्सा मिले, तुम हमारी उदार माताएँ हो, हम आपकी कृपा से श्रेष्ठतर हों, तुम हमें पुनरुत्पन्न करो।" जल अर्थात् अव्यक्त आद्याशक्ति का यह ध्यान अपनी सुषुप्त शक्ति का ध्यान है।

तीसरा शुद्धीकरण मंत्र भी पापशोधन-मंत्र[15] है, इसमें ध्यान किया जाता है, "जैसे पसीने में सराबोर आदमी नहाकर निर्मल हो जाता है, जैसे आग में तपाने पर घी निर्दोष हो जाता है, वैसे ही जलदेवता संचीयमान मल को दूर करके हमें शुद्ध करें।"

लगेगा कि पाप का बड़ा दबाव है, पर वास्तविकता यह है कि यह सब भूमिका है सावित्र उपासना की। सविता अर्थात् जगत् की प्रेरक शक्ति को अर्घ्य देना है, सूर्य के रूप में जो उसका प्रकाश जीवन को खोल रहा है, उसके सम्मान में खड़ा होना है (उपस्थान करना है), इसलिए कलुष-मुक्त होकर सावित्र होना उचित है। यह अर्घ्य गायत्री मंत्र से दिया जाता है। गायत्री मंत्र का रहस्य बहुत विशद है। वह एक वाक्य में बाहर के प्रेरक और प्रसरणशील प्रकाश को भीतर की बुद्धि के प्रेरक और गतिशील प्रकाश से जोड़ता है। बाहर इतना एकाएक प्रकाश का भरना भीतर एक आकुलता पैदा करना है कि वहाँ भी प्रकाश उमड़ पड़े, जिससे जो भी इन्द्रियाँ काम करें, वह काम उस प्रकाश से प्रेरित हो।[16]

ॐ तत्सवितुवरिण्यं भर्गो देवस्य धीमहि धियो योनः प्रचोदयात्।

इस गायत्री मंत्र में ॐ भूः भुवः और स्वः—ये व्याहृतियाँ इसलिए जोड़ी जाती हैं कि ॐ से अनादि सृष्टि को समेटते हुए भूः भुवः स्वः से तीनों भुवनों को समेटने वाला प्रकाश गृहीत हो।

सूर्योपस्थान के चार मंत्रों[17] का क्रमशः अर्थ यह है :

1. हम अपने आगे उत्तरोत्तर प्रकाश देखें और उस सूर्य (स्वररूप ज्योति) को प्राप्त करें।
2. ये जो लाल-लाल रोशनी के झंडे सुबह-सुबह दीख रहे हैं, वे बस बता रहे हैं कि सूर्य आ रहा है।
3. देवताओं का अग्रणी (या मुखिया) मित्र, वरुण और अग्नि का नेत्र उदित हुआ। उसने आकाश, पृथ्वी और अन्तरिक्ष को चर, और अचर को भर दिया।
4. उसकी ओर, जो देवताओं में वर्तमान है, यह कहते हुए अभिमुख हों : हम तुम्हें इसी प्रकार उदित होते हुए सौ बरस देखें, सौ बरस सुनें, सौ बरस इसी तरह तुम्हारा स्वागत करें, सौ बरस तुमसे भरकर हम किसी के आगे दीन न बनें—सौ ही क्यों, उसके बाद सैकड़ों वर्ष यही निरन्तर ज्योतिः साक्षात्कार होता रहे।

ये चारों मंत्र जीवन में प्रकाश और उल्लास के मंत्र हैं। संध्योपासन का यही चरम तात्पर्य है। इसके बाद पाना नहीं रहता है—बस, सावित्री को टिकाना रहता है और इसके लिए गायत्री-जप ही सर्वश्रेष्ठ उपाय है।

संध्योपासन के अनन्तर देव, ऋषि और पितरों का तर्पण होता है, सांख्य और योगविद्या के प्रवर्तक आचार्यों का विशेष रूप से तर्पण होता है, बलिवैश्वदेव होता है, जिसकी चर्चा पहले हो चुकी है। उसके अनन्तर जिसका जो उपास्य देव हो, उसका मंत्र जपे, उसका स्तोत्र पढ़े, उसकी लीला गाए। चाहे तो इष्टदेवता का पूजन करे। यह पूजन षोडशोपचार किया जाता है तो इसमें इतने अंग होते हैं—आसन, स्वागत, अर्घ्य, पाद्य, आचमन, मधुपर्क, स्नान, वस्त्र, सुगंध, पुष्प, धूप, दीप, नैवेद्य, माल्य, नमस्कार और विसर्जन। और संक्षिप्त करना है तो पंचोपचार के दो हैं—पहला : ध्यान, आवाहन, नैवेद्य, आरती और प्रणाम और दूसरा : गंध, पुष्प, धूप, दीप, नैवेद्य। कुछ लोग गंध के पूर्व पाद्य और जोड़ देते हैं। वस्तुतः 'षोडशोपचार' पूजन में आराध्य के षोडशकल दिव्यवपु का निर्माण ही उद्दिष्ट होता है। मन्दिर में पूजा होती है तब, या प्राणप्रतिष्ठित प्रतिमा के पूजन में आवाहन की आवश्यकता नहीं होती, पर जब प्रतीक रूप में आवाहन किया जाता है तो प्राणप्रतिष्ठा करनी पड़ती है। उसके लिए जो वैदिक मंत्र पढ़ा जाता है, वह बृहस्पति का ध्यान है, अर्थात् मंत्रशक्ति के देवता का मंत्र है, इस मंत्र के द्वारा यह ध्यान किया जाता है कि "मन में इष्ट शक्ति अर्पित वस्तु को पसन्द करे, बृहस्पति इस उपासना यज्ञ का विस्तार करें, इसे धारण रखें, इसमें 'विश्वदेव' उपस्थित होकर आनन्दित हों।" दूसरे शब्दों में : इसका अभिप्राय यह है कि मंत्र के मनन से देवता की उपस्थिति हो जाए और वह उपस्थिति आत्मीय हो।

तांत्रिक साधना से जुड़कर पूजा का अनुष्ठान बहुत विशद हुआ। तंत्रों ने हिन्दू धर्म को जो नये आयाम दिये, उनकी चर्चा अन्तिम अध्याय में की जाएगी, पर यहाँ

किस प्रकार पूजा ऐंद्रिय संसार के समर्पण के अन्त में जीव का आत्मनिवेदन है, वह इस तालिका के द्वारा स्पष्ट किया जा रहा है। यह तालिका 'उपहार-प्रकाशिका' नामक ग्रंथ से 'द कल्चरल हेरिटेज', खंड 4 में उद्धृत है।

पूजा के इन उपचारों का गहरा प्रयोजन है, 'उपहार-प्रकाशिका' नामक ग्रंथ में इनके प्रयोजन का वर्णन जैसा किया गया है, उसे अधोलिखित तालिका में स्पष्ट किया गया है :

उपचार	तत्त्व	बीज	द्रव्य	प्रयोजन
पाद्य	जल	वं	जल	'स्नेह', देवता के साथ परिचय प्राप्त करना
गंध	पृथ्वी	लं	चन्दनादि	'विश्वास' कि देवता रक्षा करेंगे
पुष्प	आकाश	हं	पुष्प	'सम्मान', इस भाव से इष्ट देवता सर्वोच्च हैं
धूप	वायु	यं	धूपद्रव्य	'भक्ति', जिसके द्वारा देवता अपने हो जाते हैं
दीप	तेजस्	रं	दीप	'ज्ञान', इस बात का कि भक्त और उपास्य देवता एक हैं, पर यह दशा साक्षात्कार के पूर्व की है
नैवेद्य	जीव	वं	मधुर द्रव्य	'पूर्ण तादात्म्य बोध', नैवेद्य के द्वारा जीव अपने-आपको समर्पित करता है और देवता द्वारा स्वीकृत होने के बाद फिर उसका प्राशन करता है

इस तालिका से स्पष्ट है कि पूरी प्रक्रिया एक अत्यन्त सुनिश्चित क्रम से आत्मसमर्पण की प्रक्रिया है। यह यज्ञ के समानान्तर है। जिस प्रकार यज्ञ का उच्छिष्ट अमृत होता है, उसी प्रकार नैवेद्य (जो देवता द्वारा स्वीकार किया जा चुका है) अमृत होता है। यज्ञ में, द्रव्य में जिस प्रकार यजमान रहता है, उसी प्रकार नैवेद्य में स्वयं जीव रहता है। अग्नि द्वारा पीत होकर यजमान अजर-अमर होता है। देवता द्वारा स्वीकृत होकर उपासक उस नैवेद्य को ग्रहण करके अपने भीतर असीम आनन्द और अक्षय्य तृप्ति का अनुभावन करता है। और ध्यान से इस क्रम को देखें तो लगेगा, अव्यक्त जल से प्रारम्भ करके व्यक्त प्रकाश तक आते हैं और अन्त में तब जीव और परमात्मा का तादात्म्य होता है, पूरा सृष्टि-चक्र घूमने परं तादात्म्य अपने-आप हो जाता है। पूजा में इसीलिए ध्यान पर बहुत बल रहता है। ध्यान पहले आकार का, बाद में सूक्ष्म सत्ता का, फिर शून्य का, फिर अन्त में बिन्दु का, फिर बस ध्यान करनेवाला ही विलीन हो जाता है; बच जाता है एक गूँज, एक नाद जिसमें ध्येय भी है, ध्यान भी है, ध्याता भी है। हर पूजा की आरती के साथ जो घंटे का, शंख का अविच्छिन्न निनाद होता रहता है, वह प्रकाश और नाद की एकाकारता

को स्थापित करने के लिए ही प्रयोजित है। वह बाह्य प्रकाश और नाद की स्तंभक दीवाल का काम करता है, इस दीवाल के घेरे में बस आपूरित करनेवाला उल्लास है, वही आराध्य है, वहीं आराधक है। हिन्दू पूजा एक छंदोबद्ध-लयबद्ध व्यापार है। यह जीवन का संगीत है। इस लय में विरसता तभी पैदा होती है, जब लोग दूसरे मजहबों की प्रतिस्पर्धा में माइक-युद्ध शुरू कर देते हैं। काशी में अलग-अलग मन्दिर में आरती अलग-अलग हो, यह अच्छा है कि एकरूपता के उन्माद में एक साथ सारे शहर में एक ही स्तुति का पाठ अधिक मन को तृप्ति देने वाला है! हिन्दू दृष्टि तो श्रृंखला दृष्टि है, वह कूटस्थ नित्य धर्म नहीं, सनातन प्रवाही नित्य धर्म है। बिन्दु-बिन्दु में सिन्धु उठता रहे, इसी में वह पूर्णतर होता रहता है।

जो लोग बाह्यपूजा में आडम्बर देखते हैं, उनके लिए अलग विधान है। वे जप करें, वे निराकार का ध्यान करें, समाहित चिता से प्राणों का प्राणों में होम करें, कुंडलिनी साधें, सनातन प्रवाही सत्य को अपने जीवन की सच्चाई और सिधाई में उतारें, ऐसे सुकृती लोग कम होते हैं। हिन्दू विश्वास करता है कि बिना भगवत्कृपा के ऐसी संसिद्धि नहीं मिलती कि निष्प्रयत्न सीधे भगवान् में लौ लग जाए। जिसे मिलती है, उसके लिए भगवान् को होना पड़ता है। यहीं भक्ति की भूमिका आती है। भक्ति की कई परिभाषाएँ की गई हैं—'शांडिल्यसूत्र' में 'सा परानुरक्तिरीश्वरे' (भगवान में परम अनुरक्ति भक्ति है) परिभाषा दी गई; 'नारद भक्ति-सूत्र' में इसी को दूसरे शब्दों में कहा गया : 'सा त्वस्मिन् परमप्रेम-रूपा' (वह इसमें जो सब ओर एकदम प्रत्यक्ष प्रस्फुरित हो रहा है जिसकी सुरभित श्वास रोम-रोम को छूकर प्रहर्ष दे रही है, इस बड़ी वास्तविकता में ऐसा प्रेम, जिसके आगे और सभी प्रेम, सभी आसक्तियाँ छोटी पड़ जाएँ, बिसर जाएँ। और गोस्वामी तुलसीदास के समकालीन मधुसूदन सरस्वती ने भक्ति की व्याख्य इस प्रकार की है :

अन्याभिलाषिताशून्यं ज्ञानकर्माद्यिनावृतम्।
आनुकूल्येन कृष्णानुशीलनं भक्तिरुत्तमा॥

[भक्तिरसायन, 1/11]

अर्थात् भगवान् श्रीकृष्ण के अतिरिक्त किसी के लिए कोई अभिलाषा रहे, ज्ञान और कर्म का चाहे वे कितना भी पवित्र क्यों न हो, बहुमूल्य क्यों न हो, कोई आच्छादन न रहे, समस्त इन्द्रियों से केवल भगवान् की सेवा हो, यही उत्तम भक्ति है। इसमें भक्ति ही कर्म और ज्ञान बन जाती है।

इस प्रकार की भक्ति उत्तरोत्तर विकास करती हुई उस अवस्था में पहुँच जाती है, जब वह शुद्ध रूप से श्रीभगवान् का आकार ग्रहण कर लेती है और वह प्रवाह की तरह बहती रहती है, फिर उसका कोई लक्ष्य नहीं रह जाता—सिवाय इसके, वह तन्मय हो और चूँकि वह तन्मय हो चुकी है, इसलिए भगवान् को अवश्य विवशता

हो जाती है कि वह उसके आकार में अपने को अर्पित करता रहे। इस दशा का वर्णन करते हुए मधुसूदन सरस्वती ने कहा कि :

द्रुतस्य भगवद् धर्माद् धारावाहिकतां गता।
सर्वेशे मनसो वृत्तिर्भक्तिरित्यभिधीयते॥

[भक्ति र., 3]

पहले तो भगवान् के गुण, माहात्म्य और उदारता आदि धर्मों के निरन्तर स्मरण से ऐसी लौ लगती है कि कठिन से कठिन चित्त पिघल जाता है, पिघलकर बहने लगता है। वह चित्त धारावाही हो जाता है। उसमें भगवान्-ही-भगवान् रह जाते हैं और वे भी इस धारा के साथ बह चलते हैं।

भक्ति का यह प्रवाह मध्ययुग में ऐसा उमड़ा कि उसने हिन्दू धर्म के बहुत-से आवरण चीरकर फेंक दिये। हिन्दू धर्म को उसने तपाया, पिघलाया और उसने हिमालय के हिमनाद को उष्ण गंगा की धारा में परिवर्तित किया, जिससे साधारण- से-साधारण आदमी की पहुँच उस तक हो सके। इस भक्ति में ऊपर से देखने पर कर्म और ज्ञान की उपेक्षा दिखती है, पर सूक्ष्म दृष्टि से विचार करें तो जो कर्म और ज्ञान का उत्तम फल होना चाहिए, वह भक्ति के स्वभाव में पहले से मौजूद रहता है। भक्ति के स्वभाव में है, सर्वभूतहित की चिन्ता, क्योंकि जो नारायण के लिए खाता, पीता, सोता है, वह किसी को कष्ट में देखेगा तो उसे लगेगा, उसके नारायण कष्ट में हैं। महाराष्ट्र के संत एकनाथ गंगाजल लेकर चले, पूजा के लिए। रास्ते में गधा प्यास से मर रहा था। सोचा, गंगाजल इसी के लिए था। नारायण इस रूप में पहले ही मिल गए। उसे उन्होंने गंगाजल पिला दिया। ज्ञान से देर में यह बात सूझती। व्यवहारदशा में अद्वैतभाव का उमड़ाव ज्ञान से देर से होता, मनन से होता। कर्म से भी अभ्यास से होता, पर एकाएक भेद की ग्रंथि कट जाए, यह भक्ति से ही सम्भव होता है। कारण यह है, और तो मन पर ध्यान देते हैं, भक्ति मन की अभिलाषा पर ध्यान देती है। अभिलषित पदार्थ ऐसा हो कि फिर मन वहीं रह जाए, फिर मन के दमन या मन के अनुशासन अनुशासन की कोई आवश्यकता नहीं रहेगी।

भक्ति में समाज-बाह्यता भी जो दिखती है, वह भी समस्त समाज को अभिभूत करनेवाली है, उसे द्रवित करनेवाली है। चैतन्य महाप्रभु की आकांक्षा :

नयनं गलदश्रु धारया वचनं गद्गदरुद्धया या गिरा।
पुलकैर्निचितं वपुः कदा तव नामग्रहणे भविष्यति॥

"तब ऐसा होगा कि तुम्हारा नाम लेते ही आँखों से आँसू की धार बहने लगेगी, वाणी गले में ही रुँध जाएगी, शरीर रोमांचित हो उठेगा," सांसारिक कर्तव्यों से विमुखता नहीं है; ठीक विपरीत यह सांसारिक जीवन की सार्थकता है, नाममात्र लेने

से समस्त ऐंद्रिय व्यापार ऐसे पहले से आकुल हों, दिव्य अलौकिक विश्व-सौंदर्य के रस से उमग उठें। यह स्थिति ऐसी है जिसे प्राप्त करने पर छूत-अछूत, राग-द्वेष, भेद-भाव—सब विगलित हो जाते हैं। रहीम ने जैसा कहा है :

भरी सराय रहीम लखि पथिक आपु फिरि जाँय।

जब हृदय-रूपी सराय में केवल एक ही कामना भरी रहेगी, तब काम, क्रोध, मोह, लोभ आएँ भी तो वापस चले जाएँगे। जनश्रुति है कि सूरदास से अकबर ने कहा—कुछ मेरे यश का वर्णन करो, उन्होंने उत्तर दिया :

नाहिंन रह्यौ मन में ठौर।
नन्दनन्दन अछत कैसे आनिये उर और॥

अब प्रश्न उठता है कि क्या यह अकर्मण्यता का मार्ग है? माला फेरते रहने का मार्ग है? उसका उत्तर नारद के इन भक्तिसूत्रों में मिलता है :

न तदसिद्धौ लोकव्यवहारो हेय: किन्तु फलत्याग: तत्साधनं न कार्यमेव। (62)

[जब तक ईश्वर असिद्ध हैं, तब तक लोक-व्यवहार करते रहना चाहिए। हाँ, फल की कामना छोड़ देना चाहिए, ईश्वर मात्र को फल मानना चाहिए।]

नास्ति तेषु जातिविद्यारूपकुलधनक्रियाभेद:। (72)

[भक्तों में जाति, विद्या, रूप, कुल, धन, क्रिया आदि का भेद नहीं है।]

अहिंसासत्यशौचदयास्तिक्यादिचारिक्याणि परिपालनीयानि। (78)

[अहिंसा, सत्य, शुचिता, दया, आस्तिक भावना जैसे आचरण का पालन करना चाहिए।]

इन सूत्रों में स्पष्ट है कि भक्त चूँकि ईश्वर को पाकर भी उसे पाने की निरन्तर कामना करता है, अपनी साधना को साध्य मानने में स्वाद पाता है, इसलिए वह समाज में समाज की भेद-व्यवस्था का निवारक बना रहने में, समस्त प्राणियों की सेवा में लगे रहने में और अपने व्यवसाय को शुद्ध भगवत्कर्म मानकर चलाते रहने में ही सार्थकता मानता है। सूरदास मन्दिर में कीर्तन करते थे, कबीरदास कपड़ा बुनते थे, रैदास जूते गाँठते थे, नामदेव और बखना कपड़े सिलते थे। कर्म से भक्ति का विरोध नहीं था; हाँ, किसी के परवश रहकर किये जाने वाले कर्म से विरोध था। भक्त-संत स्ववश रहकर कर्म करते थे। वे तो इतने कर्मपरायण थे कि उन्होंने ईश्वर का कार्य सरल कर दिया। उन्होंने लोकोद्धार का, लोकसेवा का, लोक के कष्ट निवारण का काम अपने ऊपर ले लिया।

तुलसीदास ने संत का जो चित्र खींचा है और भगवान् के लिए रहने की जगह संतों का हृदय बतलाया, उसका तात्पर्य ही यही है कि भक्ति-आन्दोलन से ऐसे सुखों को, ऐसी मुक्ति को, ऐसे ज्ञान को और ऐसे नैष्कर्म्य को तिरस्कृत कर दिया—जो भाव न हो, जो गतिशील न हो, जो ठहराव हो, पड़ाव हो, यात्रा न हो। उनके लिए अपनी मुक्ति, अपना कैवल्य हेय हो गया। अकेले मुक्त होकर, ज्ञान-सम्पन्न होकर, कर्तव्याकर्तव्य से ऊपर उठकर क्या होगा? इस जड़ पत्थर सरीखी मुक्ति को गंगा की धारा को सौंपो। जब तक एक भी प्राणी दुखी है, तब तक यही कामना करो कि तुम उसका दुःख अनुभव करने के लिए भगवान् में बने रहो। तुम रहोगे तभी तो भगवान् उसे दुःख से मुक्त करने के लिए प्रेरित करेगा अथवा तुम्हारा स्नेहस्पर्श उसे आश्वासन देगा कि अब मेरा दुःख बँट गया। अब मुझे भी दूसरों का दुःख बाँटने के लिए अपना दुःख भूलना चाहिए, अपने सीमित दायरे से बाहर आना चाहिए। भक्ति का मार्ग सनातन सक्रियता का मार्ग है, यही है कि ज़रा लंबा रास्ता है। हाँ, सध जाए तो रास्ता रास्ता नहीं रह जाता, जीवन बन जाता है। पर वह सधता है निश्शेष आत्मदान से, सहज समर्पण से और गहरी निष्ठा से। गोपियों का प्रेममार्ग या निर्गुण संतों का 'बहुरिया भाव' इतने उत्कर्ष तक इसीलिए पहुँचते हैं कि एक तो उन्होंने अपना मोह, मद, काम, क्रोध, लोभ, मात्सर्य—सब ईश्वर को दे दिया है, उसी से प्यार है, उसी पर नाराज़गी है, उसी से डाह है, उसी का नशा है, उसी का मोह है। दूसरे, उन्होंने अनायास समर्पण किया है। समर्पण करते समय उन्हें लगा नहीं कि समर्पण कर रहे हैं, बल्कि उल्टे यह लगा कि समर्पण कोई करा रहा है, मैं तो करना नहीं चाहता था। 'माई री गोविन्द लीनो मोल'—मुझे गोविन्द ने खरीद लिया और इसी कारण इतनी गहरी निष्ठा है। तुलसी के शब्दों में कह सकें :

चातक तुलसी के मते पियहु न स्वाति पानि।
प्रेम तृषा बाढ़ति भली घटै घटैगी आनि॥

या राधा के सन्देश में प्रतिध्वनित सुन सकें :

सखी, नन्दलाल न आवन पावैं

[सखी, नन्दनन्दन अब मेरे पास आने न पाएँ।]

इस प्रेमानुगा भक्ति में विह्वलता सबसे अधिक है, कदाचित् इसीलिए भक्ति के ये छः विशेषण बतलाए गए हैं :

(1) गुणरहितं, (2) कामनारहितं, (3) प्रतिक्षणं वर्धमान, (4) अविच्छिन्नं, (5) सूक्ष्मतरं, (6) अनुभवरूपम् (नारद भक्तिसूत्र, 54)।

अर्थात् भक्ति गुणरहित हो। प्रिय का गुण देखकर रीझना तो रीझना हुआ नहीं, बस रीझना क्योंकि प्रिय है रीझना है; किसी सुख की इच्छा से प्यार भी क्या प्यार,

क्या प्यार अपने-आपमें आत्यन्तिक सुख नहीं है; प्रतिक्षण बढ़ता रहे, संयोग और वियोग दोनों में क्षण-क्षण नया होता रहे, कभी जिससे सम्बन्ध-सूत्र टूटने न पाए, जो निरन्तर और सूक्ष्म और गहरा होता रहे और जो अनुभव रूप हो, प्रेमी सामने है, इसका महत्त्व हो; अनुभव में है, इसका महत्त्व हो।

इस भक्ति की जितनी अभिव्यक्तियाँ मिलेंगी, सब अलग-अलग, सब अटपटी पर सब सीधी और सीधी करनेवाली (जैसे टेढ़ा लोहा आग में तपाकर सीधा किया जा सकता है, वैसे ही भक्ति से बंकिमा सीधी की जाती है), सब तीव्र और सब हृदयग्राही। भक्ति इस पर बल देती है कि प्रत्येक व्यक्ति अपने अनुभव में ईश्वर को, विराट् सत्ता को, निराकार भाव को, साकार लीलामय को, शून्य को, अनन्त को भरे और भर ले तो सोचे कि कहीं कोई ख़ाली जगह न रह जाए। जहाँ वह भरे और उस जगह को अहसास हो कि भर रही हूँ।

इस प्रकार भक्ति-जीवन में सनातन की खोज की सबसे अधिक सक्रिय साधना है—यह ऐसी साधना है, जो स्वयं में साध्य है। यह साध्य-रूप परमात्म भाव को, विश्वात्म भाव को अपने वश में करके साधक बना देती है। यह विभिन्न मजहबों और प्रस्थानों को पीछे छोड़ देती है, केवल महासागर बनकर लहराती रहती है। आज भी इसकी शक्ति चुकी नहीं है। हाँ, इसे मोड़ देने के लिए जो सीस कटाने वाले चाहिए, उनकी प्रजाति देश में लुप्त होती जा रही है। लोभ और सबसे अधिक प्रतिष्ठा का लोभ हमें धर्महीन और धर्मनिरपेक्ष बनाता चला जा रहा है। हम केवल अतृप्त अहंकारों के जेट विमानों के उत्सृष्ट धुएँ की अछोर रेखा बन गए हैं। वहाँ न रस है, न ताप है—बस, केवल दम घोंटने वाली एक गैस है। वह दिपती है क्योंकि सूर्य को दिपाने के लिए हमारे पास और कुछ है ही नहीं—न अपनी आग है, न अपने स्वेद का द्रव है, न अपने आँसू हैं, न अपनी मुसकान है, जो है—सब अख़बार से उधार लिया हुआ है। आज तो इतना बड़ा आतंक है, मूल्यहीन राजनीति का कि अपने को हिन्दू कह सकना और एक साथ वैदिक ऋषियों से लेकर मध्यकालीन नानक, कबीर, मीरा, सूर, तुलसी जैसे सगुण-निर्गुण संतों और परमहंस रामकृष्ण, लोकमान्य तिलक, महर्षि दयानन्द तथा महात्मा गांधी का उत्तराधिकारी उद्घोषित करना भी कठिन है, क्योंकि वह एक जोखिम मोल लेना है। हिन्दू इतिहास में नहीं जीता, पर वह इतिहास को भी जीता है, यह समझ में आ जाए तो यह भी समझ में आ जाएगा कि हिन्दू धर्म कुछ नहीं, यज्ञ का विस्तार है, उपासना का विस्तार है और भक्ति की अपरिहार्यता है।

अध्याय-4

हिन्दू धर्म : तीर्थ और पर्वोत्सव

बहुतों को लगता है कि हिन्दू धर्म में तीर्थों और पर्वों की संख्या ज़रूरत से ज्यादा है, इतनी ज्यादा कि जगह-जगह तीर्थ मिल जाता है और दिन-दिन पर्व हो जाता है। क्या आदमी तीर्थ घूमने में सारा जीवन गँवा दे? क्या पर्व मनाते-मनाते उसका उत्साह एकदम चुक नहीं जाएगा? तीर्थों को महत्त्व देने से क्या एक प्रकार के शोषण की व्यवस्था अपने-आप नहीं जन्म लेती है? क्या पर्वों के पीछे कोई निहित स्वार्थ नहीं हैं—ये प्रश्न आज ही नहीं, बार-बार उठाए गए हैं। 'बौद्ध वाङ्मय' में तैर्थिक शब्द अवज्ञासूचक है। कबीर ने तीर्थ की निन्दा की है। 'महाभारत' में ही कहा गया है :

> "सभी नदियाँ सरस्वती हैं, सभी पहाड़ पुण्य हैं। हे जाजलि, आत्मा ही तीर्थ है। व्यर्थ में देश-देशान्तर में घूमते हुए दूसरों के अतिथि क्यों बनते हो?"[1]

इसके बावजूद भगवान् बुद्ध और संत कबीर के जन्मस्थान, कर्मक्षेत्र और निर्वाणक्षेत्र स्वयं तीर्थ बन गए। 'महाभारत' के नायक युधिष्ठिर ने तीर्थयात्रा की, 'रामायण' के नायक श्री रामचन्द्र ने तीर्थों की पूजा की और जहाँ-जहाँ गए, वहीं तीर्थ हो गया। आत्मज्ञ श्री आदि शंकराचार्य ने उस आत्मतीर्थ का अवगाहन किया, जिसमें संयम का जल लहराता है, सत्य की धारा बहती है, शील उसको तट की तरह बाँधे रहते हैं, उसमें से दया की लहरें उठती रहती हैं। उन्होंने जल से अपनी अन्तरात्मा नहीं शुद्ध की,[2] परन्तु उन्होंने चारों धामों की प्रतिष्ठा की।

इससे लगता है कि तीर्थ की धारणा की गहरी जड़ें हिन्दू मानस में हैं। इसी प्रकार यद्यपि जिस क्षण में सत्संकल्प हो, वही क्षण पवित्र है, इसके बावजूद काल के प्रवाह में कुछ आकर्षक क्षण होते ही हैं जिसे हम प्यार देते हैं। प्रिय का जन्म-दिवस उछाह का दिन होता ही है और हिन्दू ऐसा धर्म है जो अपना प्यार केवल व्यक्तियों को ही नहीं देता, प्रकृति को भी देता है, जिसकी शकुन्तला आश्रम के वृक्ष में पहला फूल लगते ही उत्सव मनाती है और सूर्य चन्द्रमा-नक्षत्र, नदी-पर्वत-समुद्र,

पशु-पक्षी, वनस्पति—सभी जिसके आत्मीय हैं, सभी की प्रसन्नता उसकी अपनी प्रसन्नता है, वह इतने पर्व मनाता है तो यह उसके युक्त और सहभागी उल्लसित भाव का ही प्रमाण है।

हम तीर्थ से बात शुरू करें। तीर्थ का एक अर्थ है, वह घाट, जहाँ से नदी को पार कर सकना सुगम होता है। वैसे लोग सेतु या पुल से भी पार करते थे, पर सेतु से पार करने का अर्थ है : केवल ज्ञान हो जाना, ऊपर से देखकर निकल गए, नाव से पार करने से थोड़ा अधिक सामीप्य रहता है जल से, पर तैरकर या चलकर पार करना ही असली पार करना है, क्योंकि तभी नदी में हम होते हैं और हममें नदी होती है। इसीलिए गुरु को तीर्थ कहते हैं। गुरु साथ-साथ रहता है, हम पार हो जाते हैं, फिर गुरु दूसरे को पार कराता है। पर ज्योंही हम गुरु के साथ अपने को जोड़ते हैं, हम विद्या की साधना के साथ जुड़ जाते हैं और हम स्वयं गुरु होने की—तीर्थ होने की—क्षमता अपने में अनुभव करने लगते हैं। तीर्थ का दूसरा अर्थ जल है, क्योंकि अधिकतर तीर्थ या तो नदियों के उद्गम हैं, नदियाँ हैं, सरोवर हैं, सागर हैं या नदियों-झरनों वाले अरण्य प्रदेश, जहाँ मौन की नदी झरती रहती है। आज भी दक्षिण भारत में पूजा के निमित्त जल या पवित्र भावना से दिया गया जल तीर्थ कहा जाता है। बालि द्वीप में तो गुरुपेदंड (पंडित गुरु) का कार्य ही है मंत्र से जल को पवित्र करना, वही जल लोग थोड़ा-थोड़ा घर लाकर धर्मकृत्य करते हैं। इस जल को तीर्थ कहते हैं। जल और नदी से हिन्दू की आत्मीयता जुड़ने के कई कारण हैं। पहला कारण तो यह है कि उसकी संस्कृति के विकास में जल और अग्नि का बड़ा योगदान रहा है। जहाँ अग्नि को उसने व्यक्त देवता माना, वहाँ जल को अव्यक्त देवता माना[3], अग्नि को सृष्टि का अंकुरण माना तो जल को सृष्टि का गर्भ माना और यज्ञ का जल से अपरिहार्य सम्बन्ध देखा।[4] दूसरा कारण यह है उसने वाक् को सरस्वती (जलधार वाली) के रूप में प्रवाहशील शक्ति के रूप में देखा। नदी की गतिशीलता, भाषा की गतिशीलता और धर्म की गतिशीलता—इन सबको जल की एक बिन्दु में देखा।[5] इसी एक बिन्दु का आचमन उसे पवित्र कर देता है। तीसरा कारण है, उसका भौतिक संस्कार भी नदीमातृक रहा है। नदियाँ उसकी खेती को उर्वर करती रही हैं। हज़ार-हज़ार वर्षों से जोती जाती हुई भूमि नदियों के कारण नई होती रही है। 'ऋग्वेद' में अनेक नदियों का बड़े ममत्व से स्मरण किया गया है :

इमं मे गंगे यमुने सरस्वति शुतुद्रि स्तोमं रुचता परुण्ण्या।
असिक्न्या मरुद्वृधे वितस्तयार्जीवीषे शृणुह्या सुषोमया॥
तुष्टामया प्रथमं यातवे सजूः सुसर्त्वा रसया श्वेत्या त्या।
त्वं सिन्धो, कुभया गोमतीं क्रुमुं मेहत्न्वा सरथं याभिरीयसे॥

[ऋग्, 10/75/5-6]

इस देश का नाम ही नदी सिन्धु पर पड़ा, और आज जिन लोगों ने जिस कारण हिन्दू नाम हमें दिया, वह सिन्धु ही तो है। सरस्वती तट पर हिन्दुओं ने उसके किनारे-किनारे अनेक सत्र किये। इन सत्रों में ही उपनिषदों का चिन्तन विकसित हुआ।[6]

बाद में इन सत्रों का स्थान आश्रमों ने लिया और निरन्तर नदियों के किनारे, नदियों के उद्‌गम-संगमों के पास लोग इस आशा से आते रहे कि यहाँ पवित्र जीवन के लिए प्रेरणा मिलेगी, पवित्र भावना वाले व्यक्तियों के संगम से पवित्रता की नई अनुभूति मिलेगी। पुराणों में इन तीर्थों की महिमा, भूभाग की विशेषता, इनकी जल की शक्ति और मुनियों के द्वारा इनके सेवन के कारण हुई।[7] प्रकृति का सौन्दर्य हिन्दू-मन को सदा से प्रिय रहा। वह उसके अपने जीवन का सौन्दर्य लगा, इसीलिए उसने हिमालय को देवात्मा के रूप में देखा। नदियों को देवियों के रूप में देखा, और अरण्यों को पुण्यवन के रूप में देखा, और उनमें भी उन स्थानों को विशेष प्रिय माना जहाँ पूर्वजों ने निरन्तर तप किया, जहाँ देश के कोने-कोने से विचरण करके आए हुए यतात्मा मुनियों के एक साथ समागम होते रहे और उस समागम से धर्म की गुत्थियाँ सुलझती रहीं, देशकाल के व्यापक आयाम में धर्म के शरीर का परिमार्जन होता रहा।

तीर्थयात्रा देखने में धर्मसाधन का बड़ा ही सस्ता नुस्खा है, पर तीर्थयात्रा की कल्पना हम आज से डेढ़ सौ वर्ष पूर्व की करें, जब बैलगाड़ी से तीर्थयात्रा पाप समझी जाती थी। अपने पैरों ही तीर्थयात्रा का विधान था। वैसी तीर्थयात्रा करने के लिए जो घर से निकलता था, वह सदा के लिए विदा माँगकर निकलता था, बल्कि इसीलिए वह काषाय-वेश धारण करके निकलता था। ऐसे व्यक्ति को ही तीर्थयात्रा की अनुमति थी जो अपने कर्तव्य का पालन कर चुका है। जो व्यक्ति अपने तीनों ऋणों से मुक्त नहीं है, उसे तीर्थयात्रा का फल नहीं मिलता।[8] तीर्थ-यात्रा करनेवाला व्यक्ति निर्वर्ण होकर तीर्थयात्रा करता है, वह सर्वभूतात्मा होकर तीर्थयात्रा करता है, इसीलिए तीर्थ में किसी से जाति-पाँति पूछना भी अधर्म है। तीर्थयात्रा एक प्रकार से काल का अतिक्रमण करके देश में प्रवेश है। जिस समय आदमी घड़ी-घड़ी घड़ी न देखे, उस समय वह देश देखने चले और देश से अपने को जोड़ने चले। राष्ट्रीयता की अवधारणा इस देशमयता की अवधारणा से मुझे कुछ छोटी अवधारणा लगती है, क्योंकि राष्ट्रीयता की अवधारणा में आदमी सोचता है, असम से राजस्थान तक, कश्मीर से कन्याकुमारी तक जो यह देश फैला हुआ है, हमारा राष्ट्र है, पर तीर्थ-भावना से की गई देश से तादात्म्य की अवधारणा में प्रतीति होती है कि हम इनके हैं—इन नदियों, पर्वतों, अरण्यों, सागरों, स्रोतों के हैं। हम इनको देखते हैं तो अपने स्वरूप को और अच्छी तरह पहचानते हैं। इनको छूते हैं तो हम कालजयी होते हैं, क्योंकि इनको छूने के क्षण में ही हम कई सहस्राब्दियों के स्पर्श को छूते हैं, जो स्पर्श हमारा है, हमारे पूर्वपुरुषों की अनवच्छिन्न शृंखला का है। तीर्थयात्रा

घूमने का, पिकनिक मनाने का, या अपने कर्तव्य से पलायन का कोई उपक्रम नहीं है। तीर्थयात्रा करने से पूर्व व्रत करने का विधान है, तीर्थ में रहते हुए तीर्थ के नियम पालन करने का विधान है। प्रयाग के माघ मेले में ग़रीब-अमीर—सभी ज़मीन पर पुआल पर कम्बल बिछाकर सोते हैं, एक समय भोजन करते हैं, जाड़े में भी बहुत सवेरे स्नान करते हैं। इन सबके पीछे भाव यह रहता है कि तीर्थ में आओ तो सामान्य जन बनकर आओ, अपनी विशेष स्थिति घर छोड़कर आओ।

अब तीर्थ में इस संकल्प का अनुचित लाभ उठाने वाले रहते हैं और तीर्थ- यात्रियों के कष्ट सहने के संकल्प को पूरा करने के लिए अपनी ओर से कष्ट देते हैं तो यह दोष न तीर्थ का है, न तीर्थयात्रा के विधान का। यह दोष है व्यवस्था का, जो समता की बात तो नारे के रूप में करती है, पर समता की सिद्धि के इतने बड़े अनुष्ठान के लिए उचित प्रबन्ध नहीं करती। उनसे कर लेकर भी उनकी उचित व्यवस्था नहीं करती। वह पर्यटकों के लिए एक-से-एक डीलक्स होटल बनवाएगी, पर तीर्थयात्री के लिए छाया की, मामूली जीवन-सुविधा की व्यवस्था करने में धर्मनिरपेक्षता से च्युत हो जाएगी। हाँ, उसकी चिन्ता तब भी विशेष राजकीय व्यक्ति के लिए रहेगी। मंत्री और अफ़सर आराम से भीड़ से बचकर नहा लें, इसको सुनिश्चित करना उसका प्रमुख कर्तव्य है। काशी, वृन्दावन, अयोध्या, तिरुपति, रामेश्वरम्, पुरी—कहीं भी जाएँ, आपको यही लगेगा कि सम्पन्न के लिए व्यवस्था है, असम्पन्न के लिए नहीं। कम-से-कम तीर्थ में ही सम्पन्न-असम्पन्न का भेद न रहे। सम्पन्न व्यक्ति भी समान रूप से कठिन जीवन व्यतीत करे, असम्पन्न व्यक्ति भी तीर्थ में आदमी का व्यवहार पाए, यह बात किसी के दिमाग़ में आती ही नहीं।

एक प्रसिद्ध तीर्थ के एक स्थल में न्यास है। उसके अधिकारियों से मैंने बात की, "आप दुकानें और अतिथिगृह तो अन्तरराष्ट्रीय स्तर के बनवा रहे हैं, पर अधिकतर आदमी तो तीर्थ की भावना से आएगा, उसके विश्राम की जगह, उसके लिए सार्वजनिक स्नानगृह क्यों नहीं बनवा रहे हैं? इसे टूरिस्ट कॉम्प्लेक्स क्यों बना दे रहे हैं?" उनका उत्तर था, "टूरिस्टों से आमदनी होगी, उनसे बाहर प्रचार होगा और आमदनी नहीं होगी तो मन्दिर की व्यवस्था कैसे होगी?"

जब मुझे लगता है कि अमुक श्रेणी की फीस देने पर अमुक प्रकार के दर्शन आसानी से होंगे, तो फिर यही लगता है, जो कुछ स्थान बचे थे, जहाँ आदमी अनुभव कर सकता था कि यहाँ कोई छोटा-बड़ा नहीं है, वे स्थान भी छिन गए।

जो बात इन स्थावर तीर्थों के सम्बन्ध में है, वही जंगम तीर्थों के सम्बन्ध में कही जा सकती है। अधिकतर बाबा भी सम्पन्न के प्रति, पदप्रतिष्ठा के प्रति विशेष रुझान रखते हैं। कुछ ही हैं जो भावशुद्धि या जिज्ञासुता को आदर देते हैं। परिणाम यह है कि लगता है, पूरा देश सफलता के सस्ते नुस्खों के पीछे मरा जा रहा है। मन्दिर या बाबा का महत्त्व बस मनौती तक सीमित रह गया है। इसी कारण जो

व्यक्ति इन घटिया तीर्थयात्राओं से दुखी होता है, वह तीर्थ की आलोचना करता है। उसे काशी, प्रयाग, गया, अयोध्या, मथुरा, हरिद्वार, पुरी, कामाख्या, काँची, तिरुपति, कन्याकुमारी जैसी जगहों से केवल उद्वेग है कि यहाँ कितनी गंदगी है, कितना पापाचार है, कितना ढोंग है, ग़रीब और निरीह का कितना शोषण है, कैसी भेड़ियाधसान भीड़ है, कैसा अनियंत्रित रेला चला जा रहा है आदमियों का, कितनी जहालत है! परन्तु क्या यह तीर्थ-भावना का दोष है या यह तीर्थ-भावना के अभाव का परिणाम है? ये लोग नहीं सोच पाते कि तीर्थ-भावना स्वेच्छा से विसर्जन की भावना है, लुटने की भावना है, निःस्व होने की भावना है। विशेष के रूप में मरने की और सामान्य के रूप में जीने की भावना है। अपने कलुष धोने की भावना है, लोगों को निष्कलुष मानने की भावना है, विश्व के प्रति कृतज्ञता की भावना है। अपने पूर्वपुरुषों के तप से, त्याग से स्मरण के द्वारा जुड़ने की भावना है। वे तीर्थस्थान के लिए स्त्रियों द्वारा गाए जाने वाले गीत सुनते तो उन्हें पता चलता कि यह यात्रा किधर जा रही है! बुन्देलखंड में कार्तिक नहाने का गीत है :

आ जाऊँगी बड़े भोर दही रे ले के

[बड़े सवेरे ही दही लेकर आ जाऊँगी, कन्हैया तुमसे लुटने के लिए।]

अवध में स्त्रियाँ कार्तिक नहाने के लिए जाती हुई गाती हैं :

रघुवर संगे जाब, हम न अवध में रहवैं।

[हम भी रामचन्द्रजी के साथ वन जाएँगी, अयोध्या में नहीं रहेंगी। राम के बिना अयोध्या उदास लगती है।]

इन गीतों से लगता है कि तीर्थस्थान कितना बड़ा संकल्प है, कितना बड़ा भावैक्य है! बड़े सुख के लिए छोटे सुख के उत्सर्ग की कितनी बड़ी बुद्धिमत्ता है! जो धर्म की दुकान लगाते हैं, वहाँ हिन्दू धर्म नहीं रहता—वह रहता है इस जन-पारावार में, जो तीर्थ में एक साथ सन्तरण कर रहा है, जो सचमुच जीवन के रस का आस्वाद पा रहा है। कोई इसे अन्धविश्वास माने, पर जिससे सच्चाई का इतना गहरा रिश्ता जुड़ता हो कि तीर्थ में, गंगा में झूठ नहीं बोलेंगे, उसे छोटा या अन्धा मानने को मन नहीं होता। 'गंगा के जल में' रासायनिक गुण हैं या नहीं, या जो थे, वे भी तकनीकी अन्धविश्वास के कारण लुप्त हो रहे हैं या बढ़ रहे हैं, इसका निर्णय तो परिवेशविज्ञानी करेंगे, पर गंगा में या किसी भी तीर्थ के जल में असंख्य मनुष्यों की पवित्र भावना की सूक्ष्मशक्ति का सघन संचयन तो है ही, क्या इतने आश्चर्यों का स्रष्टा मानव मन शक्ति का विकिरण यहाँ नहीं करता रहा है, इस जल से जुड़कर कि वह जुड़ने वाले कलुषित-से-कलुषित मन का शोधन न कर सके? और हाँ, तीर्थ-भावना रहती तो हम जितने आज बेपानी हो गए हैं, उतने बेपानी

न होते। हमारी नदियाँ कृशकाय हो गईं, सरोवर पट गए, पर्वत नंगे होते जा रहे हैं—जंगल में मौन की नहीं। कुल्हाड़े की चोट की नदी बहती है। नदियों का प्रवाह तकनीकी कचरे से रुँध रहा है। आदमी की भूख सौंदर्य खाती जा रही है—प्रकृति का भी, अपना भी। तीर्थ की भावना न होने के कारण ही हमने दुर्गम स्थानों को सुलंघ्य बनाया, कठिन यात्रा का रोमांच समाप्त कर दिया। ऐसे स्थानों की शुचिता अपने पिकनिकी उच्छिष्टों से नष्ट कर दी।

आज से तीस वर्ष पहले कोई काशी या प्रयाग में नदी के किनारे साबुन नहीं लगा सकता है, आज काशी का हर घाट धोबीघट्टा है। फल यह है कि साबुन की झाग की एक परत जल के ऊपर बिछ गई है, तेल की चिकनाई तैर रही है। हिन्दू ने परिवेश की पवित्रता को अपनी पवित्रता के स्रोत के रूप में देखा था, इसलिए उसने हरे पेड़ काटने को पाप माना, सरोवर खुदवाने को पुण्य माना, पैदल पहाड़ चढ़कर बद्री-केदार दर्शन को अधिक फलप्रद माना, अरण्य की शक्ति को नगर की कृत्रिमता के सन्तुलक के रूप में आदर दिया। आज तीर्थ-भावना नहीं रही, उपभोग-भावना प्रबल हुई। काशी और वृन्दावन तीर्थ न रहकर टूरिस्ट आकर्षण के केन्द्र हो गए। तीर्थयात्रा का जो व्यापक उद्‌देश्य था, वह राष्ट्रीयता का अस्त्र बनकर रह गया।

सच्ची तीर्थ-भावना केवल यात्रा से नहीं पूरी होती, न स्नान से, न श्राद्ध से, न दान से, वह पूरी होती है आत्मविसर्जन से (कितना आदमी अपने को विशाल प्रवाह में बहने के लिए छोड़ सकता है), वह पूरी होती है ऐसे उल्लास से जिसमें सभी पवित्र लगते हैं—साथ नहाने वाले आदमी, नहाया जाने वाला तीर्थ और उस आदमी की श्वास, सब कुछ। तीर्थयात्रा का विधान इसीलिए प्रायश्चित्त उद्‌देश्य से भी किया गया है कि तीर्थ में अहंकार का ध्वंस होता है। उसके साथ-साथ अहंकार के पाप का भी ध्वंस हो जाता है। तीर्थयात्रा का कठिन कृच्छ्र शरीर और चित्त, दोनों की शुद्धि करता है। तीर्थयात्रा का विधान श्राद्ध के उद्‌देश्य से किया जाता है। उसका भी कारण यही है कि तीर्थ में पूर्वपुरुषों के तप से आदमी जुड़ता है और उन्हें श्रद्धा-निवेदन करके उस तप से स्वयं संस्पृष्ट होता है। तीर्थयात्रा इसलिए एक प्रकार का आत्मयज्ञ है। तीर्थ हिन्दू-संस्कृति के इसीलिए केन्द्र बने, कुछ तीर्थ विद्या और कला के विशेष केन्द्र बने (जैसे काशी, मथुरा, काँची, उज्जयिनी); कुछ तीर्थ परिव्राजकों के विशेष पर्वों पर समागम के पड़ाव बने, जैसे—प्रयाग या हरिद्वार या नासिक या उज्जैन (जहाँ बारह-बारह वर्ष पर कुम्भ लगते हैं) और कुछ तीर्थ नित्य लीलाधाम के रूप में प्रतिष्ठित हुए, जैसे—श्रीराम से सम्बद्ध अयोध्या, चित्रकूट, पंचवटी और रामेश्वर; श्रीकृष्ण से सम्बद्ध मथुरा, वृन्दावन, कुरुक्षेत्र, द्वारिका, उज्जयिनी (जहाँ उन्होंने विद्याध्ययन किया)। भगवान् बुद्ध से सम्बद्ध लुम्बिनी, गया, सारनाथ और कुशीनगर। श्री आदि शंकराचार्य से सम्बद्ध कालडि (जन्म-स्थान), ओंकारेश्वर (दीक्षा-स्थान), काशी, बदरिकाश्रम समेत चारों धाम (जिन्हें उन्होंने हिन्दू

धर्म के चार स्तम्भों के रूप में पुनः प्रतिष्ठापित किया)। श्रीनगर का शंकराचार्य गिरि (जहाँ उनका सारस्वत अभिषेक हुआ)। अन्य संतों और आचार्यों के कर्मक्षेत्र (पंढरपुर, उडुपी, नवद्वीप, पुरी, वृन्दावन, ननकाना साहब जैसे स्थान) और कुछ तीर्थ शिव और शक्ति के धाम के रूप में प्रसिद्ध हुए। इन सबकी सूची बहुत लम्बी है।[9]

इतनी लम्बी सूची दो बात बतलाती है : एक तो यह कि प्रत्येक स्थान में तीर्थ होने की क्षमता है, दूसरे यह कि जो स्थान किसी विशेष उपस्थिति से पवित्र हुआ है, उसका विशेष महत्त्व है, क्योंकि वह उपस्थिति किसी-न-किसी रूप में उस स्थान के कण-कण में बसी रहती है।

वृन्दावन में श्रीकृष्ण की नित्य लीला चलती रहती है, चित्रकूट में श्रीराम सदैव वनवासी हैं, कामाख्या में शक्ति का परिस्फुरण नित्य होता रहता है, काशी में शिव घूमते रहते हैं, बदरिकाश्रम में नरनारायण नित्य तपस्यारत हैं—इस प्रकार का अनुभव ही तीर्थयात्रा का परम फल है, मुक्ति या पापनिवृत्ति तो छोटे फल हैं। काशी में मरने से मुक्ति होती है या गंगाजल पीकर मरने से या गंगा में अस्थि प्रवाहित होने से मुक्ति होती है, इन सबका एक ही अभिप्राय है कि जीवन की सार्थकता प्रवाहधर्मी होने में, तीर्थ की तरह परार्थ होने में है।

इसलिए तीर्थयात्रा जीवनयात्रा का विराम नहीं, न धर्म की इतिश्री है, यह धर्म के संकल्प का पुनर्नवीकरण है और इसीलिए तीर्थ नये होंगे, प्राचीन तीर्थ में नये कुछ और भाव जुड़ेंगे, तीर्थ बनेंगे, तीर्थ लुप्त होंगे, पर पार जाने की इच्छा जब तक है, तब तक तीर्थयात्रा की आवश्यकता बनी रहेगी। संत कबीर और महर्षि दयानन्द से सम्बद्ध स्थल आज तीर्थ है। महात्मा गांधी का साबरमती आश्रम आज नहीं तो कल तीर्थ हो जाएगा।

इस बात की आवश्यकता है कि तीर्थों की गरिमा की रक्षा की व्यवस्था की जाए। तीर्थ-पुरोहितों के प्रशिक्षण और उनकी सेवाओं की व्यवस्था की जाए। सामान्य तीर्थयात्रियों के लिए आवास और सफ़ाई की व्यवस्था ऐसी की जाए जो सबको सुलभ हो सके। तीर्थ-पुरोहितों के पास जो स्थान हैं (जिन्हें वे सुलभ कराते हैं), उनकी मरम्मत और सफ़ाई के लिए राज्य व्यवस्था करे। जनतांत्रिक राज्य की धर्मनिरपेक्षता का यह अर्थ नहीं होता है कि अधिसंख्य जनता की धार्मिक आकांक्षा की पूर्ति के लिए की गई देशयात्रा की व्यवस्था उसके लिए केवल न्याय और शान्ति-व्यवस्था या स्वास्थ्य व्यवस्था मात्र हो।

अब पर्वों पर आएँ। तीर्थ प्रवहवान् देश का साक्षात्कार है तो पर्व प्रवाही काल का। ऋतु को बदलते देखना, उसकी रंगत पहचानना, उस रंगत का असर अपने भीतर अनुभव करना, खुले आकाश के नीचे समय की गति को अयांत्रिक और आनुभविक पैमाने से नापना हिन्दू जीवन के अभ्यास में विहित है। सूर्योदय, मध्याह्न और सूर्यास्त उसके विष्णु के तीन पग हैं। पूरा वर्षचत्र जीवनचक्र है। संवत्सर शब्द

का अर्थ है वत्सल, वर्ष का अर्थ है बरसाने वाला, वर्ष-पर-वर्ष मंगल की पूर्ति हैं, जीवन पूर्ति है, वृष्टि है। पर्व का अर्थ होता है गाँठ या पोर। बाँस जैसे-जैसे ऊपर बढ़ता जाता है, एक-एक नया पोर छोड़ता जाता है। पर्व वृद्धि का परिमापक है, साथ ही वह संधि है जो एक अंश और दूसरे अंश के बीच में दोनों को जोड़ने के लिए स्थित है। गन्ने का पर्व न हो तो रस न सुरक्षित हो। पर्व का व्युत्पत्तिजन्य अर्थ भरने वाला है। हिन्दू धारणा काल को अखंड भी मानती है, खंड भी मानती है, निरवधि भी मानती है, सावधि भी मानती है। वह इन दोनों काल-रूपों में पर्व को ग्रंथि के द्वारा बाँधता है। वह अपने प्रत्येक संकल्प में निरवधि काल और सावधि-काल, दोनों का स्मरण करता है, वह अपने को सृष्टि की आदि से जोड़ता है और वर्तमान सावधि गणना का भी स्मरण करता है। इसलिए पर्व का एक निश्चित समय है और साथ ही उसकी पुनरावृत्ति भी।

हिन्दू पर्व प्राय: उत्सव है। उत्सव 'सवन' से व्युत्पन्न शब्द है। सोम का रस निकालना ही सवन है। वह रस जब ऊपर छलक आए तो उत्सवन या उत्सव है। हिन्दू पर्व में रस का आपूरण और उच्छलन, दोनों होता है। जैसे कार्तिक की पूर्णिमा के चन्द्रमा में रस भर जाता है और उसमें बँधा नहीं रह सकता, वैसा ही कुछ घटित होता है पर्व मनाने वाले भाववान् हिन्दू में। जैसे सभी भूमि पवित्र होती हुई भी कुछ भूमि अधिक पवित्र होती है, उसके साथ कुछ महत्त्व जुड़ा रहता है, वैसे ही सभी क्षण पवित्र होते हुए भी कुछ क्षण विशेष पवित्र होते हैं। हिन्दू धर्म में जन्मदिन मनाने पर बल है, श्रीराम या श्रीकृष्ण की निधन-तिथि कोई नहीं मनाता। अपने दिवंगत पिता की निधन-तिथि पर एकोद्दिष्ट श्राद्ध किया जाता है पर वह व्यक्तिगत है और पार्वण श्राद्ध का प्रारम्भिक कृत्य है, पर्व नहीं है; हाँ, श्राद्धपर्व के रूप में मनाया जाता है, पर उसमें पितरों के स्मरण से आप्यादित होने का उल्लास है, श्राद्ध के प्रत्येक मंत्र में तृप्ति और स्वधा का बोध होता है। कई पर्व व्रत के पर्व हैं (आजकल व्रत के नाम पर कुछ अधिक भोजन या भोजन परिवर्तन पर ही बल है, वह अलग बात है), पर उस व्रत का भी तात्पर्य यही है कि शरीर और मन को दूसरे भोगों से विरत करो, स्वयं को भोग्य बनाओ और तब अमृत के भोक्ता बनो, अमृत से उस रिक्त स्थान को भरो। अमावस्या और पूर्णिमा—ये दो तिथियाँ वैदिक युग से इसीलिए बहुत महत्त्वपूर्ण हैं। अमावस्या में चन्द्रमा सूर्य की छाया से पूर्णत: निगीर्ण हो जाता है, पूर्णिमा में वह पूर्ण हो जाता है। यह भौतिक व्यापार वस्तुत: सोमयाग है, सोम की आहुति अग्नि में होती है, अग्नि की स्फीति होती है और पुन: सोम एक-एक कला बढ़ाते-बढ़ाते नवजन्म पाता है। आनन्दकुमार स्वामी[10] ने इसकी व्याख्या इस रूप में की है कि सोम आदित्य द्वारा अमावस्या (साथ संगमन की रात्रि में) निगीर्ण होता है, और जो निगीर्ण होता है, वह फिर भोक्ता सूर्य के नाम से ही पुकारा जाता है, वह आदित्य हो जाता है; जैसे, सूर्य उषा को प्रतिदिन और

सोम (चन्द्र) को प्रतिमास आत्मसात् करता है और यह संदृश्य होता है। यह दिव्य सायुज्य (विवाह) तुम्हारे भीतर भी सम्पन्न होता रहता है जब तुम्हारे दक्षिण और वाम नेत्र में स्थित सूर्य और पूर्व हृदयगुफा में प्रविष्ट होकर एक होते हैं। वैदिक काल में दर्श (अमावस्या) और पौर्णमास (पूर्णिमा के समय किया गया) दो प्रमुख इष्टियाँ (यज्ञ) थीं। वे ही सब यज्ञों की प्रकृति कही जाती थीं।

बाह्य काल के मोड़ से सम्बद्ध मुख्य हिन्दू पर्व है, सूर्य के उत्तरायण की तिथि मकर संक्रान्ति। इस तिथि पर सर्वत्र भारत में उत्सव मनाया जाता है—असम में माघ बिहू (भोगाली बिहू), बंगाल में पौष पार्वण, दक्षिण में पोंगल, उत्तर भारत में खिचड़ी (मकर संक्रान्ति) के नाम से। यह पर्व स्नान-दान और नये चावल के भोग के पर्व के रूप में मनाया जाता है। सूर्य की मेष संक्रान्ति भी महत्त्वपूर्ण है, क्योंकि वह वसन्त ॠतु का पर्व है, कई प्रान्तों में वर्षारम्भ का पर्व है, उत्तर भारत में तप के (आतप-धूप के) प्रखर होने का प्रारम्भ है, इस पर्व के साथ नये अनाज भूनकर पीसे जाते हैं, उनका प्राशन नये आम की कैरियों के साथ किया जाता है। सूर्य की कन्या-संक्रान्ति पितरों का पर्व है। इसमें आश्विन के कृष्णपक्ष में पितरों के श्राद्ध किये जाते हैं। आश्विन और चैत्र, दोनों महीने दिन-रात के समपात के महीने होते हैं। इन दोनों महीनों में सन्तुल-बिन्दु बाहर के काल में और अपने शरीर के भीतर के काल में ऐसी आती है कि उसमें शक्ति का आवाहन किया जा सकता है, इसलिए दोनों महीनों के नवरात्रों में देवी की उपासना का पर्व मनाया जाता है। शारद और वासन्तिक नवरात्र कृषि-जीवन की दृष्टि से भी शस्य-परिपाक के आस-पास आते हैं, इसलिए कृषकों के लिए उत्साह का अवसर रहता है, जगद्धात्री के प्रति विनम्रता की अभिव्यक्ति इस उत्साह के साथ जुड़कर कर्म-शक्ति की सार्थकता में वृद्धि करती है।

चन्द्रमा की घटती-बढ़ती कला के अनुसार तिथियाँ होती हैं। पूजापाठ और अनुष्ठान की दृष्टि से चान्द्र तिथि का ही प्रयोग समस्त हिन्दू समाज में होता है—यहाँ और बाहर बालि में, थाईलैंड और लाओस में भी, यही नहीं, समस्त दक्षिण-पूर्वी एवं पूर्वी एशिया में। इस्लाम भी चान्द्र तिथि को महत्त्व देता है। केवल इतना है कि इस्लामी कालगणना में चान्द्र वर्ष और सौर वर्ष के सन्तुलन के लिए 35 महीनों के बाद अधिमास का (लौंद या अतिरिक्त चान्द्र मास) का विधान नहीं है, पर हिन्दू गणना चान्द्र और सौर बरसों को संयोजित करती हुई चलती है। वेदों में चन्द्रमा का सम्बन्ध विराट् पुरुष के मन से माना गया है। चन्द्रमा को अव्यक्त रहस्य, उसकी साधना, उस साधना से प्राप्त अमृतत्व से जोड़ा गया है, इसलिए हिन्दू अनुष्ठान सूर्योपासक होते हुए भी चन्द्रमा की आह्लादकता की अपेक्षा रखता है। चान्द्र तिथियों में दो प्रतिपदायें, कार्तिक शुक्ल की प्रतिपदा (जब अन्नकूट की पूजा होती है, जब व्यवसायियों का वर्षारम्भ होता है और चैत्र शुक्ल की प्रतिपदा (अधिसंख्य लोग वर्षारम्भ इसी से मानते हैं); दो द्वितीयाएँ, कार्तिक शुक्ल की (भ्रातृ द्वितीया, भाई

के पर्व के रूप में, इसे ही यमद्वितीया भी कहते हैं) और आषाढ़ शुक्ल की द्वितीया (इसी को रथ यात्रा की द्वितीया कहते हैं, इस दिन जगन्नाथजी को चलविग्रह रथ पर चढ़ाया जाता है, उस रथ की यात्रा होती है), तीन तृतीयाएँ, वैशाख शुक्ल की अक्षय तृतीया (जिसे कृतयुग का प्रारम्भ दिन माना जाता है और परशुराम अवतार का आविर्भाव दिन माना जाता है), भाद्र-पद शुक्ल तृतीया (हरतालिका व्रत, स्त्रियों का सौभाग्य व्रत), श्रावण शुक्ल तृतीया (श्रावणी तीज, मुख्यतः स्त्रियों का व्रत); तीन चतुर्थी तिथियाँ, भाद्रपद और माघ कृष्ण की (दोनों गणेश चतुर्थी के महोत्सव के रूप में मनाई जाती हैं। भाद्रपद की चतुर्थी तो महाराष्ट्र में विशेष समारोह से मनाई जाती है, और कार्तिक कृष्ण चतुर्थी (संकष्टा चतुर्थी, यह भी स्त्रियों का ही मुख्यतः व्रत है); चार पंचमी, (श्रावण शुक्ल पंचमी, नागपंचमी, मार्गशीर्ष शुक्ल पंचमी, विहार पंचमी (वृन्दावन में) और जानकी विवाह पंचमी (अवध और मिथिला में), माघ शुक्ल पंचमी (श्रीपंचमी, वसन्त पंचमी या सरस्वती जन्मदिन का उत्सव) और भाद्रपद शुक्ल 5 (ऋषि पंचमी); चार षष्ठी (आषाढ़ शुक्ल 6, स्कन्दषष्ठी, भाद्रपद कृष्ण 6, हल षष्ठी—पुत्रव्रत, भाद्रपद शुक्ल 6, सूर्य षष्ठी, कार्तिक शुक्ल 6, सूर्यषष्ठी); एक सप्तमी (माघशुक्ल सप्तमी—अचला सप्तमी); तीन अष्टमी (श्रीकृष्ण जन्माष्टमी—भाद्रपद कृष्ण पक्ष में; राधाष्टमी—भाद्रपद शुक्ल में; गोपाष्टमी—कार्तिक शुक्ल में); दो नवमी (श्रीरामनवमी चैत्र शुक्ल में, श्रीजानकी नवमी वैशाख शुक्ल में); दो दशमी (विजया दशमी—आश्विन शुक्ल में और गंगा दशहरा—ज्येष्ठ शुक्ल में); एकादशी सभी (विशेष करके देवोत्थान एकादशी—कार्तिक शुक्ल में, रंगभरी एकादशी—फाल्गुन शुक्ल में और भीमसेनी एकादशी—ज्येष्ठ शुक्ल में), वामनद्वादशी (भाद्रपद शुक्ल में); तीन चतुर्दशी (नरक चतुर्दशी—कार्तिक कृष्ण और महाशिवरात्रि—फाल्गुन कृष्ण में, अनन्त चतुर्दशी—भाद्रपद शुक्ल में); तीन अमावस्या विशेष रूप से (महालया अमावस्या—आश्विन में, दीपावली—कार्तिक में, मौनी अमावस्या—माघ कृष्ण में); छः पूर्णिमाएँ (वैशाख की बैशाखी, आषाढ़ की व्यास पूर्णिमा, श्रावण की रक्षाबन्धन पूर्णिमा, आश्विन की शरद् पूर्णिमा, कार्तिक की पूर्णिमा, माघ की पूर्णिमा और फाल्गुन की पूर्णिमा, होली)। इनमें प्रायः अमावस्या-पूर्णिमा की तिथियाँ स्नान के पर्व हैं, विशेष रूप से कार्तिक, माघ और वैशाख की पूर्णिमाएँ और माघ तथा आश्विन की अमावस्या और वे पूर्णिमाएँ जिनमें चन्द्रग्रहण लगता है तथा वे अमावस्या तिथियाँ जिनमें सूर्यग्रहण। समस्त अष्टमी, नवमी और चतुर्दशी तिथियाँ देवी की पूजा की तिथियाँ हैं—कृष्णपक्ष की अष्टमी की रात्रि देवी की शक्ति के विशेष स्फुरण की तिथियाँ हैं। सभी एकादशियाँ विष्णु को प्रिय हैं, पर कृष्णपक्ष की एकादशी का व्रत अधिकतर विरक्त लोग ही करते हैं। सभी त्रयोदशी तिथियाँ (विशेष रूप से कृष्णपक्ष की) शिव को प्रिय हैं। शिवाराधक इनमें प्रदोष व्रत करते हैं। इनके अलावा सूर्य और स्कन्द को षष्ठी, गणेश को चतुर्थी प्रिय हैं।

सबसे अधिक जनप्रिय पर्व दो प्रकार के हैं : एक तो अवतारों से सम्बद्ध, जैसे—श्रीकृष्ण जन्माष्टमी और श्रीरामनवमी; दूसरे हैं : सार्वजनिक उत्सव, जैसे—दीपावली, होली, दशहरा (विजयादशमी) और रक्षाबन्धन। तीसरे हैं : व्रतों से सम्बद्ध (यद्यपि जन्माष्टमी और रामनवमी भी व्रत के दिन होते हैं, पर उनमें व्रतों के साथ-साथ सामूहिक रूप से उत्सव होते हैं, केवल व्यक्तिगत स्तर पर उत्सव नहीं होता), जैसे—देवोत्थान एकादशी या महाशिवरात्रि। विभिन्न संतों और आचार्यों की जयन्तियाँ भी पवित्र तिथियों के रूप में मनाई जाती हैं।

हर प्रदेश के अपने विशेष पर्वोत्सव हैं। बंगाल में आश्विन शुक्ल के नवरात्र की दुर्गापूजा, असम में माघबिहू, समस्त भारत में मकर संक्रान्ति और दीपावली, उत्तर भारत में होली, राजस्थान में गणगौर, महाराष्ट्र में श्रीगणेशोत्सव, केरल में ओणम, उड़ीसा में आषाढ़ की रथयात्रा, पंजाब में बैशाखी (वैशाख का प्रारम्भ) और प्रायः सभी क्षेत्रों में श्रीकृष्ण जन्माष्टमी और रामनवमी, कई राज्यों में राम के विजयपर्व के रूप में विजयादशमी अधिक उल्लास के साथ मनाए जाते हैं।

होली का पर्व प्राचीन काल के तीन दिनों मदनोत्सव का परिवर्द्धित रूप है, यह रंग का त्योहार है, गीतों का त्योहार है और ऋतुराज के आगमन में उनके अनुकूल अपने को ढालने का त्योहार है। वर्षारम्भ के पूर्व अनेक देशों में एक प्रकार का उन्मादन भाव, उन्मुक्त भाव छा जाता है। हिन्दुस्तान का वसन्त काफ़ी लम्बा होता है। हर पेड़ का वसन्त अलग होता है, पर सबसे पहले आम ही वसन्त के आगमन का संकेत अपनी मंजरी की गन्ध से और उस गन्ध से आकृष्ट कोकिल की कूक से देता है। लगभग पूरा फाल्गुन उल्लास का महीना है। इधर मादन का अर्थ कुछ बदल गया है और यह त्योहार भी शहर में कुछ अधिक आक्रामक हो गया है, पर गाँव की होली में यद्यपि शृंगारिकता का रंग बोलों में गहरा है, पर वहाँ प्यार भी सहज है और वहाँ किसी को सताने के लिए होली नहीं खेली जाती। होली वस्तुतः वर्ष या संवत्सर का दाह है। उसकी चिता की भस्मी रमाकर नये वर्ष के अभिनन्दन की तैयारी है। इसमें समस्त ऐन्द्रिय भोग का रेचन है—पर इस भाव से कि वह सामाजिक मंगल को अपने में भरने के लिए हो। इसीलिए होली, इसमें केवल स्त्री-पुरुष ही एक-दूसरे के साथ परिहास नहीं करते, श्रीराम, श्रीकृष्ण और शिवशंकर भी साथ-साथ होली खेलते हैं और उनको राग-रंग में सराबोर करने का भाव साथ-साथ रहता है। इसलिए जो भी गीत होते हैं, जो भी रंग से भिगोने के व्यापार होते हैं, वे अपने-आप निर्वैयक्तिक हो जाते हैं।

दीपावली या दीवाली या दीपों का त्योहार लक्ष्मी के पूजन का, काली के पूजन का त्योहार तो है ही, वस्तुतः वह त्योहार दीपों का त्योहार है। घर का कोना-कोना साफ़ हो जाए, लिप-पुत जाए, कोने-कोने में अपने हाथों जलाकर दीप एक छन्द के साथ रखा जाए, घर के बाहर मुँडेर से लेकर नीचे तक दीपपंक्तियाँ बिछा दी

जाएँ, द्वार खोलकर श्रीदेवी के दर्शन देने की प्रतीक्षा की जाए—इन सबके पीछे अभिप्राय एक है : अन्धकार से जूझना, मानवीय प्रयत्न के बल पर जूझना, बाहर और भीतर के मोह को ध्वस्त करना।

यह पर्व विजयादशमी के बाद मनाया जाता है। आश्विन शुक्ल दशमी को राम की रावण पर विजय होती है, तपस्वी नर की प्रबल आसुरी शक्ति पर विजय होती है। ठीक उसके बीस दिन बाद राम के अयोध्या लौटने पर उनके राज्याभिषेक के उत्सव में घर-घर दीप जल उठते हैं। बंगाल में तो यह काली-पूजन का दिन है, क्योंकि काली अमंगल के सर्वनाश की देवता है।

जन्माष्टमी और रामनवमी—ये दो पर्व दो प्रमुख अवतारों के जन्मोत्सव के पर्व हैं। हिन्दू इन दिनों में जन्मदिन या वर्षगाँठ नहीं मानता, केक नहीं काटता। वह यह अनुभव करता है कि भादों के अँधेरे पक्ष की अँधेरी आधी रात में श्रीकृष्णचन्द्र का आविर्भाव हो रहा है, उनके अवतरण की प्रतीक्षा करता है। चैत्र शुक्ल रामनवमी को ठीक दोपहर में श्रीराम जन्म ले रहे हैं, घर-घर अयोध्या हो रहा है। श्रीकृष्ण हिन्दू-हृदय चुराने के लिए वज्र अँधेरी रात में जन्म लेते हैं, श्रीराम हिन्दू कर्म को चेताने प्रसन्न दोपहरी में जन्म लेते हैं। श्रीकृष्ण के प्यार करने का अर्थ है—अपने को सनातन सौन्दर्य के प्रवाह में विसर्जित कर देना; श्रीराम के साथ चलने का अर्थ है—सत्य के लिए निर्वासन स्वीकार करना और उनके साथ वन की यात्रा करना। पर जीवन का आस्वाद इसी विध्वंसक प्यार में है, इसी वन-यात्रा में है। इन दोनों के पीछे हिन्दू चलकर आश्वस्त है कि ये दोनों तो कुछ करें न करें, पर इनकी चैतन्य शक्तियाँ श्रीराधा और जानकी अवश्य चिन्ता करेंगी।

हिन्दू मन को खींचने वाले शिव और उनके परिवार के सदस्य दूसरे प्रकार का महत्त्व रखते हैं। हिन्दू कल्पना की समस्त उर्वरता लगी तो शिव का, पार्वती का, गणेश का और स्कन्द का आकार खड़ा हुआ। शिव के साथ सब अटपटापन, सब ज्ञान, सभी कला में, सभी सुख और सभी सुखों का त्याग, ऐश्वर्य और भिखमंगापन, नित्य-योग और नित्य-भोग—ये सभी चीजें जुड़ गई हैं। वे आशुतोष हैं, ज़हर भी प्रेम से दो प्रसन्न हो जाते हैं। पार्वती हिमालय की कन्या अपने तप से शिव को ख़रीदने वाली, शिव से भी बढ़कर भिखमंगों, भूतों-प्रेतों का जीवन-निर्वाह वही करती हैं, पर वे सौभाग्य की अधिदेवता हैं। हिन्दू नारी उनकी उपासना करती है कि बस, घर का स्वामित्व मुझे ऐसा मिले, जैसे गौरी को मिला। पति बोड़म बना रहे—बस, अपने तप की सब कमाई मुझे सौंपकर निश्चित रहा करे और हाँ, एक क्षण को भी पार्श्व न छोड़े। लड़के ऐसे हों, एक तो महाशक्तिशाली, देव सेनापति, दूसरा—बड़ा बुद्धिमान्, दोनों को अनायास सम्मान प्राप्त होता रहे। हिन्दू होने का अर्थ है—शिव का आराधक होना, क्योंकि शिव की आराधना से ही लोक सधता है, विभूतियाँ मिलती हैं। शिव की ही आराधना से मोक्ष सधता है। जीवन में विष

मिलता है तो गले में रह जाता है, नीचे उतरता नहीं और अमृत मिलता है तो वह सहस्त्रार कमल तक पहुँच जाता है। शिव ही तो कला और योग में संगति की शिक्षा देते हैं। इसीलिए शिव, पार्वती, गणेश और स्कन्द से सम्बद्ध पर्वों में बड़ी जीवन्तता रहती है। महाशिवरात्रि नृत्यगीत की रात्रि होती है, गौरीव्रत का दिन हरतालिका या राजस्थान का गणगौर या दक्षिण में स्कन्द महोत्सव या महाराष्ट्र का गणेशोत्सव या जगद्धात्री पूजा के पर्व सौन्दर्य, सौभाग्य, उल्लास के पर्व होते हैं। हिन्दू लोक साहित्य शिव-पार्वती को घर-घर, गाँव-गाँव घुमाता रहता है। वह पार्वती की ओट लेकर शिव बाबा के बौराहपन का परिहास भी करता रहता है। वह अपने को इस परिवार का अंग समझता है। उसे भूत-प्रेतों का भय कैसे घेरेगा? उसका बीता और विस्मरणीय इतिहास उसके सिर पर कैसे सवार होगा? हाँ, जो उसके साथ चल रहा है, वह जीवन-भाव चाहे श्रीकृष्ण के रूप में हो, श्रीराम के रूप में हो, शिव-पार्वती के रूप में हो—वह चल रहा है, गतिशील है और उसकी गति में गतिशील है, इसलिए हमेशा नया हो रहा है।

हिन्दू पर्व इसलिए सनातन जीवन-भाव के बार-बार उमड़ने के पर्व हैं।

तीर्थ और पर्व—दोनों ही मिलकर देश और काल को जगाने और भुलाने के लिए हैं। तीर्थयात्रा में आदमी देश को एक ओर पहचानता है, दूसरी ओर वह देश से मुक्त होता रहता है, क्योंकि देश की विविधता और देश के विस्तार, देश की सम्भावना और देश के इतिहास का स्मरण करते-करते वह अनुभव करने लगता है कि देश मुझमें आ गया है, और तब कहीं रहे, उसके भीतर गंगा हिलोर लेने लगती है। इसी प्रकार पर्व मनाते-मनाते वह तिथियों की अलग कलाओं को निरखते-निरखते, ऋतुओं के मोड़ देखते-देखते, उत्सवों में अपने को रीता करते और भरते-भरते वह सावधिकाल की अनन्तता में रमने लगता है। उसके भीतर महाकाल और छिन्नमस्ता उसकी चेतना की ताल पर नाचने लगते हैं। वह स्वयं अपने अहंकार का मस्तक अपने हाथ पर रखकर छिन्नमस्ता बन जाता है। अपने जमाने का विष पीकर नीलकंठ बन जाता है। हिन्दू वर्गीकरण इतने बारीक ब्योरे में जाता है—दिन भी 24 घंटों में नहीं, 60 घंटियों में विभक्त है और तिथि-तारीख की तरह 24 घंटे की नहीं बल्कि घटती-बढ़ती 52 से 60 के बीच घंटियों, कुछ पलों, कुछ विपलों की होती है। उसका देश भी इतनी छोटी-छोटी इकाइयों का बना हुआ है, उसमें इतने देशाचार हैं, इतनी ग्रामदेवताएँ हैं, पर इसीलिए उसमें एकता के दर्शन की अपरिहार्य परिणति है। हिन्दू जीवन बहुविधता को नष्ट नहीं करता, उसको सार्थकता देता है। बहुविध प्रकारों को एकोन्मुख करके हिन्दू धर्म इसीलिए स्वयं सनातन तीर्थ है, सनातन पर्व है।

अध्याय-5

हिन्दू धर्म और लोकशास्त्र

अभी तक मैंने अपनी बात जितनी कही, उसके समर्थन में शास्त्र का यथासम्भव उद्धरण दिया। इससे यह भ्रम उठना स्वाभाविक है कि हिन्दू धर्म शास्त्र से बँधा हुआ धर्म है, पोथी-धर्म है। वह जीवन-धर्म नहीं है। जीवन-धर्म तो वह होता है जो 'आँखिन देखा' हो। पर हिन्दू शास्त्र स्वयं ऐसा है जो जीवन है, जो अपना खंडन स्वयं है। वेद को धर्म का मूल कहा गया है, पर स्वयं 'गीता' में ही कहा गया कि कुएँ की जरूरत तभी तक है, जब तक आदमी को पानी की प्यास है, और सामने सरिता का प्रवाह नहीं है, पर प्यास बुझ जाए या सामने नदी लहरा रही हो तो कुएँ की कोई ज़रूरत नहीं रह जाती। उसी तरह वेद की आवश्यकता भी तभी तक है, जब तक जीवन के प्रयोजन की जिज्ञासा है, पर जब सामने जीवन-सी लहरा उठे, जीवन ब्रह्ममय हो जाए तो कोई आवश्यकता नहीं रहती।

हिन्दू शास्त्रों में बड़ी परस्पर विरुद्ध बातें मिलती हैं, उसकी कुछ बानगी ऊपर आ चुकी है—तीर्थ की प्रशंसा भी, निन्दा या अनपेक्षा भी, वर्ण-व्यवस्था की संगति भी, निर्वर्ण स्थिति की प्रशंसा भी, प्रवृत्ति धर्म को भी महत्त्व, निवृत्ति को भी महत्त्व, ब्राह्मण को कई दंडों से छूट और कई अपराधों के लिए दूसरों की अपेक्षा कई गुना दंड, स्त्री को आश्रित भी बतलाना और उसे सम्राज्ञी भी बतलाना।

हिन्दू शास्त्र बस शंकर की तरह बड़े बीहड़ बौड़म शास्त्र हैं। उनको समझने के लिए उन्हें तो पूरा देखना ही पड़ता है, उनके साथ लोकाचार को भी देखना होता है, क्योंकि शास्त्राचार लोक से ही प्रमाणित होता है और लोकाचार भी शास्त्र बनकर ही प्रतिष्ठित होता है।

यदि हिन्दू धर्म शुद्ध रूप से पोथी-धर्म रहता तो पशुयाग और गोमेध अब भी होता, पर लगभग दो हजार वर्ष से दोनों बंद हो गए, क्योंकि लोक में ऐसे आन्दोलन हुए जिन्होंने इस अनुष्ठान को मंगलकारक नहीं माना। उन आन्दोलनों को बाद में शास्त्रीय प्रतिष्ठा भी मिली।

दूसरी ओर, जैन और बौद्ध धर्म का प्रचार जनभाषाओं में पहले हुआ, पर इन्हीं धर्मावलम्बियों ने अपने को प्रतिष्ठित करने का उपक्रम किया तो उन्होंने संस्कृत का आश्रय लिया। यहाँ तक कि कबीरदास के बीजक तक पर संस्कृत में भाष्य लिखा गया।

ईसा के आसपास की शताब्दियों के अभिलेख देखें तो पता चलेगा कि बाहर से आया हुआ और देश की मुख्य धारा में समाविष्ट रुद्रदामन् ईसा की पहली-दूसरी शताब्दी में संस्कृत में शिलालेख लिखवाता है और उसी के सम्बन्धी ब्राह्मण सातवाहन राजा प्राकृत में अभिलेख टंकित करते हैं। अपने को कहते हैं एकब्राह्मण और भगवान् बुद्ध के मार्ग के श्रमणों के लिए भिक्षु विहार बनवाते हैं।

इसी युग की विभूति महाकवि कालिदास अपने 'कुमारसम्भव' में शिव-पार्वती विवाह के प्रसंग में सरस्वती के द्वारा शिव की स्तुति संस्कृत में और पार्वती की स्तुति प्राकृत (सुखग्राह्य भाषा) में कराते हैं। इस प्रकार जिस तरह हवाई ढंग से विचार किया जाता है कि दो विरोधी धाराएँ इस देश में थीं : एक कट्टरपंथी सीमित स्वार्थ की पूर्ति की धारा; दूसरी, उदार परिवर्तनवादी व्यापक जनहित की धारा। वह एकदम झूठ सिद्ध हो जाता है। यहाँ वस्तुतः शास्त्र और लोक का आदान-प्रदान निरन्तर होता रहा है, आज भी हो रहा है। द्यौः और पृथिवी की युगललीला में इस देश ने रस लिया है।

मैंने स्वयं अपने आस-पड़ोस में जिस जीते-जागते हिन्दू धर्म का स्पर्श पाया है, उसमें वेदमंत्र और लोकगीत, शास्त्रीय विधि-विधान और लोकाचार—दोनों को एक-दूसरे के पूरक रूप में ही पाया है।

बचपन में अपने ननिहाल के एक नाई के बारे में सुना था (जो कुछ ही दिन पूर्व दिवंगत हुए थे)। उनका नाम था टहल। वे पगड़ी बाँधते थे, लम्बी अचकन पहनते थे, कमर में फेंटा बाँधते थे और सजधज से रहते थे। किसी विवाह में वे काशी गए। महामहोपाध्याय शिवकुमार शास्त्री वहाँ विवाह मंडप में उपस्थित थे। वे उस समय काशी में विश्वनाथ की तरह पूजते थे। जिस गली से जाते, 'हर हर महादेव' का नारा बुलन्द होता था।

शास्त्रीय विधि-विधान से विवाहकृत्य प्रारम्भ हुआ। टहल बारात की ओर से गए थे, उन्होंने टोका—बन्दनवार नहीं तनी है? शास्त्रीजी ने कहा—यह तो लोकाचार है। हो न हो, कुछ देर बाद टहल ने फिर टोका—जुआ नहीं रखा हुआ है, न हल बँधा है? शास्त्रीजी ने कहा—यह ग्राम्य-विधि है। कुछ देर फिर फिर टहल से नहीं रहा गया, कहा—कलश पर पंचपल्लव नहीं रखे गए हैं। शास्त्री जी बिगड़ गए—यह सब शास्त्र में कहीं नहीं लिखा है। इस पर टहल की संस्कृत वाणी फूट पड़ी—सर्वत्रैव षड् हलानि।

कथानक यह है कि किसी पंडित के पुत्र थे वज्रमूर्ख—लिख लोढा, पढ़ पत्थर। उनके विवाह के लिए लोग आनेवाले थे। पंडितजी ने चार-पाँच संस्कृत के वाक्य

याद कराए। पूछा जाए—कितने भाई हो?—तो यह कहना। कहाँ तक अध्ययन किया है?—तो यह कहना, आदि-आदि, और कितनी खेती है तो कहना : 'षड्हलानि' (छः हल की खेती है)। पूर्वी उत्तर प्रदेश में 'ष' का उच्चारण 'ख' होता ही है—'खड्ढलानि' व्युत्पन्न पुत्र की जबान पर रवाँ हो गया और दूसरे वाक्य भूल गए।

संयोग से वर देखने आए हुए लोगों ने पहला प्रश्न खेती के बारे में पूछा और उत्तर सुनकर प्रसन्न हो गए कि सम्पत्ति तो है ही, लड़का संस्कृत के मुहावरे की बारीकी भी जानता है। पर कितने भाई हो, कहाँ तक पढ़ा है?—इन प्रश्नों का उत्तर भी जब लड़के ने 'खड्ढलानि' दिया तो उधर के पंडित ने कहा—सर्वत्रैव षड् हलानि। सब प्रश्न का उत्तर बस यही एक।

तब से इस उक्ति का प्रयोग निरन्तर अनुपयुक्त उत्तर देने के प्रसंग में रूढ़ हुआ।

अस्तु, शास्त्रीजी इस उत्तर से स्तब्ध हो गए कि यह कहाँ का पंडित है, पूछा—आप कौन हैं? उत्तर मिला—दासानुदास हूँ, पंडितों का सेवक हूँ, पर पंडितों के घर का रीति-रिवाज देखता हूँ, घड़ा भरा हो, उस पर हरियाली न हो तो यह भरना किस काम का? शास्त्रीजी ने सारी लोकविधि पूरी कराई। इस कहानी का मन पर गहरा संस्कार पड़ा। शास्त्र का पांडित्य लोकविधि के सामने कभी-कभी पानी भरता है तो कभी लोकाचार शास्त्रीय विधि का अनुवाद करता है।

परिशिष्ट में पाणिग्रहण का एक गीत दिया हुआ है। उसमें विवाह के विम्ब के रूप में ग्रहण का स्मरण किया गया है। अब यदि वैदिक सोमयाग के प्रतीकार्थ का स्मरण करें तो लगता है, यह लोकगीत वेदमंत्र की व्याख्या है। ऐसे सैकड़ों लोकाचार हैं जिनकी संवेदना बहुत ही सूक्ष्म है और जो वैदिक या प्राग्वैदिक मंगल-विधानों के सूत्रों से जुड़े हुए हैं।

आर्य जाति का मिथ्या गर्व अंग्रेज़ों का प्रसाद है, नहीं तो कोल-संस्कृति का मुखिया केवटराज गुह जितना राम के समीप है, जितना वह राम का मर्म जानता है, उतना कोई ऋषि, मुनि या देवता भी नहीं जानते। आज जिस गिरिजन या जनजाति या क़बीले की स्वायत्तता की बात एक मानवीय दावे के रूप में उठाई जाती है, उसके सहज आनन्द भाव को, उसकी सिधाई को और उसकी सचाई को हिन्दू धर्म ने चन्दन के तिलक के रूप में स्वीकारा है। हिन्दू धर्म में मांगलिक विधि के उपादान, हल्दी का रंग इन्हीं से आया है। उसके लिए वैदिक मंत्र न हो, पर उस रंग में रँगे बिना कोई भी द्रव्य, कोई नर-नारी मांगलिक कार्य के लिए पात्र नहीं हो सकते, क्योंकि वह भीतर से रँगती है। ऊपर मटमैली है, भीतर रंग की गहराई उसमें सघन हो गई है।

हिन्दू धर्म लोकसंग्रही धर्म है। उसका लोक बहुत विशाल है। वह किसी जाति, किसी चेहरे, किसी नस्ल, किसी का हो सकता है। उसे लोक होना चाहिए। लोक के दो अर्थ हैं : एक अर्थ है—प्रकाश। प्रकाश का स्वभाव है प्रसरण, सब तरफ

फैलना; दूसरा अर्थ है—14 भुवन (ऊपर के सात भूलोक—भुवर्लोक, स्वर्लोक, तपोलोक, लोक, जनलोक, महोलोक, सत्यलोक और नीचे के सात—तल, अतल, सुतल, पाताल, रसातल, आदि)। तीसरा अर्थ है—प्रकाश और भुवन जैसी फैली हुई प्रकृति का मनुष्य, सामान्यजन (आज के मुहावरे का आम आदमी) जो देखता है पर अपने लिए और केवल अपनी आँख से नहीं देखता है, वह आँख खोलकर देखता है और 'सब' को देखता है, सबमें एक को देखता है। शास्त्र एक-दूसरे की ओख है। वह एक के माध्यम से देखता है। वह एक वेधक किरण के रूप में देखता है। वह अध्ययन करने वाले व्यक्ति का साधन है। वह भीतर से अनुशासित है। दूसरे शब्दों में कहें तो शास्त्र हिन्दू धर्म की दाहिनी आँख है, सूर्य है, सविता है, विवेक है, ज्ञान है, तर्कप्रज्ञा है और लोक उसकी बाईं आँख है, चन्द्र है, रस है, बहाव है, भाव है; हिन्दू धर्म ज्ञानमय भाव है—न वह ज्ञानरूप है, न विश्वासरूप, न कोरा भावरूप। भाव और ज्ञान अलग होते हैं तो हिन्दू धर्म खंडित होता है। जब-जब ऐसे खंडन के अवसर आए हैं, तब-तब लोक ने अपने-आपको मथा है।

पुराणों में वेन की कथा आती है। वह निरंकुश शासक हो गया था। ऋषियों ने कुशों से उसे मार डाला, पर पुनः शासक की अपेक्षा हुई तो उसी के शव का मन्थन किया। उससे पहले निषाद पैदा हुए, फिर पैदा हुए पृथु। पृथु ने वीरान और उजाड़ पृथ्वी को बसाया। पृथ्वी से उन्होंने हिमालय को—बछड़े को खड़ा करके—अन्नरूप रस दुहा। पृथ्वी का नाम पृथु के कारण पृथ्वी पड़ा। इस पृथु का भाई है निषाद। वह लोक भाव की अग्रज सन्तान है। पृथु उसके छोटे भाई हैं। पृथु शास्त्र और लोक के संयोजक सूत्र बनते हैं।

शास्त्र भी जब-जब जड़ हो गया है, लोकनिरपेक्ष हो गया है तो एक न एक नया बौद्धिक और भावनात्मक आन्दोलन हुआ है, जिसने शास्त्र की जड़ता को तोड़ा है। पर उसने शास्त्र की विधि का अतिक्रमण नहीं किया। क्योंकि शास्त्र की विधि तो कहती ही है कि ज्ञानचक्षु से सब कुछ देखो। जो शास्त्र में कहा गया है, उसे करो, पर जानते हुए करो कि ठीक कर रहा हूँ या नहीं और जाँचते हुए करो कि विधि का तात्पर्य समझ रहा हूँ कि नहीं।

'कठोपनिषद्' में नचिकेता की कहानी शुरू ही यहीं से होती है कि नचिकेता ने देखा-पिता यज्ञ की दक्षिणा के रूप में सूखी और मरियल गाएँ दान दे रहे हैं। उसका विवेक कहता है कि पिता को इस अविवेक से बचाना है। शास्त्र के अक्षरशः पालन के नाम पर इस भावहीन कर्मकांड के पाप से बचाना है। वह सीधे कहता है—तुम मुझे किसे दे रहे हो? पिता की बुद्धि कुंठित है, क्रुद्ध होकर कहते हैं—तुम्हें मृत्यु को दे रहा हूँ और नचिकेता अपने को मृत्यु के हाथ सौंपने चल देता है।

वही नचिकेता मृत्यु से उसका रहस्य छीनकर रहता है, क्योंकि मृत्यु ही तो सनातनप्रवाही स्वभाव है, धर्म है। वही तो अमरत्व का द्वार है। मृत्यु-देवता कहते हैं—

तुम ये रथ, ये भोग के उपकरण लो, मृत्यु के अतिक्रामी सत्य के बारे में न पूछो, पर नचिकेता को यह सब नहीं चाहिए। वह जानता है कि उस ज्ञान के बिना ये भोग फीके हैं, स्वादहीन हैं, वह आग्रहपूर्वक सनातन प्रवाही स्वभाव का उपदेश प्राप्त करता है।

शास्त्र जब इस प्रकार कुंठित होता है तो उससे विद्रोह करने का विधान भी शास्त्र में ही निहित है। 'श्रीमद्भगवद्गीता' में कामकार (अर्थात् मनमाने ढंग से अपनी क्षुद्र कामना की पूर्ति के लिए) जो शास्त्र-विधि छोड़कर कार्य करता है, वह नाश को प्राप्त होता है। शास्त्र-विधि का तात्पर्य शास्त्र का पाठ नहीं, शास्त्र की समझ है। शुद्ध भाव से किया लोक-व्यवहार इस समझ को निखारता रहता है। पर जब लोक-व्यवहार ऋत और सत्य से स्वच्छन्द हो जाता है तो शास्त्रों का अनुस्मरण ही उसे ठीक रास्ते पर लाता है। 'श्रीमद्भगवद्गीता' में श्रीकृष्ण जब कहते हैं :

एवं परम्पराप्राप्तं योगं राजर्षयो किदुः।
स कालेनेह महता योगो नष्टः परन्तप॥

[इस कर्मयोग को राजर्षियों ने परम्परा से सीखा था। बहुत समय से इसकी शिक्षा लुप्त हो गई है। मैं इसका पुनर्निर्वचन कर रहा हूँ।]

तो उसका अर्थ यही है कि लोकजीवन कर्म-योग के मर्म को भूल चुका था। कर्तव्य और अकर्तव्य के बारे में मिथ्या धारणाएँ छाने लगी थीं। श्रीकृष्ण ने '**गीता**' में उपनिषदों के शास्त्रीय चिन्तन से सही रास्ता निकाला।

आज भी बहुत कुछ वैसी ही स्थिति है। परमहंस रामकृष्ण ने अपने जीवन से, स्वामी विवेकानन्द ने अपनी व्याख्या से, स्वामी दयानन्द ने अपनी तेजस्विता से, लोकमान्य तिलक और महात्मा गांधी ने अपनी लोक-भावना से हिन्दू शास्त्र को नई दिशा दी। जहाँ कहीं हमारे सोचने में ठहराव आ गया था, वहाँ-वहाँ उन्होंने गतिशीलता दी, पर एक असन्तुलित विजातीय शिक्षा के बोझ ने और एक मूल्यहीन राजनीतिक व्यापार ने (विशेष रूप से स्वाधीनता-प्राप्ति के बाद) ऐसा किया कि इस देश का हिन्दू शास्त्र विमुख हो गया है। ऊपर से देखने पर लगता है कि पूजा-पाठ बढ़ रहा है, मन्दिरों में चढ़ावा ज़्यादा आ रहा है, योग का प्रचार देश-विदेश में हो रहा है, योग और तंत्र का निर्यात व्यापार बड़े पैमाने पर हो रहा है, गंडों और मालाओं की माँग ऐसी बढ़ी है कि रुद्राक्ष की चोरबाज़ारी हो रही है, परन्तु सही बात यह है कि हिन्दू शास्त्र की समझ लुप्त हो रही है। हिन्दू बौद्धिकता का पानी, लगता है, मर गया है।

हिन्दू बौद्धिकता न केवल तर्क है, न केवल व्याख्या है, न केवल इलहाम है (भीतर से आजकल वाले अन्तःकरण से आया प्रकाश है), न केवल ज्ञान है, न केवल भाव है, वह इनको समाविष्ट करनेवाला व्यापार है। यह बौद्धिकता सुनने, सोचने और ध्यान से आती है। उपनिषद् में यही कहा गया है :

आत्मा वारे श्रोतव्यो मन्तव्यो निदिध्यासितव्यश्च।

तंत्र भी हिन्दू शास्त्र हैं, पर केवल वही हिन्दू शास्त्र नहीं है। वेद, पुराण, दर्शन, काव्य, शास्त्रों के मूर्त रूप प्राचीन हिन्दू मन्दिर, चित्र, शिल्प और संगीत—ये सभी हिन्दू शास्त्र हैं। जीवन को जो भी आस्वादनीय बनाता है, वह सब हिन्दू शास्त्र है। हिन्दू शास्त्र निरन्तर लिखा जाने वाला शास्त्र है। हिन्दू मन्दिर में तुलसी, सूर और मीरा के भजन गाए जाते हैं। उन्नीसवीं सदी के एक अनाम से धार्मिक नेता स्व. श्रद्धानन्द फुल्लौरी का लिखा आरती गीत 'जय जगदीश हरे' गाया जाता है। इन्हें शास्त्र का गौरव प्राप्त है, क्योंकि इनमें शास्त्रविधि का अनुवर्तन है। इनमें शास्त्र लोक के साथ जुड़कर प्रखर हुआ है।

आज शास्त्र-बुद्धि कुंठित है। हिन्दू धर्मशास्त्रों को जलाने की बात की जाती है, हिन्दू को खंड-खंड करने की बात की जाती है। जो लोग यह कहते हैं और सही कहते हैं कि जिस ग़जनी या गौरी या औरंगज़ेब ने हिन्दू मन्दिर तोड़े, वे इतिहास के गर्भ में चले गए। आज का मुसलमान न गौरी है, न ग़जनी है, न औरंगज़ेब है, न उनका वंशज है। उसमें निज़ामुद्दीन औलिया, चिश्ती, शेख़ फरीद, शेख़ नूरुद्दीन का रक्त है। उसमें नानक, कबीर, दादू, रज्जब, जायसी, मुल्ला दाऊद का रक्त है। उसमें बुद्ध, महावीर, शंकर रामानुज का रक्त है। वे ही कहते हैं, ब्राह्मण और दूसरी ऊँची कौमें हिन्दुस्तान के विनाश का कारण हैं, यह नहीं सोचते कि आज की ऊँची कौमों में पैदा हुआ आदमी उस विनाश का स्वयं शिकार है और एक तो किसी वर्ग विशेष ने स्तर-भेद पैदा नहीं किया, दूसरे यदि किन्हीं लोगों ने इसे पाला भी तो ऊँची कौमें केवल उन्हीं की सन्तान तो हैं नहीं। बुद्ध, महावीर, नागार्जुन, उमास्वाति, धर्मकीर्ति, मध्ययुग के अनेक आचार्य और संत, जिन्होंने स्तर-भेद का खंडन किया, स्वामी दयानन्द—ये सभी तथाकथित ऊँची कौमों में पैदा हुए, उनकी भी सन्तान हैं।

जातिवाद को विघटन और विध्वंसन शक्ति आज राजनीतिक स्वार्थों से जितनी तीव्रतर हुई है, उतनी मध्ययुग के किसी भी अन्धे से अन्धे कोने में नहीं रही होगी। उसका कारण यह है कि उस ज़माने में कुछ मूल्य बचे थे, जिनके कारण स्तर-भेद बराबर दबा रहता था। आज वे मूल्य नहीं रह गए। पश्चिम के समाजवाद से उधार लिये हुए मूल्य हमारे काम आएँ या वे हिन्दू समाज में नई चेतना ला सकें, यह बस ख़याली पुलाव पकाना है। स्तर-भेद का नाश होगा तो अपने देशकाल की खराद पर चढ़े मूल्यों से होगा।

आज आवश्यकता है हिन्दू शास्त्रों के गहरे और व्यापक अनुशीलन की। नये शंकराचार्य की प्रतीक्षा करने से नहीं बनेगा। भारत की सामाजिकता के नाम पर, जो भारत की मुख्य धारा है, उसको उपेक्षणीय मान लिया गया है और यही हमारे आधुनिक जीवन की ट्रेजेडी है। हमने मान लिया है कि जो कुछ शास्त्रीय

चिन्तन है, वह कूड़ा है। जो कुछ उसके विद्रोह से अभूत चिन्तन है, वही शिव है। हमने देखने की कोशिश नहीं की है या देखा भी है तो अपनी आँख मूँद ली है कि बुद्ध-वचन में उपनिषदों की प्रतिध्वनि है, कबीर में शैवागम की व्यवस्थित प्रक्रिया है। जिसे हम लोकतत्त्व कहते हैं, वह शास्त्र का ही विसरण है। आज यह अवश्य है कि इस लोकतत्त्व में चाहे वह गीत हो, चित्रकला हो, शिल्प हो, नृत्य हो, नाट्य हो, लीला हो या फिर और कुछ न सही, केवल अनपढ़ आदमी के सोचने का ढंग हो, उसमें शास्त्र का सत्त्व अधिक सुरक्षित है। शास्त्रों का जिस रूप में अध्ययन और विवेचन हो रहा है, उसमें कम सुरक्षित है। समग्र रूप से हिन्दू शास्त्रों के परस्पर सम्बन्ध को परखने की जितनी आवश्यकता आज है, उतनी कभी नहीं थी। यदि इस्लामी अध्ययन विभाग, बौद्ध अध्ययन विभाग और तुलनात्मक धर्म-दर्शन विभाग सोचे जा सकते हैं तो कोई कारण नहीं, हिन्दू धर्म-दर्शन विभागों की बात न सोची जाए। न इस्लामी धर्म-अध्ययन मुसलमान मात्र के लिए होना चाहिए, न हिन्दू धर्म-अध्ययन विभाग हिन्दू-मात्र के लिए होगा। तो क्यों इससे लोग कतरा रहे हैं? विश्वविद्यालयों में वेद, पुराण-इतिहास और धर्मशास्त्र पुरुष और प्राचीन विद्या के अन्तर्गत कर दिये गए हैं, पर उनके द्वारा व्याख्यात जीवित हिन्दू धर्म को कहीं स्थान नहीं है। नैतिक शिक्षा की बात की जाती है, पर नैतिक शिक्षा के उत्स (स्रोत) के अध्ययन से किनारा कसा जाता है। यह भय के कारण नहीं है, क्योंकि मुसलमान या बौद्ध या ईसाई या पारसी यह नहीं कहेगा कि हिन्दू धर्म वैकल्पिक विषय के रूप में पढ़ाया जाएगा तो हमें चोट पहुँचेगी। यह सेक्यूलरवाद के कारण भी नहीं है, क्योंकि यदि ऐसा रहता तो ईरान और पाकिस्तान के घोर तअस्सुबी शासन की आलोचना भी तो की जाती। यह या तो सत्ता के लोभ के कारण है, या बौद्धिक दिवालियेपन के कारण है। जब आदमी मूल्यों के लिए सत्ताहीन होने का जोखिम नहीं उठाएगा तो वह जितने छोटे टुकड़े होंगे, जितने छिटकने वाले टुकड़े होंगे, उन्हीं की बात करेगा—बड़े की और केंद्रवर्ती की बात नहीं करेगा। जो स्वयं अध्ययन के परिश्रम से भागना चाहेगा, वही अपनी जड़ों से घबराएगा।

इन जड़ों की गहराई का एक दृष्टान्त दूँगा। स्वामी करपात्रीजी और वाराणसी के वाममार्गी अवधूत भगवान राम अलग-अलग मोटरगाड़ियों से एक दिन एक ही दिशा में जा रहे थे। अवधूत भगवान राम की गाड़ी बिगड़ गई। वह आगे थी, पीछे से स्वामी करपात्रीजी की गाड़ी आई। स्वामीजी ने गाड़ी रोकी और अवधूतजी से कहा—आप हमारी गाड़ी में आ जाइए। अवधूत बाबा ने हँसी की—आपकी गाड़ी में तो चमड़े की कोई चीज़ रहेगी नहीं, आप अपने आसन पर मेरा जूता रखने को तैयार हों तो हम आएँ। स्वामीजी ने कहा—आप संत हैं। आपके जूते तो हम अपने हाथ में ले लेंगे। बाबा भगवान राम एकदम द्रवित हो गए।

करपात्रीजी की कट्टरता इतनी विनम्र है, क्योंकि वे बड़ी परम्परा की कड़ी हैं। उनकी लाचारी है कि उनका धर्म रूपहीन और आकारहीन नहीं है। वह हिन्दूवादी होकर हिन्दू हैं। इस हिन्दू को पहचाने बिना हिन्दुस्तान का न साहित्य समझ में आ सकता है, न हिन्दुस्तान की जमीन समझ में आ सकती है, न हिन्दुस्तान का आकाश ही दीख सकता है।

मैं हिन्दू धर्म को लोक और शास्त्र कहता हूँ तो मेरा अभिप्राय इतना ही है कि वह कोरा ज्ञान नहीं, कोरा भाव नहीं; वह केवल मनु या पतंजलि या व्यास नहीं; वह केवल कबीर, रैदास या गांधी नहीं; वह विचारक, भावक और भावित—सबको मिलाकर है। इस समग्रता में उसका अनुशीलन और अनुभावन हो, तभी वह अपने लिए और विश्व के लिए स्वस्तिकर होगा। स्वस्ति।

परिशिष्ट

परिशिष्ट-1

पाद-टिप्पणी

भूमिका

1. भारतीय परम्परा एक प्रकार की सनातन जीवन-दर्शन-परम्परा का एक रूप है और इसलिए ऐसे सनातन विश्वजनीन सत्यों को यह आत्मसात् किये हुए है, जिन्हें किसी काल से कोई भी समुदाय केवल अपना नहीं कह सकता। हिन्दू इसलिए हमेशा तैयार रहता है कि उसके पवित्र ग्रंथों का उपयोग दूसरे करें और अपने सत्य के बोध के लिए अतिरिक्त एवं सम्भाव्य प्रसारण के रूप में इसे रखें। पर हिन्दू साथ ही यह भी कहेगा कि संस्कृतियों की सहमति की बात शाश्वत सत्य की ऊँचाइयों पर ही सम्भव है।

[आनन्द कुमार स्वामी : 'हिन्दुइज्म ऐंड बुद्धिज्म', पृ. 4]

2. (क) (देवता और मनुष्य के बीच) सहभागिता का यह मूल सिद्धान्त (जिसमें अपने से ऊपर वाली सत्ता के प्रति अभिन्नता का भाव नहीं है) देवता और मनुष्य के बीच एक ऐसे सम्बन्ध की ओर ले जाता है, जो पश्चिमी धर्मों में पसन्द नहीं किया जाता। वहाँ कोई भी उपासक देवता को वर्तमान में या भविष्य में उसकी (देवता की) इच्छा और फ़ैसले के विरुद्ध कार्य करने के लिए विवश नहीं कर सकता। पर इसके प्रतिकूल भारत में देवताओं को लुभाया जा सकता है, विवश किया जा सकता है।

[बेटी हाईमन : 'फ़ेसेट्स ऑफ़ इंडियन थॉट', पृ. 84]

(ख) सहयज्ञाः प्रजाः सृष्ट्वा पुरोवाच प्रजापतिः।
अनेन प्रसविष्यध्वमेष वोऽस्त्विष्ट कामधुक्॥
देवान् भावयतानेन ते देवा भावयन्तु वः।
परस्परं भावयन्तः क्षेमं परमवाप्स्यथ॥

['श्रीमद्भगवद्गीता', 3. 9-10]

[स्रष्टा ने प्रजा और यज्ञ की साथ-साथ रचना की और प्रजाओं से कहा कि इस यज्ञ के लिए अपनी वृद्धि करते रहो। यही यज्ञ तुम्हारी इच्छाओं की पूर्ति करता रहेगा।

तुम लोग यज्ञ के अमर देवताओं का सम्मान करो, बढ़ाओ और देवता तुम्हारा सम्मान करें और बढ़ाएँ। इस प्रकार एक-दूसरे को भावित करते हुए तुम दोनों परम कल्याण को प्राप्त कर सकोगे।]

3. दुःखत्रयाभिधाताद् जिज्ञासा तदपघातके हेतौ।

[ईश्वरकृष्ण, 'सांख्यकारिका', प्रथम कारिका]

[तीन प्रकार के दुःखों (आधिभौतिक, आधिदैविक और आध्यात्मिक) की सीधी चोट से भीतर से जानने की इच्छा होती है कि किस प्रकार इन दुःखों का नाश हो।]

4. तीव्रगन्ध सन्तप्तो देवदूतमुवाच ह।
गम्यतां तत्र येषां त्वं दूतस्तेषामुपान्तिकम्।
न ह्यहं तत्र यास्यामि
स्थितोऽस्मीति निवेद्यताम्।
मत्संश्रयादिमे दूनाः
सुखिनो भ्रातरो हि मे॥

['महाभारत', स्वर्गारोहण पर्व द्वितीय अध्याय, श्लोक संख्या 52]

[युधिष्ठिर ने लटक में अपने भाइयों को देखा तो देवदूत से वहाँ की दुर्गंध से दुखी होकर कहा कि जाओ, देवताओं से कह दो कि मैं स्वर्ग नहीं जाऊँगा। मैं यहीं रहूँगा, क्योंकि मेरे यहाँ रहने से मेरे भाइयों को कुछ सुख मिलता है।]

5. रम्याणि वीक्ष्य मधुरांश्य निशम्य शब्दान्
पर्युत्सुकीभवति यत्सुखितोऽपि जन्तुः।
तच्चेतसा स्मरति नूनमबोधपूर्वं
भावस्थिराणि जननान्तरसौहृदानि॥

[कालिदास : 'अभिज्ञान शाकुन्तल', पञ्चम अंक]

[रमणीय दृश्य देखकर या मधुर ध्वनि सुनकर यदि सुख-विलास में निमग्न प्राणी भी किसी के लिए कुछ अनमना-सा हो जाता है तो इसलिए कि वह ऐसे किसी अनुभव की अवचेतन मन से याद करता है, जिसको चेतन स्तर पर उसने याद नहीं किया है। जन्म-जन्मान्तर तक साहचर्य अपने भाव में स्थिर रहता है।]

6. कालिदास : 'कुमार सम्भवम्', तृतीय सर्ग

7. "वैदिक देववाद न तो सर्वेश्वरवादी है, न बहुदेववादी, न प्रकृति की शक्तियों की पूजा है; हाँ, यह अवश्य है कि इस देववाद की मान्यता यह है कि प्रकृति की प्रवृत्ति में देवता है, उसकी शक्तियाँ परमात्मा के ही व्यापारों के पर्याय हैं।" [आनन्द कुमार स्वामी : 'हिन्दुइज्म एंड बुद्धिज्म', पृ. 3]

8. (क) "जो कुछ हमारी इन्द्रियाँ दिखाती हैं और जो कुछ सिखाती हैं, वह सब अप्रमेय अखंड का छोटा-सा भाग है।"

[बेटी हाइमन : 'फ़ेसेट्स ऑफ़ इंडियन थॉट', पृ. 21]

(ख) भारत काल को काल की लहरों की शृंखला के रूप में देखता है, जबकि ग्रीक 'ख्रोनोस' अवधारणा का सम्बन्ध कइरोस् (निर्णय क्षण) अवधारणा से है।

अध्याय-1

1. सर्वं तु समवेक्ष्येदं निखिलं ज्ञानचक्षुषा।
श्रुतिप्रामाण्यतो विद्वान्स्वधर्मे निविशेत वै॥

['मनुस्मृति', 2/8]

[विद्वान् को इस सम्पूर्ण शान्ति से ज्ञानचक्षु को सोचना चाहिए और फिर उसे खोजना चाहिए कि साक्षात् किये हुए अपरोक्ष अनुभवरूप श्रुति से उसकी कितनी निरन्तरता है, तब अपने धर्म का निश्चय करना चाहिए।]

2. वेदः स्मृतिः सदाचारः स्वस्य च प्रियमात्मनः।
एतच्चतुर्विधं प्राहुः साक्षाद्धर्मस्य लक्षणम्॥

[उप., 2/12]

3. हम नहीं मानते कि हिन्दू धर्म में कोई ऐसी वस्तु है, जो केवल इसी में है, इसी की है—सिवाय इसके यह देश और समाज के अनुसार अपने को अनुकूलित करता रहता है, क्योंकि वह मानता है कि ज्ञाता की ज्ञान-प्रक्रिया के अलावा पहले से भी कोई वस्तु ज्ञात नहीं है।

[आ. कु. स्वामी : 'हिन्दुइज्म एंड बुद्धिज्म', पृ. 4]

4. इस माने में कि रिलीज़न (मज़हब) को विधि से एकाकार करना चाहिए, और अध्यात्म से अलग रखना चाहिए, हिन्दू रिलीजन (धर्म का एक अंग) शुद्ध रूप से आचार धर्म है। यह इससे प्रकट है कि हिन्दू एक अच्छा हिन्दू इससे नहीं बनता कि वह क्या विश्वास करता है, बल्कि इससे कि वह क्या करता है। दूसरे शब्दों में, स्वधर्म का सम्यक् अनुष्ठान या कौशल ही उसका धर्महै।

[उप., पृ. 28]

5. एक अविच्छिन्न कार्य-परम्परा के रूप में यज्ञ की यह अवधारणा अपनी पूर्ण विकसित अवस्था में धर्मशास्त्र के प्रबन्धों में मिलती है, जहाँ सक्रिय जीव का प्रत्येक कार्य, यहाँ तक कि हमारा प्रत्येक श्वास, भोजन, पान और क्रीड़ा भी एक पवित्र कार्य के रूप में निरुक्त होते हैं, और मृत्यु अन्तिम विरेचन के रूप में। यही 'गीता' का कर्म मार्ग है। जहाँ स्वधर्म का अनुष्ठान निःस्वार्थ भाव

से किया जाए तो सिद्धि का हेतु बन जाता है। अब वृत्त पूरा हो गया। अपनी समझदारी के विस्तार के लिए हम जहाँ से चले थे कि अपने निहित धर्मों का सम्यक् सम्पादन हमारा कर्तव्य है, वहीं दूसरे तरीके से पहुँचे कि कर्तव्य का सम्यक् पालन (जो भी कर्तव्य हमें दिये गए हों) ही धर्म का अनुष्ठान है।

[आ. कु. स्वामी : 'हिन्दुइज्म एंड बुद्धिज्म', पृ. 24]

6. सामान्य नियम के अनुसार दीक्षा मृत्यु भी है और पुनर्जन्म भी है। इससे यह स्पष्ट है कि दीक्षित स्वयं आहुति है (हविर्वै दीक्षितः—'तैत्तिरीय संहिता', 6.1.4.5)। [आ. कु. स्वामी : 'सिलेक्टेड पेपर्ज', भाग 2, पृ. 108]

7. कर्म भाग्यवाद नहीं है। हाँ, इस अर्थ में उसे नियति मान सकते हैं कि सृष्ट पदार्थों में स्वभाव और अपने गन्तव्य के प्रति भी उत्सुकता निहित रहती है और यह उसकी व्यवसाय-सम्भावना का निर्देश करते हैं।

[आ. कु. स्वामी : 'हिन्दुइज्म एंड बुद्धिज्म', पृ. 3]

8. अहंकारं बलं दर्पं कामं क्रोधं परिग्रहम्।
विमुच्य निर्ममः शान्तो ब्रह्मभूयाय कल्पते॥

['श्रीमद्भगवद्गीता', अध्याय 18, श्लोक 53]

[अहंकार, बल, घमंड, काम, क्रोध और परिग्रह—इन सबको छोड़कर ममतारहित होकर, जो शान्त होता है, वह ब्रह्मभाव को प्राप्त करने में समर्थ होता है।]

9. (क) सही रूप में अवतरण होता है—प्रकाशों में प्रकाश का, एक प्रकाश के रूप में, एक दूसरे प्रकाश के रूप में नहीं। राम और कृष्ण का जैसा अवतरण मर्त्य प्राणियों के कर्म-नियंत्रित पुनरागमन से भिन्न है, क्योंकि उन्हें तो इसका स्मरण ही नहीं है कि वे क्या हैं। राम-कृष्ण का अवतरण उनकी—समस्त प्राणियों की—आवश्यकता है, जो आकांक्षी है, ऐसा किसी धर्मजनित त्रुटि के कारण नहीं है। ऐसी महाविभूति का अवतरण जिन रूपों में होता है, उन रूपों में गम्भीरता के साथ संसक्त नहीं होता। इसीलिए उस रूप या योनि के साथ वह सहकारी रूप से सक्रियता नहीं दिखलाता। वह केवल लीलाभाव से उस रूप में अधिष्ठित रहता है।

[आ. कु. स्वामी : 'हिन्दुइज्म एंड बुद्धिज्म,' पृ. 31]

(ख) अवतारवाद का यह अर्थ ग़लत है कि मृत व्यक्ति पृथ्वी पर पुनः लौटते हैं। वस्तुतः वंशानुक्रम और पुनर्जन्म की धारणाओं को लोग ठीक तरह से समझते नहीं। [उप., पृ. 2]

10. जायमानो वै ब्राह्मणस्त्रिभिर्ऋणवा जायते ब्रह्मचर्येणषिभ्यो यज्ञेन।
देवेभ्यः प्रजया पितृभ्य हैष वा अनृणो वः पुत्री यज्वा ब्रह्मचारिवासी॥

['तैत्तिरीय', 6/3/10/5]

ऋण ह वै जायते योऽस्ति। स जायमान एव देवेभ्य ऋषिभ्यः पितृभ्यो मनुष्येभ्यः॥
स यदेव यजेत। तेन देवेभ्य ऋणं जायते तद्ध्येभ्य एतत्करोति यदेनान्भजते यदेभ्यो जुहोति॥
अथ यदेवानुबुवीत्। तेन ऋषिभ्य ऋणं जायते तद्ध्येभ्य एतत्करोत्यृषीणां निधिगोप इति ह्यनूचानमाहुः॥
अथ यदेव प्रजामिच्छेत्। तेन पितृभ्य ऋणं जायते तद्ध्येभ्य एतत्करोति यदेषां सन्तताऽव्यवच्छिन्ना प्रजा भवति॥
अथ यदेव वासयेत्। तेन मनुष्येभ्य ऋणं जायते तद्ध्येभ्य एतत्करोति यदेनान्वासयते यदेभ्योशनं ददाति स य एतानि सर्वाणि करोति स कृतकर्मा तस्य सर्वमाप्तं सर्वं जितम्।
स येन देवेभ्य ऋणं जायते। तदेनांस्तदवयते यद्यजतेऽथ यदग्नौ जुहोति तदेनांस्तदवदयते तस्माद्यत्किंचाग्नौ जुह्वति तदवदानं नाम॥

['शतपथ ब्राह्मण', 1/7/2/1-6]

11. ॐ गोत्रन्नो वर्द्धतां दातारो नोऽभिवर्द्धन्तां वेदाः सन्ततिरेव च। श्रद्धा च नो मा व्यगमद् बहुदेयं च नोऽस्तु। अन्नं च नो बहु भवेदतिथींश्च लभेमहि। याचितारश्च नः सन्तु मा च याचिष्म कंचन। एताः सत्याः आशिषः सन्तु।
[हमारा गोत्र बढ़े। हमें देने वाले देवता बढ़ें। वेद-रूप ज्ञान की वृद्धि हो। सन्तान की वृद्धि हो। श्रद्धा मुझसे कभी अलग न हो। सदा देने के लिए हमारे पास बहुत हो। प्रचुर मात्रा हो। हम सदा अतिथि के सत्कार का लाभ पाएँ। हमसे लोग माँगने वाले हों, हमें किसी से माँगना न पड़े। ये मंगल-कामनाएँ पूरी हों।]

['श्राद्ध-संग्रह', पृ. 168-170]

12. (क) सच्चा अग्निहोत्र निश्चित ऋतुओं में किया जाने वाला अनुष्ठान मात्र नहीं है, बल्कि अपने भीतर प्रतिदिन किया जाने वाला अनुष्ठान है। इसका साँचा वही प्रकृतिभूत छत्तीस हज़ार अनुभूतियों का साँचा है, जो मन से रची गई थीं और मन से ही पूज्यमान थीं। यह अग्नि विद्याचित है, सर्वभूत के भाव से बनने वाले के लिए ही इसे आत्मशक्तियाँ चिनती हैं—चाहे वह वैश्वानर सुषुप्त ही क्यों न हो। वे इसके द्वारा, इस विद्या के द्वारा, वहाँ पहुँच जाते हैं, जहाँ समस्त कामनाएँ पहले से पहुँची हुई हैं।

दक्षिणाओं के द्वारा या अविद्यापूर्वक तप के द्वारा नहीं, सर्वभूत भाव-ज्ञान से वह विश्व-प्राप्य है।

[कु. आ. स्वामी : 'सेलेक्टेड पेपर्स', खंड 2, पृ. 130]

(ख) यजुर्वेद में पुरुषरूप अग्नि को अग्निचयन-संज्ञक पूजा की विधि है। अग्निचयन की भावना है कि अग्नि ही परमपुरुष अथवा विश्वरूप है।

तैत्तरीय संहिता, कापिष्ठल संज्ञा संहिता, मैत्रायणी संहिता, वाजसनेयी संहिता, तैत्तिरीय ब्राह्मण, तैत्तिरीय आरण्यक तथा 'शतपथ ब्राह्मण' में अग्नि-चयन की विधि विस्तार से वर्णित है। यजुर्वेद के काल में अग्निचयन की सोमयाग के समान ही महत्त्व प्राप्त हुआ था। सोमयाग, अश्वमेध आदि बड़े-बड़े यज्ञों में अग्निचयन किया जाता था। यज्ञ-धर्म के इतिहास में अग्निचयन की संस्था एक बड़ी ही महत्त्वपूर्ण मंज़िल है, क्योंकि ईश्वर की पुरुष-रूप में उपासना तथा मूर्तिपूजा का जन्म अग्निचयन से हुआ है। अग्निचयन से ही मन्दिर संस्था तथा धार्मिक स्थापत्य का श्रीगणेश होता है। इस सचाई की और वैदिक धर्म अथवा हिन्दू धर्म के प्रसिद्ध इतिहासकारों ने समुचित ध्यान नहीं दिया है। शैव अथवा वैष्णव धर्मों का उदय भी अग्निचयन में हुआ। व्युत्पत्ति की दृष्टि से अग्निचयन का अर्थ है : अग्नि की रचना। कई तरह की सहस्त्रों मापित ईंटों से इसकी रचना करनी पड़ती है। इस रचना को 'अग्नि' की पारिभाषिक संज्ञा प्राप्त है। इसी पर पक्षरूप, परमपुरुष या विराट्पुरुष की कल्पना की जाती है। वास्तव में यह रचना एक तरह की वेदी ही है। इस पर मनुष्य के आकार की एक सुवर्णमूर्ति स्थापित की जाती है। इसे 'हिरण्मय पुरुष' ('तैत्तिरीय संहिता' 5/2/7) कहा जाता है। यह सुवर्णमूर्ति एक खम पर, सोने के स्थंडिल पर और यह खम या स्थंडिल पुष्कर-पर्ण पर, यानी कमल-पत्र पर रखा जाता है। 'हिरण्मय पुरुष' की स्थापना के समय 'ऋग्वेद' के हिरणय-गर्भ सूक्त के पठन का विधान है।

[लक्ष्मण शास्त्री : 'वैदिक संस्कृति का विकास', पृ. 54-55]

13. उप + अस = समीप जाकर बैठना। अतः उपासना का अर्थ है, सामीप्य- प्राप्ति का प्रयत्न। उपनिषद् का भी यही अर्थ है। किसी से उसका अनुग्रह उसके आत्मीय हुए बिना नहीं पाया जा सकता। यह सामीप्य-प्राप्ति इसीलिए अन्तर्मुख होकर ही सम्भव है।
14. (क) परोक्षप्रिया वै देवाः प्रत्यक्षद्विषः ['बृहदारण्यक उपनिषद्', 4-2-2]
(ख) परोक्षकामा हि देवा ['शतपथ ब्राह्मण', 6-1-1-2]
(ग) परोक्षप्रिया इष्टिदेवाः [ऐतरेय ब्राह्मण, 3-33]
15. धारणाद् धर्म इत्याहुर्धर्मेण विधृताः प्रजाः यः स्याद् धारणसंयुक्तः स धर्म इति निश्चयः ॥

[धारण करने से ही धर्म कहा जाता है। वही प्रजाओं का धारण करता है। जो धारण शक्ति से युक्त हो, वही धर्म है—यही निश्चित सिद्धान्त है।]

['महाभारत शान्तिपर्व' (108/11)]

16. इस पुरुष में, जिसमें यज्ञजीवन, अपनी पूर्णता को प्राप्त है, चार शक्तियों का स्तरीकरण है—मंत्र-शक्ति, राज्य-शक्ति, शासन-शक्ति और चौथी भौतिक ऐन्द्रिय और कर्मात्मक शक्ति, जो उस अन्न का नियंत्रण करती है, जो सबके लिए है; और इस पुरुष की अभिवृद्धि तभी होगी जब ये चारों शक्तियाँ एक-दूसरे से सहयोग करें, विभक्त न हों। याजकीय, राजन्य और विश क्रमानुसार अपनी-अपनी परिधि के स्वायत्त स्वामी हों और पूर्णता की साधना के कच्चे माल से सरोकार रखने वाले उनके साधक हों। यह स्तर उस प्रकार्य पर आधृत है और यज्ञ की अपेक्षा को लेकर है। वर्ण विशुद्ध अर्थ से यज्ञ से उत्पन्न हुए। इस प्रकार के क्रम में सभी के लिए काम है और निश्चित स्थान है और इस सिद्धान्त की कोई और निश्चित परिणति नहीं है, सिवाय इसके कि कर्म ही यज्ञ है : आज भले ही हमारे सोचने में इतर लगे, पर उस यज्ञ-केन्द्रित चिन्तन में ब्राह्मण से लेकर झाड़ू लगाने वालों तक प्रत्येक का कार्य पौरोहित्य है। और प्रत्येक का अनुष्ठान एक यज्ञीय अनुष्ठान है। प्रत्येक क्षेत्र की अपनी अलग आचरण संहिता है। वर्ण-व्यवस्था, औद्योगिक श्रम-विभाजन से इस मामले में भिन्न है कि यह उत्तरदायित्वों में तो भेद करती है, पर उसकी मात्रा में नहीं। इसकी परस्परता-सापेक्ष निष्ठा और कर्तव्य-व्यवस्था आज भी प्रतिस्पर्धाशील निष्ठा से मेल नहीं खाती। इसलिए मूल सिद्धान्तों के बजाय अपने परिवेश से नियंत्रित सामाजिक विचारकों ने इस वर्ण-व्यवस्था को काले रंग में ही रँगकर वर्णित किया है।

[आ. कु. स्वामी : 'हिन्दुइज्म एंड बुद्धिज्म', पृ. 26-27]

अध्याय-2

1. धृतिः क्षमा दमोऽस्तेयं शौचमिन्द्रियनिग्रहः।
धीर्विद्या सत्यमक्रोधो दशकं धर्मलक्षणम्॥ ['मनुस्मृति', 6/82]
2. अक्रोधः सत्यवचनं संविभागः क्षमा तथा।
प्रजन स्वेषु दारेषु शौचमद्रोह एव च आर्जवं भृत्यभरणं नवैते सार्ववर्णिकाः॥
['शान्तिपर्व', 60.7-8]
3. अद्रोहः सर्वभूतेषु कर्मणा मनसा मिर्रा। अनुग्रहश्च च सतां धर्मः सनातनः॥
[उप., 162.2]
4. त्रया प्राजापत्याः प्रजापतौ पितरि ब्रह्मचर्य मूषुः। देवा मनुष्या असुराः। उषित्वा ब्रह्मचर्यं देवा ऊचुर्ब्रवीतु वो भवानिति। तेभ्यो हैतदक्षरमुवाच द इति। व्यज्ञासिष्टा इति। व्यज्ञासिष्मेति होचुः। दाम्यतेति न आत्थेति। ओमिति होवाच व्यज्ञासिष्टेति। अथ हैनं मनुष्या ऊचुर्ब्रवीतु नो भवानिति। तेभ्यो हैतदक्षरमुवाच द इति।

व्यज्ञासिष्टा इति। व्यज्ञासिष्मेति होचुः। दत्तेति न आत्थेति। ओमिति होवाच व्यज्ञासिष्टेति। अथ हैनमसुरा ऊचुर्ब्रवीत नो भवानिति। तेभ्यो हैतदेवाक्षरमुवाच द इति। व्यज्ञासिष्टा इति। व्यज्ञासिष्मेति होचुः। दयध्वमिति न आत्थेति। ओमिति होवाच व्यज्ञासिष्टेति। तदेतदेतेषा देवी वागनुवदति स्तनयित्नुर्द द द इति। दाम्यत दत्त दयध्वनिति। तदेतत् त्रयं शिक्षेद्दमं दानं दयामिति।

['बृहदारण्यक उपनिषद्', 5.5.2]

प्रजापति की तीन सन्तानें—देव, मनुष्य और असुर, तीनों ने पिता प्रजापति के यहाँ जाकर ब्रह्मचर्य व्रत साधा। साधने के बाद देवों ने कहा—अब आप उपदेश दें। प्रजापति ने कहा—द, तुमने जान लिया, इसका अर्थ? देवताओं ने उत्तर दिया—हाँ, आपने कहा कि संयम से काम लो (भोग में मत बहो)। प्रजापति ने कहा—ठीक समझा।

अब मनुष्य उनके पास गए—हमें उपदेश दें; उन्होंने उपदेश दिया—द, समझे?

मनुष्यों ने उत्तर दिया—आपने कहा, दान करना चाहिए। प्रजापति ने कहा—ठीक।

अब अन्त में असुर पहुँचे। कहा—उपदेश दें। प्रजापति ने कहा—द, क्या समझा? असुरों ने उत्तर दिया—आपने कहा, दया करनी चाहिए। प्रजापति ने कहा—ठीक।

यह जो बादल गरजता है, वही दैवी वाणी उस द-द-द के उपदेश को दुहराती रहती है—दाम्यत दत्त दयध्वम्।]

5. (क) ऋत के तीन पहलू हैं। इसका पहला अर्थ है : प्रकृति की गति। दूसरा : विश्वसृष्टि की नियमित सामान्य व्यवस्था और फिर यज्ञ के सम्पर्क में देवाराधन का सम्यक् और व्यवस्थित विधान। इसका तीसरा अर्थ : मनुष्य का नैतिक आचरण भी है।

[पी. वी. काणे : 'हिस्ट्री ऑफ़ धर्मशास्त्र', भाग 4, पृ. 2]

(ख) मेरे वैदिक साहित्य के अध्ययन का निष्कर्ष यह है कि ऋतु का अर्थ पवित्र अनुष्ठान था। यज्ञानुष्ठान से चूँकि सब कुछ उपलभ्य माना जाने लगा, इसलिए यज्ञ का समीकरण सूर्य, विष्णु से और अन्त में पुरुष से प्रसिद्ध पुरुष सूक्त में किया गया, जिसमें समस्त सृष्टि यज्ञ द्रव्य रूप पुरुष से यज्ञ कर्म से समुन्नत हुई दिखाई गई।...इस प्रकार अनुष्ठान व्यवस्था का अर्थ हो गया : विश्व सृष्टि-व्यवस्था।

[क्षेमेशचन्द्र चट्टोपाध्याय : 'स्टडीज इन वैदिक एंड इंडो-इरानियन रिलीजन एंड लिटरेचर', खंड 1, पृ. 114]

(ग) और सत्य देवताओं का स्वरूप ही माना गया (सत्यं वै देवा अमृतं मनुष्याः) ऋतु का अर्थात् देवोपासना या यज्ञानुष्ठान की अपरिहार्य शर्त बन गया।

[उप., पृ. 114]

(घ) ऋत एक व्यापक धारणा है, सता का मूलतः एक संकुचित अर्थ स्थितिशील व्यवस्था था। [उप., पृ. 4]

(ङ) सत्यं ह्येव ब्रह्म। सत्य ही ब्रह्म है। ['बृहदारण्यक उपनिषद्', 5/4/1]

6. सत्यं ब्रूयात् प्रियं ब्रूयात् न ब्रूयात् सत्यमप्रियम्।
प्रियं च नानृतं ब्रूयादेष धर्मः सनातनः॥ ['मनुस्मृति', 4/138]

7. पूर्वा सध्यां जपंस्त्रिष्ठेत् सावित्रीमर्कदर्शनात्।
पश्चिमां तु समासीनः सम्यगृक्षविभावनात्॥ [उप., 2/101]

[प्रातःकाल संध्या में सूर्योदय तक सावित्री (गायत्री) का खड़े होकर जप करें और सायंकाल संध्या में बैठे हुए जप करें, जब तक ताराओं के दर्शन न हो जाएँ।]

8. अपां समीपे नियतो नैत्यकं विधिमास्थितः।
सावित्रीमप्यधीयीत गत्वारण्यं समाहितः॥ [उप., 2/104]

[कुछ न कर सको तो नित्य वन में या जल के समीप समाहित चित्त से विधि-पूर्व सावित्री अर्थात् गायत्री का जप अवश्य करें।]

9. (क) अन्नं ब्रह्मेति व्यजानात्।
अन्न को ब्रह्म के रूप में जानो। ['तैत्तिरीय उपनिषद्', 3/2/1]

(ख) अन्न ग्रहण के पाँच मंत्र :
प्राणाय स्वाहा। अपानाय स्वाहा। व्यानाय स्वाहा। उदानाय स्वाहा। समानाय स्वाहा। ['नित्य नैमित्तिक कर्म समुच्चय', पृ. 28]

10. अकृत्वा परसन्तापमगत्वा खलमन्दिरम्।
अनुल्लंघ्य सतां मार्गं यत्स्वल्पमपि तद् बहु॥ ['महाभारत']

[दूसरे को सताए बिना, दुष्ट के दरवाज़े गए बिना, सज्जनों का मार्ग-उल्लंघन किये बिना यदि थोड़ा भी मिलता है तो वह बहुत है।]

11. (क) धर्मार्थहेतोः क्षमते तितिक्षा क्षान्ति रुच्यते।
लोकसंग्रहणार्थं वै सा तु धैर्येण लभ्यते॥
['महाभारत', शान्तिपर्व, 162/16]

[धर्म और अर्थ के लिए आदमी तभी योग्य है, जब वह कमाता है तो धर्म-बुद्धि से कमाता है। यही बुद्धि तितिक्षा है, लोक-संग्रह के लिए बड़े धैर्य से यह बुद्धि प्राप्त होती है। तितिक्षा के बिना लोक-संग्रह नहीं किया जा सकता।]

(ख) कर्मणेव हि संसिद्धिमास्थिता जनकादयः।
लोकसंग्रहमेवापि सम्पश्यन् कर्तुमर्हसि॥
['श्रीमद्भगवद्गीता', 3, 20]

[कर्म करते हुए ही जनक जैसे राजर्षि परमसिद्धि को प्राप्त हुए। तुम भी लोक-संग्रह को ध्यान में रखते हुए कर्म से जुड़ो।]

12. (क) तस्मादु स्त्री पुमांसं संस्कृते तिष्ठन्तमभ्येति। ['शतपथ ब्राह्मण', 3.2.1.22]
[संस्कृत या संस्कार सम्पन्न पुरुष को स्त्री सहधर्मचरण के लिए मिलती है।]
(ख) (i) जैमिनि में 'मीमांसा-सूत्र' (3.1.3) पर शबर ने भाष्य करते हुए परिभाषा दी है :
संस्कारो नाम स भवति यस्मिन् जाते
पदार्थो भवति योग्यः कस्यचिदर्थस्यं।
[किसी पदार्थ का संस्कार उसे कहेंगे, जिसके होने पर पदार्थ किसी अर्थ या प्रयोजन के योग्य होता है।]
(ii) शंकराचार्य ने 'ब्रह्मसूत्र' (1.1.4) पर भाष्य करते हुए इसी का समर्थन दूसरे शब्दों में किया है :
संस्कारो हि नाम गुणाधानेन स स्यात् दोषापनयनेन च।
[गुण या वैशिष्ट्य के भीतर आधान और दोष वे अपाकरण को ही संस्कार कहते हैं।]

13. पक्षादिषु स्थालीपाकं श्रपयित्वा दर्श पूर्णमास देवताभ्यो हुत्वा जुहोति प्रजा-पतये विश्वेभ्यो देवेभ्यो द्यावापृथिवीभ्यामिति। विश्वेभ्यो देवेभ्यो बलिहरणं भूतगृह्येभ्य आकाशाय च। वैश्वदेवस्याग्नौ जुहोत्यग्नये स्वाहा प्रजापतये स्वाहा विश्वेभ्यो देवेभ्यः स्वाहाऽग्नये स्विष्टकृते स्वाहेति प्राशनान्ते। बाह्यतः स्त्री बलिं हरति नमः स्त्रियै नमः पुंसे वयसेऽवयसे नमः शुक्लाय कृष्णदन्ताय पापिनां पतये नमः। ये मे प्रजामुपलोभयन्ति ग्रामे वसन्त उत वाऽरण्ये तेभ्यो नमोऽस्तु बलिमेभ्यो हरामि स्वस्ति मेऽस्तु प्रजां मे ददतु।" इति

['पारस्कर गृह्यसूत्र', 1/12/1-5]

[पक्ष के प्रारम्भ में पाक तैयार करके दर्श (अमावस्या) और पूर्णमास के देवताओं को आहुति देने के बाद प्रजापति, विश्वदेवों और आकाश-पृथ्वी को आहुति दे। विश्वदेवों के लिए बलि भेंट करें, प्राणियों की पहुँच में आनेवाली देवशक्तियों को तथा आकाश को बलि दे। यज्ञशाला के बाहर जाकर सन्तान-प्रतिबंधकों को यह 'नमः स्त्रियै...ददतु' मंत्र पढ़कर बलि दे। इस मंत्र का तात्पर्य है कि जो मेरी सन्तान को अन्यत्र जाने के लिए लुभा रहे हों, वे प्रसन्न हों, मुझे सन्तान दें।]

14. पुंसनव के विषय में 'पारस्कर गृह्यसूत्र' 1.14 में विधान है। इसमें मुख्य मंत्र है : 'सुपर्णोसि'। गर्भस्थ सन्तान से आकांक्षा की जाती है कि तुम सुपर्ण हो। तुममें ऊँचे उठने की, प्रकाशसम होने की सम्भावना है।

15. सीमंतोन्नयन का विधान 'पारस्कर गृह्यसूत्र' 1.15 में है। इसमें यह मुख्य मंत्र पहला है : 'अयमूर्जावनी वृक्ष ऊर्जीव फलिनी भव।' दूसरा है : 'सोम एव नो रानेमा मानुषीः प्रजाः। अविमुक्तचक्र आसीरंस्तीरे तुभ्यमसौ।'

[तुम इस ऊर्जावान पुरुष पति की फलवती शाखा बनो। दूसरे का अर्थ है—हे नदियो (नदी को सम्बोधित, जो पास हो), सोम (रस के देवता) हममें राजा हैं, तुम रसरूप हो। तुम्हारे किनारे हम बसे हुए हैं, तुम इस तीर पर हमारी रक्षा करना।

दोनों में क्रमशः सन्तानवती होने वाले वधू के गौरव की प्रतिष्ठा तथा सन्तान के धारा के रूप में देखने पर बल देना अभिप्रेत है।]

16. विष्णुबलि का उल्लेख बहुत विरल है। यह पोषणकर्ता विष्णु के प्रति अभ्यर्थना के निमित्त किया जाता था।

17. जातकर्म का विधान 'पारस्कर गृह्यसूत्र' में 1.16 में है। इसमें तीन मुख्य मंत्र हैं। पहले मंत्र में बच्चे की जन्मभूमि का अभिनन्दन करते हैं :

वेद ते भूमिहृदयं दिवि चन्द्रमसि श्रितम्।
वेदाहं तन्मा तद्विद्यात्ऽश्येम शरदः शतं शृणुयाम शरदः शतम्॥

[हे नवप्रसूत को धारण करनेवाली भूमि, तुम्हारा हृदय तुम जानती हो या आदित्य जानते हैं। तुम्हारा हृदय चन्द्रमा के भीतर छिपाकर रखा हुआ है। यह मैं भी जानता हूँ। वह हृदय तुम इस नवजात को दो, तुम्हारे स्नेह से वर्धित रूप में हम इसे सौ वर्ष देखें, सौ वर्ष सुनें।]

दूसरे मंत्र में बच्चे का स्वागत करते हैं :

अश्मा भव परशुर्भव हिरण्यमसुतं भव।
आत्मा वै पुत्रनामासि स जीव शरदः शतम्॥

[पत्थर की तरह दृढ़ बनो, परशु की तरह तीक्ष्ण बनो, सोने की तरह दीप्तिमान् बनो। तुम पुत्र नामधारी आत्मा हो, तुम सौ बरस जियो।]

तीसरे मंत्र में पति नवप्रसूता पत्नी का अभिनन्दन करता है :

इडासि मैत्रावरुणी वीरे वीरमजीजनथाः
सात्वं वीरव्रती भव यास्मान् वीरवतोऽकरत्।

[तुम इड़ा हो, यज्ञ की अधिष्ठाता हो, तुम वीरपत्नी हो, तुम अब वीर पुत्रवती हुई हो, तुमने मुझे वीर पुत्रवान् बनाया है।]

18. द्व्यक्षरं चतुरक्षरं वा घोषवद् आद्यन्तरन्तःस्थं दीर्घाभिनिष्ठानं कृतं कुर्यान्त तद्धितं, अयुजाक्षर माकारान्तं स्त्रियै तद्धितम्।

['पारस्कर गृह्यसूत्र', 1/17]

[बालक के दो अक्षर या चार अक्षर वाला, घोषवर्णबहुल आदि या मध्य में अन्तःस्थ वर्ण वाला, अन्त में दीर्घ अक्षर वाला कृदन्तनाम दे, बालिका को तीन या पाँच अक्षर का तद्धित नाम दे।]

19. इसमें बच्चे को सूर्य को दिखाते हैं। इसमें तीन मंत्र पढ़े जाते हैं :

(1) अंगादंगात सम्भवसि हृदयादधि जायसे।
आत्मा वै पुत्रनामासि स जीव शरदः शतम्॥

[तुम अंग-अंग से उत्पन्न हुए हो, हृदय से उत्पन्न हुए हो, पुत्र रूप में आत्मा हो, सौ बरस जियो।]

(2) प्रजापतेष्ट्वा हिंकारेणावजिघ्रामि सहस्रायुषाऽसौ जीव शरदः शतम्।

[प्रजाप्रति अर्थात् स्रष्टा की पुचकार से तुम्हें सूँघता हूँ, तुम हज़ार गुना आयु पाओ।]

(3) (i) अस्मे प्रयन्धि मघव ऋजीषिन्निन्द्ररायो विश्ववारस्य सूरेः।
अस्मे शतं शरदो जीवसेऽधा अस्मे वीरान् शाश्वत इन्द्र शिप्रिन्॥

(ii) इन्द्र श्रेष्ठानि द्रविणानि धेहि चितिं दक्षस्य सुभगत्वमस्मे।
पोषं रयीणामरिष्टिं तनूनां स्वात्मानं वाचः सुदिनत्वमह् नाम्॥

['पारस्कर गृह्यसूत्र', 1/18]

[हे स्वर्गाधीश, हे लोकेश, हे बाहुबली! इस बच्चे को इन्द्र की सम्पत्ति दो। सर्वशक्तिशाली इन्द्र, इसे मंगल द्रव्य दो, इसे ज्ञान दो, इसका शरीर नीरोग रखो, इसे स्रष्टा का सौभाग्य दो। इसे पोषण दो। इसकी वाणी में आस्वाद्यता और माधुर्य दो। इसके दिन सुदिन बनाओ।]

20. देवीं वाचमजनयन्त देवास्तां विश्वरूपाः पशवो वदन्ति।
सा नो मन्द्रेषमूर्जं दुहाना धेनुवार्गस्मानुपसुष्टुतैतु स्वाहा।

[उप., 1/19 21]

[देवों ने वाग्देवी को उत्पन्न किया, इसे सभी पशु बोलते हैं। वह वाग्देवी पिन्हायी हुई गऊ की तरह हमें आनन्दप्रद रस और पोषण रूप दूध से आप्यायित करे, हम उसकी स्तुति करते हैं।]

21. (1) सवित्रा प्रसूता दैव्या आप उन्दन्तु ते तनूं दीर्घायुत्वाय वर्चसे।

[सवित्रा के द्वारा सृष्ट दिव्य जलदेवता तुम्हारे केशों को भिगोएँ, शरीर को भिगोएँ, जिससे तुम्हें दीर्घायु मिले, तेजस्विता मिले।]

(2) ये नावपत्सविता क्षुरेण सोमस्य राज्ञो वरुणस्य विद्वान्
तेन ब्रह्मणो वपतेदमस्यायुष्यं जरदष्टिर्यथा सद्॥

[जिस छुरे से सविता ने सोम और वरुण का सिर राजसूय दीक्षा में मूँड़ा था, उसी से इस कुमार का सिर मूँड़ो, जिससे यह विद्वान् हो और सुगठित शरीर वाला हो।]

(3) येन भूरिश्चरा दिवं ज्योक्च पश्चाद्धि सूर्यम्।
तेन ते वपामि ब्रह्मणा जीवातवे जीवनाय सुश्लोक्याय स्वस्तये।

[चौलकर्मविधान, 'पारस्कर गृह्यसूत्र', 2/1]

[हे क्षुर देवता, इसका सिर ऐसे मूँड़ो कि कहीं घाव न लगे, इसकी शिखा रूप ज्योति छोड़ देना। इस मुंडन से जीवन की, यश की वृद्धि हो।]

22. *अक्षरारम्भ* का उल्लेख गृह्य सूत्रों में नहीं है। सरस्वत्यै और गणेश का पूजन करके पढिया पर ॐ श्री गणेशायनमः, श्री सरस्वतै नमः, नमः सिद्धम् जैसे वाक्य बालक से लिखवाए जाते हैं।

23. **कर्णवेध** अरिष्ट और रोग निवारण के लिए किया जाता रहा है।

24. **उपनयन** (= पास ले जाना) और वेदारम्भ का विधान पारस्कर 'गृह्यसूत्र' में विस्तारपूर्वक 2/2-5 में किया गया है। उपनयन के मुख्य अंग इस प्रकार हैं :

(1) आचार्य ब्रह्मचारी होने वाले वटुक को यह मंत्र पढ़कर वस्त्र पहनाते हैं :

येनेन्द्राय बृहस्पतिर्वासः पर्यधादमृतं। तेन त्वा परिदधाम्यायुषे दीर्घायुत्वाय बलाय वर्चसे।

[जिस परिधान से बृहस्पति ने इन्द्र को अलंकृत किया, वह अमृत वस्त्र तुम्हें पहनाता हूँ। तुम दीर्घायु हो, बली हो, वर्चस्वी हो।]

(2) आचार्य दूसरा मंत्र पढ़कर मेखला बाँधता है :

इमं दुरुक्तंपरि बाधमाना वर्ण पवित्रं पुनती म आगात्।
प्राणापानाभ्यां बलमादधाना स्वसा देवी सुभगा मेखलेयम्॥

[यह पापबुद्धि नहीं आने देगी, यह पवित्र रूप की रक्षा करेगी, यह प्राण और अपान दोनों में बल प्राप्त कराएगी, यह बहन की तरह बराबर रक्षा करती रहेगी।]

(3) तीसरा मंत्र पढ़कर ब्रह्मचारी यज्ञोपवीत पहनता है :

यज्ञोपवीतं परमं पवित्रं प्रजापतेर्यत्सहजं पुरस्तात्।
आयुष्यमग्रं प्रतिमुंच शुभ्रं यज्ञोपवीतं बलमस्तु तेजः॥

[हे आचार्य, मैं इस यज्ञोपवीत को धारण करूँ, जो प्रजापति के द्वारा यज्ञ-कर्म की दीक्षा के लिए प्रयुक्त हुआ। यह शुभ्रता, बल, तेज और आयु का वर्धक हो।]

(4) चौथा मंत्र पढ़कर ब्रह्मचारी दंड ग्रहण करता है :

यो ये दंडः परापतत् वैहायसोऽधिभूम्यां तमहं
पुनरादद आयुषे ब्रह्मणे ब्रह्मवर्चसाय॥

[यह दंड आकाश से पृथ्वी पर मेरे पास आया है। मैं इसे ग्रहण करता हूँ : ब्रह्मज्ञान के लिए, ब्रह्मतेज के लिए।]

(5) इसके बाद आचार्य ब्रह्मचारी के हृदय पर हाथ रखकर मंत्र पढ़ता है :

मम व्रते ते हृदयं दधामि। मम चित्तमनुचित्तं तेस्तु, मम वाचमेकमना जुषस्व बृहस्पतिष्ट्वा नियुनक्तु मह्यम्।

[अपने व्रत में तुम्हारा हृदय अधिष्ठित करता हूँ, तुम्हारा हृदय हमारा हृदय एक हो, मेरी वाणी तुम एकचित्त होकर प्रीतिपूर्वक सुनो, बृहस्पति तुम्हें मुझे सौंपे।]

इसके पश्चात् आचार्य पूछता है—कस्य ब्रह्मचार्यसि (किसके ब्रह्मचारी हो), ब्रह्मचारी उत्तर देता है—भवतः (आपका)। पर आचार्य कहता है—इन्द्रस्य ब्रह्मचार्यसि अग्निराचार्यः (नहीं, इन्द्र के ब्रह्मचारी हो, अग्नि तुम्हारा आचार्य है)।

(6) इसके बाद आचार्य ब्रह्मचारी को समस्त देवताओं और प्राणियों को यह मंत्र पढ़कर सौंपता है :

प्रजापतये त्वा परिददामि देवाय त्वा सवित्रे (सविता को) परिददामि अदम्यः (जल को) ओषधीभ्यः परिददामि द्यावापृथिवीभ्यां त्वा परिददामि विश्वेभ्यस्त्वा देवेभ्यः परिददामि सर्वेभ्यस्त्वा भूतेभ्यः परिददामि अरिष्ट्यै।

[मैं तुम्हें इन सबको सौंपता हूँ, तुम सर्वमय हो सको, सर्वहित हो सको। सब तुम्हारे हित की चिन्ता करें, तुम अक्षत रहो।]

(7) इसके बाद ब्रह्मचारि-नियमों के उपदेश देकर आचार्य गायत्री मंत्र की दीक्षा देता है और ये मंत्र पढ़वाकर ब्रह्मचारी से अग्नि की अभ्यर्थना करवाता है और अग्नि में समिधाओं की आहुतियाँ दिलवाता है :

(क) अग्ने सुश्रवः सुश्रवसं मा कुरु यथा त्वमग्ने सुश्रवः सुश्रवा अस्येवं मां सुश्रवः सौश्रवसं कुरु यथा त्वमग्ने देवानं यज्ञस्य निधिया अस्मेवमदं मनुष्याणां वेदस्य निधिपो भूयासम्।

[हे यशस्वी अग्नि, मुझे यशस्वी बनाओ। जैसे तुम देवताओं की यज्ञनिधि के रक्षक हो, वैसे ही मैं मनुष्यों की वेदनिधि का रक्षक होऊँ।]

(ख) अग्नये समिधमहार्यं बृहते जात वेदसे यथा त्वमग्ने समिधा समिध्यसे सवमेवाहमायुषा मेधया वर्चसा प्रजया पशुभिर्ब्रह्मवर्चसेन समिन्धे जीवपुत्रो ममाचार्यो मेधाव्यहमसान्यनिराकरिष्णुर्यशस्वी तेजस्वी ब्रह्मवर्चस्यन्नादो भूयासं स्वाहा।

[मैं अग्नि के लिए, महान् ज्ञानशाली अग्नि के लिए समिधाएँ लाया हूँ। हे अग्नि, जैसे तुम इस समिधा से धधक रहे हो, वैसे ही मैं आयु, मेधा, वर्चस्, सन्तान, पशु, ब्रह्मवर्चस से धधक उठूँ। मेरे आचार्य बृहस्पति की सन्तान हैं, मैं मेधावी बनूँगा, यशस्वी तेजस्वी बनूँगा, ब्रह्मतेज से अन्न का ग्रहीता बनूँगा।]

(ग) तनूपा अग्नेऽसि तन्वं मे पाह्यायुद्र्दा अग्नेसि आयुर्मे देहि वर्चोदो अग्नेसि वर्चो मे देहि अग्ने यन्मे तन्वा ऊनं तन्म आपृण। मेधां मे देवी सरस्वती आदधातु मेधामश्विनौ देवावादत्तां पुष्करस्त्रजौ।

[हे अग्नि, तुम तनु के रक्षक हो, इसकी रक्षा करो। तुम आयु देने वाले हो, आयु दो। वर्चस्व देने वाले हो, वर्चस्व दो। मेरे शरीर में जो कमी है, उसे पूरा करो। सरस्वती देवी, मुझे मेधा दें। कमलमालाधारी अश्विनीकुमार, मुझे मेधा दें।]

उपनयन के पश्चात् भिक्षा माँगी जाती है—पहले माता से, तब अन्य किसी से। इसके बाद चार व्रत धारण किये जाते हैं—सावित्र व्रत (इसमें सावित्री-गायत्री मंत्र का ध्यान करना अपेक्षित है); अग्निव्रत (इसमें अग्निहोत्र अपेक्षित है); शुक्रियव्रत (वेदपाठ के लिए) तथा औपनिषद् व्रत (उपनिषदों का अध्ययन)। इन व्रतों के पश्चात् गोदान किया जाता है।

25. *समावर्त्तन*

वेदाध्ययन सम्पन्न करके ब्रह्मचारी नियमों को छोड़ता है। गृहस्थाश्रम में प्रवेश करने की तैयारी करता है। उसे इस संस्कार में आठ घड़ों से इन मंत्रों से सम्पन्न कराया जाता है :

(1) ये अप्स्वन्तरग्नयः प्रविष्टा गोह उपगोह्यो मयूषो मनोहास्खलो विरुज स्तनूदूषुरिन्द्रिमहातान् विजहामि यो रोचनस्तमिह गृह णामि।

[हे अग्निदेवता, तुम इस जल में प्रविष्ट हो। जो अमंगलकारी तत्त्व हैं, उन्हें मैं छोड़ रहा हूँ। तुम्हारा जो मंगलमय रूप है, उसे ग्रहण कर रहा हूँ।]

(2) येन श्रियमकृणतां येनावमृशतां सुराम्ये
नाक्ष्यावभ्यषिचतां यद् वां तदश्विना यशः ॥

[हे अश्विनीकुमार (प्रकाश एवं आरोग्य के देवता), जिस जल के प्रभाव से आपने देवताओं को श्रीसम्पन्न किया, जिसके प्रभाव से देवताओं को अमृत-पान करवाया, उससे मैं अपने को अभिषिक्त करता हूँ।]

(3) आपोहिष्ठा...(इस मंत्र की व्याख्या अगले अध्याय में की गई है)। इसके अनन्तर दंड देना होता है, सूर्याभिमुख होकर दूसरा नया वस्त्र पहनता है। उसके मंत्र का अर्थ इस प्रकार है—हे सूर्यदेवता, प्रातः उदय होते हुए तुम दश किरणों के दाता हो, तुम मुझे भी उन किरणों को दो। दसों दिशाओं में मेरा प्रकाश हो।

(4) उद्यन्भ्राजभृष्णुरिन्दो मरुद्भिरस्थात् प्रातर्यावभिरस्थात् दशशनिरसि दशशसनि या कुर्वाविदन्मा गमय। ['पारस्कर गृह्यसूत्र', 2/6]

[हे सूर्य, प्रातः उदय होते हुए तुम दश किरणों के दाता हो, तुम मुझे भी उन किरणों को दो, दसों दिशाओं में मेरा प्रकाश हो।]

इसके अनन्तर गन्धमाल्य उत्तरीय अलंकरण धारण करना होता है, फिर दर्पण में मुँह देखना होता है। तब छत्र लेता है और उपानह पहनता है। सब नये गृहस्थ जीवन में प्रवेश के चिह्न हैं।

26. 'विवाह' संस्कार की विधि 'पारस्कर गृह्यसूत्र' (1/6-8) में विस्तार से की गई है। इस सम्बन्ध में मुख्य मंत्र और उनके अर्थ इस प्रकार हैं :

(1) अर्यमणं देवं कन्या अग्निमयक्षत। सनो अर्यमा देवः प्रेतो मुंचतु मा पते स्वाहा।

[कन्या ने सूर्य को आहुति दी। अर्यमा इस कन्या को पितृगृह से मुक्त करे।]

(2) आयुष्मानस्तु मे पतिरेधन्तां ज्ञातयो मम स्वाहा। इमांल्लाजानावपाम्यग्नौ समृद्धिकरणं तव। मम तुभ्य च संवननं तदग्निरनुमन्यतामियं स्वाहा।

[मेरे पति आयुवाले हों। मेरे कुटुंबी फलें-फूलें। इन खीलों को अग्नि में बो रही हूँ। पति के कुल की समृद्धि हो। यह अग्नि मेरे और तेरे एकीकरण की अनुमति दे।]

(3) गृभ्णामि ते ते सौभगत्वाय हस्तं मया पत्या जरदष्टिर्यथासः। भगोऽअर्यमा सविता पुरन्धिर्मह्यं त्वाऽदुर्गार्हपत्याय देवाः। अमोऽहमस्मि सात्वं सा त्वमस्यमोऽअहम्। सामहमस्मि ऋक्त्वं द्यौरहं पृथिवी त्वं तावेहि विवहावहै सह रेतो दधावहै प्रजां प्रजनयावहै पुत्रान्विन्द्यावहै बहून् ते सन्तु जरदष्ट्यः सम्प्रियौ रोचिष्णू सुमनस्यमानौ पश्येम शरदः शतं जीवेम शरदः शतं श्रृणुयाम शरदः शतां।

[तुम्हारा हाथ अपने हाथों में ले रहा हूँ, तुम्हारा सौभाग्य बढ़े। तुम मेरे साथ स्वस्थ रहो। ऐश्वर्य और प्रकाश के देवताओं ने, भग, अर्यमा और सविता ने तुम्हें मुझे सौंपा है कि हम गृहस्थ आश्रम का साथ-साथ निर्वाह करें। मैं विष्णु हूँ, तुम लक्ष्मी हो। मैं साम हूँ, तुम ऋक्। मैं आकाश हूँ, तुम पृथ्वी। हम विवाह करें, सन्तान उत्पन्न करें, परिवार की अभिवृद्धि करें और सौ वर्ष देखें, सौ वर्ष सुनें, सौ वर्ष जिएँ।]

(4) कन्या का पैर पत्थर पर वर रखता है, उसका मंत्र है :

आरोहेममश्मानमश्मेव त्वं स्थिरा भव।
अभितिष्ठ पृतन्यतोवबाधस्व पृतनायतः॥

[तुम इस शिला पर पैर रखो, इस शिला की तरह तुम स्थिर प्रेम वाली बनो। कलह करने और कराने वाली शक्तियों को तुम पराभूत कर सको।]

(5) सरस्वति प्रेदमव सुभगे वाजिनीवती। यां त्वा विश्वस्य भूतस्य प्रजायामस्याग्रतः यस्यां भूतं सममवद्यस्यां विश्वमिदं जगत्। तामद्य गाथां गास्यामि या स्त्रीणामुत्तमं यशः।

[हे सरस्वती, हे वैखरीवाणी, हे सफल वाणी, हे अन्नमयी वाणी, तुमसे ही सब उद्‌भूत है, तुममें ही सब स्थित है। मैं यह गाथा गा रहा हूँ कि यह मातृरूपा स्त्री का उत्तम यश है।]

(6) तुभ्यमग्रे पर्यवहन्सूर्यां बहतु नासह। पुनः पतिभ्यो जायादाग्ने प्रजया सह।

[हे अग्नि, तुम्हारे लिए देवताओं ने इस कन्या का और मेरा पालन किया। आज इसे मुझे सौंपा है।]

(7) सप्तपदी के सात मंत्र : एक-एक मंत्र पढ़ते हुए पति-पत्नी एक-एक पग रखते हैं। सातों पग और सातों वाक्य पूर्ण होने पर ही विवाह सम्पन्न माना जाता है :

एकमिषे विष्णुस्त्वा नयतु।
द्वे ऊर्जे विष्णुस्त्वा नयतु।
त्रीणि रायस्पोषाय विष्णुस्त्वा नयतु।
चत्वारि मायोभवाय विष्णुस्त्वा नयतु।
पञ्च पशुभ्यः विष्णुस्त्वा नयतु।
षड् ऋतुभ्यः विष्णुस्त्वा नयतु।
सखे सप्तपदा भव सा मामनुव्रता भव विष्णुस्त्वा नयतु।

[हे सखी, अन्नवृद्धि के लिए, बल के लिए, धनवृद्धि के लिए, कल्याण के लिए, पशुवृद्धि के लिए, छः ऋतुओं के साथ आनुकूल्य के लिए, सातों लोकों में ख्याति के लिए, विष्णु तुम्हें मेरे पास लाएँ, तुम मेरे व्रत में साथी बनो।]

(8) वधू के हृदयस्पर्श का मंत्र :
ममव्रते ते हृदयं दधामि मम चित्तमनुचित्तं ते अस्तु मम वाचमेकमना जुषस्व प्रजापतिष्ट्वा नियुनक्तु मह्यम्।

(9) वधू को वर समुदाय के आगे प्रस्तुत करता है और मंत्र पढ़ता है :
सुमंगलीरियं वधूरिमां समेत पश्यत।
सौभाग्यमस्यै दत्त्वा याथस्तै कियरेतन॥

[इस मंगलशालिनी वधू को आइए, देखिए। इसे सौभाग्य का आशीर्वाद दीजिए और अपने-अपने घर जाइए, बार-बार दर्शन देने के लिए आते रहिए।

(10) विवाह के चौथे दिन चतुर्थी-कर्म होता है, उसमें जिस मंत्र से स्त्री का अमंगल क्षपित किया जाता है, उसका अर्थ इस प्रकार है : जो तुम्हारे भीतर पति, सन्तान, पशु, गृह, यश के लिए घातक भाव हों, जो तुम्हारे शरीर में निन्द्य हो, उस शरीरांश को मैं जीर्ण करता हूँ, नष्ट करता हूँ। अब तुम मेरे साथ नये उज्ज्वल शरीर के साथ आओ।

27. अन्तवेला में गोदान कराना, रुद्राक्ष धारण करना, मुँह में तुलसी-गंगाजल डालना और प्राणहीन होने पर दक्षिण की ओर सिर करके शव को लिटाना—ये लोकविधियाँ प्रचलित हैं।

मृत्युवेला में उपनिषद्, 'गीता' या धर्मग्रंथ का पाठ करने का विधान है। मंत्रों की ध्वनि से तादात्म्य में मृत्यु आसान हो जाती है।

इसके लिए विहित दो प्रसिद्ध मंत्र हैं :

(1) सर्वं खल्विदं ब्रह्म तज्जलानिति उपासीताथ खल क्रतुमयः पुरुषो यथाक्रतुर स्मिंल्लोके पुरुषो भवति।
तथेतः प्रेत्य भवति स ऋतुं कुर्वीत।

['छान्दोग्य उपनिषद्', 3/14/1]

[यह सब कुछ ब्रह्म है। उसी को प्रारम्भ, मध्य और अन्त मानते हुए उसका ध्यान करना चाहिए। मनुष्य अपनी इच्छा का स्वामी है। वह जो अन्तिम समय में चाहेगा, वही आगे होगा। इसलिए वह इच्छा करे कि मैं ब्रह्मभूत हो जाऊँ।]

(2) ओमित्येकाक्षरं ब्रह्म व्याहरन् मामनुस्मरन्। यः प्रयाति त्यजन् देहं स याति परमां गतिम्॥

['श्रीमद्भगवद्गीता', 8/13]

[जो ओम्‌रूप एकाक्षर ब्रह्म का उच्चारण करता हुआ और मुझे स्मरण करता हुआ प्राण छोड़ता है, वह परम गति को प्राप्त होता है।]

यहाँ उल्लेखनीय है कि मृत्यु भी गति ही देती है : अधोगति दे, ऊर्ध्वगति दे या परम गति दे।

अग्नि-संस्कार करते समय पाँच यमसूक्तों का पाठ किया जाता है। इनमें से प्रमुख मंत्र ये हैं :

(1) परेयिवांस प्रवतो महीरनु बहुभ्यः पन्थानमनुपस्पशानम्।
वैवस्वतं संगमनं जनानां यमं राजानं हविषा दुवस्य॥

(2) प्रेहि प्रेहि पथिमि : पूर्वेव्येभिर्यत्रा नः पितरः परेयुः।
उभा राजाना स्वधया मदन्ता यमं पश्यसि वरुणं च देवम्॥

[यम को, विवस्वान् सूर्य के पुत्र यम को आहुति दो—जो लोगों को मृत्यु के अनन्तर जुटाता है, जो उसके लिए पथ निर्देश करता है।

जाओ, शीघ्र जाओ, उस पथ से जाओ, जिससे हमारे पूर्व पितर गए हैं। वहाँ पहुँचो, जहाँ राजा यम और वरुण (नैतिक मूल्यों के देवता) विराजते हैं।]

अध्याय-3

1. आनन्द कुमार स्वामी : 'सेलेक्टेड पेपर्स', खंड 2, पृ. 125
2. 'श्रीमद्भगवद्गीता', 10.25
3. स्व. क्षेत्रेशचन्द्र चट्टोपाध्याय, 'स्टडीज इन वैदिक ऐंड इंडो-इरानियन रिलि-जन एंड लिटरेचर, पृ. 8
4. पुरुषो वाव यज्ञः। तस्य यानि चतुर्विंशति वर्षाणि तत्प्रातः सवनम्। चतुर्विं-शत्यक्षरा गायत्री। गायत्रं प्रातः सवनम्। तदस्य वसवोऽन्वायत्ताः। प्राणा वाव वसव। एते हीदं सर्वं वासयन्ति॥ 1॥
तं चेदेतस्मिन् वयसि किंचिदुपतपेत् स ब्रूयात्। प्राणा वसव इदं मे प्रातः सवनं माध्यन्दिनं सवनमनु सन्तनुतेति माहं प्राणानां वसूनां मध्ये यज्ञे विलोप्सीयेति। उद्धेव तत एत्यगदो ह भवति॥ 2॥

अथ यानि चतुश्चत्वारिंशद् वर्षाणि तन्माध्यदिनं सवनम्। चतुश्चत्वारिशं- दक्षरा त्रिष्टुप्। त्रैष्टुभं माध्यन्दिनं सवनम्। तदस्य रुद्रा अन्वायत्ताः। प्राणा वाव रुद्राः। एते हीदं सर्वं रोदयन्ति॥ 3॥

तं चेदेतस्मिन् वयसि किंचिदुपतपेत्स ब्रूयात्। प्राणा रुद्रा इदं ये माध्यन्दिनं सवनं तृतीयं सवनमनुसन्तनुतेति माहं प्राणानां रुद्राणां मध्ये यज्ञो विलोप्सीयेति। उद्धेव तत एत्यगदो ह भवति॥ 4॥

अथ यान्यष्टाचत्वारिंशदर्षाणि तत्तृतीयं सवनम्। अष्टाचत्वारिंशदक्षरा जगती। जागतं तृतीयंसवनम्। तदाचादित्या अन्वायत्ताः। प्राणा वावादित्याः। एते हीदं सर्वमाददते॥ 5॥

तं चेदेतस्मिन् वयसि किंचिदुपतपेत्स ब्रूयात्। प्राणा आदित्या इदं मे तृतीय सवनमानुतुसन्तनुतेति माहं प्राणानामादित्यानां मध्ये यज्ञो विलोप्सीयेति। उद्धैव तत एत्यगदो हैव भवति॥ 6॥

एतद्ध स्म वै तद्विद्वानाह महिदास ऐतरेयः। स किंम एतदुपतपसि। योहमनेन न प्रेष्यामिति। सह षोडशं वर्षशतमजीवत्। प्र ह षोडशं वर्षशतं जीवति य एवं वेद॥ 7॥

['छान्दोग्य उपनिषद्', 3.16]

5. स यदशिशिषति यत्पिपासति यत्स रमते तास्य दीक्षाः। स यदश्नाति यत्पिबति यद्रमते तदुपसदैरेति। स यद्हसति यज्जक्षति यन्मैथुनं चरति स्तुतशस्त्रैरेव तदेति। अथ यत्तपो दानमार्जवमहिंसा सत्यवचनमिति ता अस्य दक्षिणाः।

तस्मादाहुः सोष्यत्यसोष्टेति। पुनरुत्पादनमेवास्य तत्। मरणमेवावभृथः। तद्धैतद् घोर आंगिरसः कृष्णाय देवकीपुत्रायोक्त्वोवाच। अपिपास एव स बभूव। सोन्तवेलायामेतत् त्रयं प्रतिपद्येताक्षितमस्यच्युतमसि प्राणसंशितमसि। तत्रैते द्वे ऋचौ भवतः।

आदि प्रत्नस्य रेतसः। उद्वयं तमसस्परं। ज्योतिः पश्यन्त उत्तरम् स्वः पश्यन्त उत्तरम्। देवं देवत्रा सूर्यमगन्म ज्योतिरुत्तममिति ज्योतिरुत्तममिति।

['उप.,' 3.17]

6. तेन यज्ञेन यज्ञमयजन्त देवास्तानि धर्माणि प्रथमान्यासन्। ['ऋग्वेद', 10. पुरुषसूक्त]
7. योग के आठ अंग और उनको परिभाषा

यमनियमासनप्राणायामप्रत्याहारधारणाध्यानसमाधयोऽष्टावङ्गानि॥ 2/29॥

अहिंसासत्यास्तेयब्रह्मचर्यापरिग्रहा यमाः॥ 2/30॥

शौचसन्तोषतपःस्वाध्यायेश्वरप्रणिधानानि नियमा॥ 2/32॥

स्थिरसुखपासनम्॥ 2/46॥

तस्मिन्सन्ति श्वासप्रश्वासयोर्गतिविच्छेदः प्राणायामः॥ 2/49॥

स्वविषयासम्प्रयोगे चित्तस्य स्वरूपानुकार इवेन्द्रियाणां प्रत्याहारः॥ 2/54॥

देशबन्धश्चित्तस्य धारणा॥ 3/1॥

तत्र प्रत्ययैकतानता ध्यानम्॥ 3/2॥
तदेवार्थमात्रनिर्भासं स्वरूपशून्यमिव समाधि:॥ 3/3॥ ['पातंजल योगसूत्र']

8. नीहारधूमार्कानलानिलानां खद्योतविद्युत् स्फटिकशशीनाम्।
एतानि रूपाणि पुरस्सराणि ब्रह्मण्यभिव्यक्तिकराणि योगे॥
['श्वेताश्वतर उपनिषद्', 2.13-14]

लघुत्वभारोग्यमलोलुपत्वं वर्णप्रसाद-स्वरसौष्ठवं च।
गन्धः शुभो मूत्रपुरीषमल्पं योगप्रवृत्ति प्रथमां वदन्ति॥
यथैक विम्बं मृदयोपलिप्तं तेजोमयं भ्राजते नम् सुधौतम्।
तद्वात्मतत्त्वं प्रसमीक्ष्य देही एक: कृतार्थो भवति वीतशोक:॥
[उप., 2.11]

9. प्रातरादित्यमुपतिष्ठते। दिशामेकपुंडरीकमसि। अहं मनुष्याणामेक-पुंडरीकं भूयासमिति। यथेतमेत्य जघनेनाग्निमासीनो वेशं नयति।
['बृहदारण्यक उ.', 6.3.4.6]

10. ॐ दाम। ॐ पिबाम। ॐ देवो वरुण: प्रजापति: सवितानमिहाहरत्।
अन्नपतेऽन्नमिहाहराहरोमिति॥ ['छान्दोग्य उ.', 1.12.5]

11. विश्वतश्चक्षुरुत विश्वतोमुखो विश्वतोबाहुरुत विश्वतस्पात्।
सम्बाहुम्यां धमति सम्पतत्रैर्द्यावाभूमी जनयन् देव एक:॥
['श्वेताश्वतर उपनिषद्.', 3.2]

12. ऋतं च सत्यं चामीद्धात्तपसोऽध्यजायत।
ततो रात्र्यजायत तत: समुद्रो अर्णव:॥
समुद्रादर्णवादधि संवत्सरो अजायत।
अहोरात्राणि विदधद्विश्वस्य मिषतो वशी॥
सूर्याचन्द्रमसौ धाता यथा पूर्वमकल्पयत्।
दिवं च पृथिवीं चान्तरिक्षमथो स्व:॥ ['ऋग्वेद', 10.190.1-3 सृष्टिमंत्र]

पापक्षरण मंत्र

13. सूर्यश्च मा मन्युश्च मन्युपतयश्च मन्युकृतेभ्य: पापेभ्यो रक्षन्ताम् यद्रात्र्या पापमकार्षं मनसा वाचा हस्ताम्यां पद्भ्यामुदरेण शिश्ना रात्रिस्तदवलुम्पतु। यत्किञ्चिद्दुरितं मयि। इदमहं माममृतयौनौ सूर्ये ज्योतिषि जुहोमि स्वाहा॥

पवित्रीकरण मंत्र

14. ॐ आपोहिष्ठामयोभुव: स्तानऽऊर्जेदधातन। महेरणायचक्षसे। योव: शिवतमोरसस्तस्यभाजयतेहन:। उशतीरिवमातर:। तस्माऽरङ्गमामवो यस्यक्षयायजिन्वथ। आपो जनयथाचन:।

15. ॐ द्रुपदादिव मुमुचानः स्विन्नः स्नातो मलादिव॥
पूतम्पवित्रेणेवाज्यमापः शुन्धन्तु मैनसः॥

सूर्यार्घ्य मंत्र

16. ॐ भूर्भुवः स्वः तत्सवितुवरिण्यं भर्गोदेवस्य धीमहि धियोयोनः प्रचोदयात्॥
ॐ ब्रह्मस्वरूपिणे श्रीसूर्यनारायणाय इदमर्घ्यं दत्तं न मम॥

सूर्योपस्थान मंत्र

17. ॐ उद्वयन्तमसस्परिस्वः पश्यन्तऽउत्तरम्॥ देवन्देवत्रा सूर्यमगन्मज्योति-रुत्तमम्॥ उदुत्यञ्जातवेदसन्देवंवहन्तिकेतवः। दृशेविश्वायसूर्यम्। चित्रन्देवानामुदगादनीकञ् चक्षुमित्रस्य वरुणस्याग्नेः॥ आप्राद्यावापृथिवीरन्तरिक्ष सूर्यात्माजगतस्तस्थुषश्च। तच्चक्षुर्देवहितम्पुरस्ताच्छुक्रमुच्चरत्॥ पश्येमशरदः शतञ्जीवेमशरदः शतं शृणुयामशरदः शतम्प्रब्रवामशरदः शतमदीनाः स्यामशरदः शतम्भूयश्चशरदः शतात्॥

अध्याय-4

1. सर्वा नद्यः सरस्वत्यः सर्वे पुण्याः शिलोच्चयाः।
जाजले तीर्थमात्मैव मा स्म देशातिथिर्भव॥

['महाभारत', शान्ति पर्व, 263/41]

2. आत्मा नदी संयमतोयपूर्णा सत्यावहा शीलतटा दयोर्मिः।
तत्राभिषेकं कुरु पांडुपुत्र न वारिणा शुध्यति चान्तरात्मा॥ ['वामन पुराण', 43.25]

3. चोदयित्री सूनृतानां चेतन्ती सुमतीनाम्। यज्ञं दधे सरस्वती॥ ['ऋग्वेद', 1/3/11]
[धर्मकृत्यों को प्रेरित करनेवाली, सद्बुद्धि को चेताने वाली सरस्वती ने यज्ञ को धारण किया है।]

4. अप्सु स्नाति साक्षादेव दीक्षातपसी अवरुंधे तीर्थे स्नाति।

['तैत्तिरीय संहिता', 6/1/1/1]

[जल में नहाता है, साक्षात् दीक्षा और तप से जुड़ता है, तीर्थ में नहाता है।]

5. हिरण्यवर्णाः शुचयः पावका यासु जातः सविता यास्वग्निः।
या अग्निं गर्भं दधिरे सुवर्णास्ता न आपः शं स्योना भवन्तु॥

['अथर्ववेद', 1/33/1]

[यह सुनहले वर्ण वाली पवित्र जल देवता हमारे लिए कल्याणप्रद हों, जिनमें सूर्य पैदा हुआ, जिनमें अग्नि पैदा हुए, जो वर्णों से युक्त हैं, जो अग्नि को (यज्ञ को) अपने गर्भ में धारण करती है।]

6. (1) ऋषयो वै सरस्वत्यां सत्रमासत। ['ऐतरेय ब्राह्मण', 8/1]
   (2) माध्यमाः सरस्वत्यां सत्रमासत। ['शांखायन ब्राह्मण', 12/3]
7. शरीरस्य यथोद्देशाः शुचयः परिकीर्तिताः।
   तथा पृथिव्या भागाश्च पुण्यानि सलिलानि च॥
   परिग्रहाच्च साधूनां पृथिव्याश्चैव तेजसा।
   अतीव पुण्यभागास्ते सलिलस्य च तेजसा॥
   ['महाभारत', अनुशासनपर्व, 108/16-18]
8. यः स्वधर्मान् परित्यज्य तीर्थसेवां करोति हि।
   न तस्य फलते तीर्थमिह लोके परत्र च॥
   ऋणानि त्रीण्यपाकुर्यात् कुर्वन् वा तीर्थसेवनम्... ['कूर्म पुराण', 2/44/20-23]

मुख्य तीर्थ

कुल पर्वत

महेन्द्रो मलयः सह्यः शुक्तिमान् ऋक्षपर्वतः।
विन्ध्यश्च पारियात्रश्य सप्तैते कुलपर्वताः॥
हिमालय नगाधिराज होने के कारण इन सातों में नहीं गिना गया है।
['कूर्म पुराण', 9.47]

सात वन

काम्यक वन, अदितिवन, व्यास वन, फलकी वन, सूर्यवन, मधुवन और पुण्यशीत वन।

सात नदियाँ

(1) गंगे च यमुने चैव गोदावरी सरस्वति।
    नर्मदे सिन्धुकावेरिजलेस्मिन् सन्निधि कुरु॥
(2) गंगा-यमुना (कार्तिक में), नर्मदा (पौष में), देविका (मार्गशीर्ष में), सन्निहिता (माघ में), वरुणा (फाल्गुन में), सरस्वती (चैत्र में), चन्द्रभागा (वैशाख में), कौशिकी (ज्येष्ठ में), तापिका = तापी (आषाढ़ में), सिन्धु (आषाढ़ में), और गंडकी-नारायणी (भाद्रपद में), सरयू (आश्विन में), गोदावरी (चन्द्रग्रहण में)। ['वामनपुराण', 34/3-5]

सप्तपुरी : काशी, काँची, माया (हरिद्वार), अयोध्या, द्वारिका, मथुरा, अवन्तिका (उज्जैन)

सप्तक्षेत्र : कुरुक्षेत्र, हरिहरक्षेत्र (सोनपुर-बिहार), प्रभासक्षेत्र (सोमनाथ, गुजरात),

रेणुकाक्षेत्र (मथुरा के पास), भृगुक्षेत्र (भड़ोच के पास, गुजरात), पुरुषोत्तमक्षेत्र (पुरी, उड़ीसा) और सूकरक्षेत्र (सोरों, उत्तर प्रदेश)।

द्वादश ज्योतिर्लिंग : विश्वनाथ (काशी), वैद्यनाथ (देवघर, बिहार), रामेश्वर (तमिलनाडु), मल्लिकार्जुन (श्रीशैल, आन्ध्र प्रदेश), घृष्णेश्वर (एलुमा के पास), भीमशंकर (महाराष्ट्र), त्र्यम्बकेश्वर (महाराष्ट्र, नासिक), ओंकारेश्वर (मध्य प्रदेश), महाकाल (उज्जैन), सोमनाथ (गुजरात), केदारनाथ (उत्तराखंड), नागेश (दाहकावन, सौराष्ट्र)।

प्रमुख शक्तिपीठ : कामाक्षी (राची), भ्रमराम्बा (केरल), कुमारी (कन्याकुमारी) अम्बाजी (गुजरात), महालक्ष्मी (कोल्हापुर), कालिका (उज्जैन), ललिता (अलोपीदेवी, प्रयाग), विन्ध्यवासिनी (विन्ध्याचल), विशालाक्षी (वाराणसी), मंगलावती (गया), त्रिपुरसुन्दरी (बंगाल), गुह्यकेश्वरी (नेपाल), कामाख्या (आसाम), शाकम्भरी (सहारनपुर के पास), ज्वालामुखी (काँगड़ा)।

चार धाम : बदरीनाथ, द्वारिका, जगन्नाथपुरी, रामेश्वर।

स्रोत तीर्थ : गंगोत्तरी (गंगा), यमुनोत्तरी (यमुना), गोमुख (गंगा), मानसरोवर (सिन्धु और ब्रह्मपुत्र), मुक्तीश्वरनाथ (गंडकी), अमरकंटक (शोणभद्र) और (नर्मदा), पंचवटी (गोदावरी)।

मुख्य सरोवर तीर्थ : पुष्कर (राजस्थान), कुरुक्षेत्र (ब्रह्मसरोवर), चक्रतीर्थ (नैमिषारण्य), ज्योतिसर—(जहाँ 'गीता' का उपदेश दिया गया), अमृतसर, मानसी गंगा (गोवर्धन)।

संगमतीर्थ, सागरतीर्थ : हरिहरक्षेत्र, महाबलीपुरम्, गंगासागर, पुरी, धनुष्कोटि, प्रयाग, भृगुकच्छ, कन्याकुमारी, गोकर्ण।

गुफातीर्थ : अमरनाथ (कश्मीर), वैष्णवदेवी (जम्मू के पास), व्यासगुफा (बदरीनाथ के पास)।

श्राद्धतीर्थ : पिशाचमोचनतीर्थ (काशी), प्रयाग, गया, ब्रह्मकाल (बदरीनाथ), पृथूदक (कुरुक्षेत्र के पास), भृगुकच्छ, रामेश्वरम्, प्रयाग।

10. आनन्दकुमारस्वामी : 'हिन्दुइज्म एंड बुद्धिज्म', पृ. 23-24

परिशिष्ट-2

हिन्दू जीवन-दर्शन

पश्चिमी जिज्ञासा का समाधान

प्रो. ज़्बेर्या के पत्र का समाधान

[यह लेख रोमानिया के दार्शनिक बन्धु श्री निकोलाई ज़्बेर्या के हिन्दू धर्म के विषय में लिखे लम्बे पत्र के उत्तर के रूप में प्रस्तुत हुआ। इस पत्र श्री ज़्बेर्या ने तीन प्रश्न उठाए : (1) कर्मवाद क्या सामाजिक न्याय या सर्वव्यापक न्याय का विरोध नहीं है? (2) वंशानुक्रम के लिए वैज्ञानिक आधार है, पर जन्मान्तर के लिए वैज्ञानिक आधार क्या है? और (3) हिन्दू धर्म में अद्वैत पर इतना बल होते हुए भी इतने स्तरभेद क्यों हैं?—इन तीन प्रश्नों के सम्बन्ध में जो पश्चिमी जगत् के तर्क हैं, वे सभी को मालूम हैं। इसलिए पत्र की उन बातों का उल्लेख करने की आवश्यकता नहीं।]

प्रिय श्री ज़्बेर्या,

आपका पत्र मिला। जिस गहराई में जाकर आपने हिन्दू जीवन-दर्शन सम्बन्ध में प्रश्न उठाए हैं, मैं विश्वास दिलाता हूँ, मेरे देश में भी लोग इतनी गहराई में नहीं जाते हैं। मैं आपके प्रश्नों का उत्तर देने के पूर्व हिन्दू जीवन-दर्शन की कुछ मूलभूत स्थापनाओं की उपपत्ति की बात करना चाहूँगा।

हिन्दू जीवन-दर्शन की तीन मूलभूत स्थापनाएँ हैं—जन्मान्तरवाद, कर्मवाद और आनृण्य : पहली स्थापना जीवन की निरन्तरता और समग्रता को लेकर है, पुनर्जन्मवाद और पिंड-ब्रह्मांड के अद्वैत इस स्थापना के ही विकासक्रम में आएँगे; जीवन की निरन्तरता का अर्थ केवल स्थूल शरीर या वंशानुक्रम के रूप में संक्रांत संस्कार तक ही सीमित नहीं, वह और सूक्ष्मतर शरीर की भी अविच्छिन्नता तक जाता है; दूसरे शब्दों में, जन्मान्तरवाद सूक्ष्म शरीर को मानकर चलता है, सूक्ष्म शरीर के अस्तित्व का वैज्ञानिक प्रमाण यदि नहीं मिलता है तो इसका कारण यह

नहीं कि उसका अस्तित्व नहीं है। इसका कारण यह है कि सूक्ष्म शरीर के प्रत्यक्ष ज्ञान के लिए उसी स्तर की सूक्ष्म बुद्धि भी अपेक्षित है, ऐसी बुद्धि जो स्थूल और सूक्ष्म का विवेक कर चुकी हो और जो इस विवेक का अभ्यास भी कर चुकी हो कि स्थूल आश्रय में रहते हुए भी अपने को उससे अलग कर ले और सूक्ष्म शरीर को इस अलगाव से इतना भावित कर ले कि वह अपने स्थूल आश्रय को छोड़कर समष्टि सूक्ष्म के साथ एकाकार हो सके। इसीलिए जन्मान्तर का सिद्धान्त भारतीय चिन्तन के प्रारम्भ में उतना विकसित नहीं मिलता है जितना कि योग को साधन के रूप में मानने के बाद विकसित हुआ है। कुछ लोग इसका यह भी अर्थ लगाते हैं कि योग की परम्परा एक विजातीय परम्परा है—अवैदिक परम्परा है। पर यदि ऐसा होता तो भारत के बाहर या भारतीय प्रभाव क्षेत्र के बाहर योग को जीवन में स्वीकार करने के प्रमाण अवश्य मिलते। परन्तु ऐसा कोई प्रमाण नहीं मिलता। भारत के प्रसिद्ध वेदज्ञ स्वर्गीय पंडित क्षेत्रेशचन्द्र चट्टोपाध्याय ने व्रात्य लोगों के बारे में चर्चा करते हुए यह कहा है कि वैदिक संस्कृति के निर्माताओं की दो धाराएँ थीं। यह भी उसके साथ-साथ मानकर चलना चाहिए कि ये निर्माता किसी एक रक्त या प्रजाति के नहीं हैं—पहली धारा अत्यन्त सरल यज्ञ-पद्धति के द्वारा मनुष्य के भीतर दैवत्व को उद्‌बोधित करके व्यक्ति के रूप में मनुष्य को शक्ति देती थी और इस जगाने के अनुष्ठान की समवेत संरचना के द्वारा सामाजिक अस्मिता की संस्थापना करती थी। पहली धारा ने ही देवता के उद्‌बोधक मंत्र को यज्ञ का मुख्य आधार बनाकर मंत्र और यज्ञ, दोनों के चिन्तन से संग्रथित-बौद्धिक परम्परा का विकास किया। दूसरी धारा अधिक ओजस्विनी थी और वह बाहरी अनुष्ठान की अपेक्षा आन्तरिक अनुशासन के द्वारा मनुष्य के शक्ति-संचय का रहस्य पा चुकी थी। इस धारा के साथ स्वाभाविक रूप से इसका एक जादू वाला पक्ष भी था जो पुष्टि कर्म के साथ-साथ शान्ति कर्म के लिए भी प्रेरणा देता था। अथर्ववेद संहिता पर इसकी गहरी छाप है। जहाँ तक कठोर देह-साधन या निवृत्ति के मार्ग का प्रश्न है, वह भले ही व्यवसाय-प्रधान नागर सभ्यताओं से (सुमेरु की हो, या मोहेन-जो-दड़ो की) आया हो किन्तु सांख्य और योग का चिन्तन निश्चय ही इसी दूसरी धारा से आया जो समूहों (व्रातों) में आने के कारण व्रात्य कहलाए। स्वर्गीय चट्टोपाध्याय के इस मत के परिप्रेक्ष्य में यही अधिक तर्कसंगत लगता है कि वैदिक-अवैदिक द्वंद्व की व्यर्थ में कल्पना न करके दो परस्पर पूरक विचारधाराओं के संगम से उद्‌भूत हिन्दू विचारधारा की कल्पना करनी चाहिए। जहाँ पहली विचारधारा की बाह्य दृष्टि, बाह्य रूपसंभार को अर्थ देती है, अपने भीतर के अन्तःस्फूर्त शब्द को बाहर फैले हुए प्रकाश से जोड़कर मनुष्य को पूरे विश्व के साथ समताल बनाती है, वहाँ दूसरी धारा आन्तरिक अनुशासन के द्वारा अपने भीतर उसी मंत्र की शक्ति के अन्तर्वर्तित रूप के द्वारा समस्त ब्रह्मांड को पिंड में अवस्थापित करके मनुष्य के नश्वर शरीर

को सार्थकता देती है। पहली धारा का योगदान है : जीवन की अखंडता और दूसरी धारा का योगदान है : जीवन की निरन्तरता। अखंडता की परिकल्पना सर्वमेध या पुरुषमेध के रूप में की गई और निरन्तरता की परिकल्पना धारा, स्रोतस्विनी, गौरी, सहस्रपत्र, गंगा आदि के द्वारा की गई।

जो लोग हिन्दू जीवन-दर्शन के स्तरों की परिकल्पनाओं का अर्थ नहीं जानते हैं, उनको दो प्रकार के भ्रम स्वाभाविक रूप में हो सकते हैं : पहला तो यह कि सूक्ष्म शरीर का अनुभव स्थूल शरीर या इन्द्रिय द्वारा यदि सम्भव नहीं होता है तो सूक्ष्म शरीर अप्रामाणिक है और इसलिए साधारण व्यक्ति भूतप्रेत के चक्कर में पड़ता है। वह भूत-प्रेत के रूप में भी स्थूल शरीर की परिकल्पना करके अपने लिए अनावश्यक भयजाल खड़ा करता है। दूसरा यह कि सारे विश्व के साथ तादात्म्य माने और साथ ही इतने वर्णों और उन वर्णों में भी इतने उपभेदों और व्यक्ति-व्यक्ति के अलग-अलग सूक्ष्म विभेदों को भी माने—यह असंगत है; या तो पूरा हिन्दू जीवन-दर्शन ढोंग है, या एक प्रकार की खामखयाली। यह सही है कि इन दोनों प्रकार के भ्रमों के शिकार शिक्षित और अशिक्षित, दोनों तरह के लोग मिलते हैं। शिक्षित आदमी स्थूल शरीर या बाह्य परिवेश की एकदम उपेक्षा करके आध्यात्मिक चमत्कार के पीछे दौड़ता है (सीधे-सीधे कहना चाहें, बाबागीरी के पीछे दौड़ता है। इस लोभ में अपनी समस्याओं के समाधान के लिए उसे कोई सीधी और शीघ्र पहुँचाने वाली राह मिल जाएगी; वह यह नहीं सोचता कि कोई भी राह सीधी नहीं है—हिन्दू जीवन-दर्शन विशेष रूप से किसी सीधी राह की बात नहीं सोचता, वह जीवन की जटिलताओं को अच्छी तरह ध्यान में रखते हुए ही लंबी और घुमावदार राह की परिकल्पना करता है, जिसमें कहीं-कहीं लगता है कि आगे राह है ही नहीं और आदमी मुड़कर पीछे आता है, फिर एकाएक वह राह दीखती है जो पहले नहीं दीखी थी। यह दीखना भी राह पर चलने से ही आता है, राह छोड़ने से नहीं)। आध्यात्मिक गुरु का स्थान इस जीवन-दर्शन में कम महत्त्व का नहीं है, पर गुरु की कल्पना परित्राता के रूप में नहीं है, नेत्र-उन्मीलक के रूप में है। वह राह चलना नहीं सिखाता, राह पहचानना सिखाता है, चलना तो आदमी को स्वयं होता है। इसी प्रकार जो लोग बाह्य जीवन में भीतर का कोई सम्बन्ध नहीं देख सकते, वे हिन्दू जीवन-दर्शन को केवल ऐसे सुभीते का जीवन-दर्शन मानते हैं, जिसमें कुछ भी मानने की ज़रूरत नहीं, किसी चीज़ से बँधने की ज़रूरत नहीं और इसीलिए अपने को, बड़े ठाठ के साथ हिन्दू रहते हुए, धर्मनिरपेक्ष कहा जा सकता है। ऐसे लोग हर प्रकार की सिद्धान्तहीनता के लिए हिन्दू जीवन-दर्शन को एक आड़ बना लेते हैं। ऐसे लोग अगर अधिक बुद्धिमान् हुए तो यह अधिक कोशिश करते हैं कि हिन्दू धर्म-आचार सम्बन्धी प्रत्येक अनुष्ठान की वैज्ञानिक उपपत्ति खींचतान कर करें। आजकल योग को शारीरिक चिकित्सा में स्थान देने की बात और दैनन्दिन

हिन्दू जीवन में आचार से सम्बद्ध नियमों की वैज्ञानिकता की बात भी कुछ लोग बड़े गर्व से उठाने लगे हैं। मुँह धोने, कुल्ला करने, हाथ धोने, स्नान करने आदि-आदि से सम्बद्ध नियमों को आवश्यकता से अधिक वैज्ञानिक बनाकर ऐसे लोग मानो यह दिखलाना चाहते हों कि हिन्दू धर्म आधुनिक आदमी के लिए है और यह वैज्ञानिक और तकनीकी प्रगति के लिए बहुत उपयुक्त हो सकता है, क्योंकि इसमें कोई मताग्रह नहीं है और न कोई रहस्य से आदमी को आतंकित करने की बात ही है। उपर्युक्त दोनों कोटियों के समझदार लोग हिन्दू जीवन-दर्शन के बारे में अतिरंजित दृष्टि ही रखते हैं क्योंकि हिन्दू जीवन-दर्शन में बाह्य आचार और आन्तरिक चित्तशुद्धि में अविभाज्य सम्बन्ध है, उसी प्रकार जिस प्रकार कि बाह्य विश्व और मनुष्य के भीतर के विश्व में है। योग यदि केवल शारीरिक चेष्टा हो तो उसका कोई भी उपयोग नहीं है, क्योंकि तब वह केवल शरीर का व्यायाममात्र है और वह पूरे मनुष्य को प्रभावित नहीं कर सकता। पूरे मनुष्य को प्रभावित वह तभी कर सकता है जब उसका सम्बन्ध चित्तवृत्ति के निरोध से हो। यह सही है कि यह निरोध एकदम नहीं आता, पर यह भी सही है कि निरोध के साथ-साथ चलने वाली शारीरिक चेष्टा भी एकदम नहीं आती। इसी प्रकार बिना भावना के पूजा अगर होती है तो वह एक वंचना बनकर रह जाती है, पर भावना के साथ बाह्य पूजा को जोड़ना भी एकदम नहीं होता है, वह अभ्यास के बाद ही सम्भव होता है। इसीलिए अभ्यास और अभ्यास से मनुष्य के सूक्ष्म शरीर पर पड़ने वाले संस्कार हिन्दू जीवन-दर्शन में इतना अधिक महत्त्व रखते हैं। माला फेरना लाख प्रयत्न करने पर भी कुछ ही क्षण बाद यंत्रवत् कार्य हो जाता है। इसी तरह बहुत-से अनुष्ठान, बहुत-से मंत्रों और स्तोत्रों के पाठ अभावित होने के कारण बीच-बीच में अर्थहीन हो जाते हैं। तब भी उनको ठीक तरह से भावयोजित करके चलाने पर बल इसलिए दिया जाता है कि संस्कार की रेखा कुछ और गहरी हो और धीरे-धीरे जब वह रेखा इतनी गहरी हो जाए कि एक पुनरावृत्ति भी भावना को जगा देने में समर्थ हो जाए तो मान लिया जाए कि बाह्य अनुष्ठान सफल हुआ। हिन्दू जीवन-दर्शन इसीलिए शीघ्र फल की कामना नहीं करता और जो लोग यह मानते हैं कि भक्ति मार्ग ऐसा है जिसमें आदमी को कुछ करने की आवश्यकता नहीं पड़ती। अब कुछ दायित्व देवता के ऊपर आ जाता है। वे भक्ति मार्ग के कठिन संकट की बात नहीं जानते। भक्त को अपने आराध्य के प्रति अर्पित होते समय सबसे बड़ा असमंजस यही होता है कि मैं अर्पित होने योग्य हूँ या नहीं। मैं जो यह अभिमान करता हूँ कि खाना, पीना, सोना सब कुछ अपने लिए नहीं, अपने आराध्य के लिए है, वह क्या सत्य है? क्या मैं दुराव या छल नहीं कर रहा हूँ? और यदि सारा भोग ईश्वर के नाम पर अपने लिए है तो क्या मुझमें पात्रता है? इसी संकट से उबरने के लिए भक्ति मार्ग में सेवा और परहित की बात आवश्यक बताई गई है। जब तक भक्त सामान्य से

सामान्य प्राणी में, तुच्छ से तुच्छ वस्तु में ईश्वर को नहीं देख सकता, जब तक इन सबकी आवश्यकता को ईश्वरीय आवश्यकता नहीं समझ सकता, तब तक उसका समर्पण पूरा नहीं होता और तब तक उसकी भक्ति की नींव नहीं पड़ती। इस प्रकार भक्ति भी एकाएक नहीं उद्भूत होती, वह भी अभ्यास से ही आती है।

एक बार यदि हम इस अभ्यास को हिन्दू जीवन-दर्शन का मूल आधार मान लें तो कर्मवाद और जन्मान्तरवाद को समझने में आसानी होगी। आपने यह प्रश्न उठाया है कि आधुनिक जननविज्ञान ने यह तो सिद्ध कर दिया कि कर्म आदमी के कोषकेंद्र के पित्र्य सूत्र में छाप छोड़ते हैं, उसी तरह जिस तरह आवाज़ें टेप में अपनी छाप छोड़ती हैं, पर यह छाप अधिक-से-अधिक आनुवंशिक निरन्तरता में ही संक्रमित देखी जा सकती है, जैसे—पिता से पुत्र, पुत्र से उसके पुत्र तक और आगे भी, पर निरन्तरता जीवित से मृत तक और फिर मृत से जीवित तक मानना जनन-विज्ञान की दृष्टि से असम्भव है। प्रश्न यह कि जीव-विज्ञानीय पुनर्जन्म (वैज्ञानिक मार्ग) और अजीव-विज्ञानीय पुनर्जन्म (धार्मिक मार्ग) के बीच विरोध का क्या हल है? आपकी जिज्ञासा की गहराई मैं समझ सकता हूँ, क्योंकि हम लोगों के बीच भी ईमानदारी से हिन्दू जीवन-दर्शन के बारे में सोचने वाले लोग इस प्रश्न के बारे में तर्क-वितर्क करने लगे हैं। कुछ आकस्मिक और तर्कातीत दोहरे जीवन की घटनाओं के द्वारा लोग परा-मनोविज्ञान की चर्चा करने लगे हैं, कुछ लोग पुनर्जन्मवाद को मनुष्य के विकास में बाधक के रूप में देखने लगे हैं, क्योंकि उनकी समझ में पुनर्जन्मवाद आदमी के जीवन को पूर्वनियत बना देता है, परिश्रम की कोई आवश्यकता नहीं रह जाती, पर मैं एक प्रश्न पूछना चाहता हूँ : क्या जो नापा जा सका है, वही सच है और जो नापा नहीं जा सका है, उसका सत्य केवल नापे न जा सकने के कारण सन्दिग्ध है? मेरी समझ में वैज्ञानिक सत्य भी खंड-सत्य है। गंगा की पवित्रता उसके रासायनिक उपादानों से जितनी प्रमाणित होती है, उससे कहीं अधिक इससे प्रमाणित होती है कि कोटि-कोटि जनों की भीतरी भावसिद्धि की आकांक्षा की तृप्ति, चाहे हज़ारवें क्षण के लिए ही क्यों न हो, होती है और गंगा की धारा ऐसे कोटि-कोटि क्षणों के संस्कार से अस्पृष्ट नहीं रहती। एक प्रकार से जिन व्यक्तियों के लिए वह भाव-शुद्धि की धारा के रूप में आराध्य है, उनके लिए वह कोरी वैज्ञानिक शुचिता का सत्य-भर नहीं है, उससे कहीं अधिक बड़ी शुचिता का सत्य है। पुनर्जन्म मानने की उपपत्ति केवल इसी वैज्ञानिक परिवीक्षण से ही नहीं पूरी होती है। वह पूरी होती है पूरी जीवन-दृष्टि से। यदि हम पेड़ में, पौधे में, नदी में, पत्थर में, हवा में, बादल में प्राणवत्ता देखते हैं और अपने काव्य, अपनी कला और अपने शिल्प में, समस्त प्राणवान् वस्तुओं में एक लयबद्ध स्पंदन देखने की कोशिश करते हैं, और भूमिकाओं के विनिमय की बात सोच सकते हैं, पत्थर की मूर्ति में प्राण आ जाता है और प्राणवान् आदमी पत्थर हो जाता है, प्रकृति सहचरी बनती है और सहचरी

प्रकृति में छा जाती है—भागवत पुराण में श्रीकृष्ण की वंशी का जो प्रभाव गोपी पर पड़ता है, वही नदियों पर :

नद्यस्तवा तदुपधार्य मुकुन्दगीतमावर्त्तलक्षितमनोवभग्नवेगाः
आलिंगनस्थगित मूर्मिभुजैर्मु रारेगृह्णन्ति पादकमलं कमलोपहाराः ॥

तो हम इसी में पुनर्जन्म या जीवन की निरन्तरता की उपपत्ति पा जाते हैं। जीवन की निरन्तरता केवल काल में ही नहीं, देश में भी है। काल की निरन्तरता के प्रमाण पित्र्य सूत्रों में पड़ी छाप में मिल जाएँ और इसलिए चार पीढ़ी तक सपिंडता (समान पिंड की साझेदारी) की कल्पना वैज्ञानिक मान ली जाए और देश में निरन्तरता की कल्पना के लिए केवल चित्त के लगाव का प्रमाण होने के कारण उसे विश्वसनीय न माना जाए, यह ठीक नहीं है, क्योंकि काल और देश विज्ञान की दृष्टि से भी परस्पर विनिमेय हैं। इसलिए काल में निरन्तरता और देश में निरन्तरता में कोई विरोध नहीं हो सकता।

मर्त्य और अमर्त्य की निरन्तरता की बात 'अथर्ववेद' के एक मंत्र से और अच्छी तरह प्रमाणित होती है। नवम कांड के दसवें सूक्त में यह मंत्र आया है :

अपाङ् प्राङेति स्वधया गृभीतो मर्त्योऽमर्त्येना सयोनिः।
नाश्वश्वन्ता विषूचीना वियंता न्यन्यं चिक्युर्न हि चिक्युरन्यम् ॥

इस मंत्र का अभिप्राय यह है, अमरणधर्मा जीव मरणधर्मा शरीर के साथ एक सूत्र के द्वारा जुड़ता है, वह सूत्र है अहंकार का, और ये दोनों एक-दूसरे के साथ आगे-पीछे अपनी वस्तु की स्वधा की खोज में जाते-आते रहते हैं। जब अमर्त्य आगे रहता है तो गति आगे की ओर होती है। जब मर्त्य आगे हो जाता है तो गति प्रत्यावर्तित हो जाती है। वस्तुतः मरणधर्मा शरीर स्थूल रूप में मरकर भी सूक्ष्म रूप में संक्रमण करता रहता है और अहंता के सूत्र के द्वारा आत्मा से बँधा रहता है। इस सूक्ष्म शरीर से सम्बद्ध आत्मा, अनेक दिशाओं में भटकता हुआ पुत्र-सम्बन्धी जैसे आत्मीय शरीरों को तो ज़रूर पहचान लेती है, किन्तु अपने अशरीरी परम आत्मीय रूप को नहीं पहचान पाती। इस मंत्र में मर्त्य और अमर्त्य को जोड़नेवाले सूत्र का भली-भाँति निरूपण किया गया है। अहंकार का बोध स्थूल शरीर के साथ समाप्त नहीं होता है और इसी के कारण चार पीढ़ी तक आदमी समान पिंड का एक-दूसरे के साथ भागीदार मानता है और देश के आयाम में वह अन्य संवादी वस्तुओं में संक्रान्त होता है। अमर्त्य होने के लिए सबसे पहली शर्त अहंता के त्याग का क्रमिक अभ्यास है। इसीलिए प्रत्येक दान, प्रत्येक जप, प्रत्येक तप के अन्त में यह यह संकल्प आवश्यक होता है : यह अमुक के लिए, अब मेरा नहीं (न मम)।

यह तो आपके प्रश्न का एक प्रकार का समाधान हुआ। और मैं समझ सकता हूँ कि इस समाधान से आपको सन्तोष नहीं हो सकता। इसलिए मैं एक दूसरा समाधान दूँगा। एक बार यह मान लिया जाए कि कर्मवाद का नियम नैतिक ऊर्जा के, ऊर्जा के बचाव के महान् नियम पर आधारित है तो मृत्यु के साथ यह ऊर्जा के विनष्ट होने की बात स्वीकार करने में एक बहुत बड़ी आपत्ति यह उठती है कि ऊर्जा का बचाव किसलिए किया गया? यदि मृत्यु के साथ उसे नष्ट होना ही था तो अधिक-से-अधिक सौ-सवा सौ वर्ष की जिन्दगी के लिए इस ऊर्जा को बचाकर रखने का कोई गहरा प्रयोजन नहीं सिद्ध होता। दूसरी आपत्ति यह भी उठती है कि आदमी के ऊपर केवल अपने या अपने पिता या अपने पितामह के ही कर्मों की छाप नहीं पड़ती, उसके प्रिय, आराध्य, स्नेहपात्र—इन सबके कर्मों की भी छाप पड़ती है और वह छाप भी नैतिक ऊर्जा के बचाव में सहायक होती है। उस दशा में भी मृत्यु के बाद इस छाप के मिट जाने की बात सोचना बहुत ही अतर्कसंगत है। जहाँ तक इसका प्रश्न है कि पुनर्जन्म मानने का अर्थ ऐसे पूर्वनियत जीवन को स्वीकार करना है जिसमें प्रयत्न से कोई परिवर्तन सम्भव नहीं, वहाँ केवल एक ही बात कहनी है कि हिन्दू जीवन-दर्शन कर्म का त्रिविध विभाजन करता है—प्रारब्ध, संचित और क्रियमाण। प्रारब्ध का भोग करना पड़ता है, संचित और क्रियमाण का भोग नियत रूप में नहीं करना पड़ता। आदमी चाहे तो अपने कठोर संकल्प के द्वारा ऐसा अभ्यास कर सकता है कि संचित और क्रियमाण कर्मों की छाप मिट जाए। पर इससे संचित और क्रियमाण कर्मों का महत्त्व कम नहीं होता, उलटे मैं यह कहूँगा कि उनका महत्त्व बढ़ जाता है, क्योंकि क्रियमाण कर्म ही प्रारब्ध का भोग कराते हुए भी जीवनक्रम को संचित की अपेक्षा से मुक्त कर लेता है और इसलिए वह पूर्वनियत फल की धारा को मोड़ भी देता है। इस माने में वह प्रारब्ध से कहीं अधिक महत्त्वपूर्ण है। क्रियमाण कर्म यदि ठीक तरह अनुवर्तित किया गया तो वह न केवल प्रारब्ध को भोगने के लिए भीतर से शक्ति और विश्वास देता है, बल्कि प्रारब्ध के भोग की अवधि को भी इस माने में कम कर सकता है कि कालावधि का अनुभव ही इस योगपूर्वक क्रियमाण कर्म के द्वारा संकुचित या विस्तृत किया जा सकता है। हिन्दू जीवन-दर्शन काल की किसी निरपेक्ष इकाई को नहीं स्वीकार करता। इसीलिए क्षण का बोध एक ही व्यक्ति को भिन्न-भिन्न अवस्थाओं में भिन्न-भिन्न प्रकार से होगा और भिन्न-भिन्न व्यक्तियों को तो भिन्न-भिन्न प्रकार से होगा ही। काल का सौर-माप भी आत्यन्तिक और अमर नहीं है, वह एक पैमाना मात्र है जिसके माध्यम से विभिन्न कालावधि के अनुभवों का अन्दाज लगाया जा सकता है। इसलिए कर्म की भूमिका जीवन में सबसे अधिक महत्त्वपूर्ण मानी गई है। इस भूमिका की महत्ता अपने-आप नियंतिवाद का खंडन कर देती है। इसके बावजूद यह प्रश्न रह जाता है कि साधारण हिन्दू जन्मकुंडली के फल में क्यों इतना अधिक

विश्वास करता है? क्यों वह प्रत्येक विपत्ति को पूर्वनिश्चित मानकर चुपचाप सन्तोष कर लेता है? क्या यह उदासीनता उसके अभ्युत्थान में बाधक नहीं है?—इस प्रश्न के समाधान के लिए विशेष कुछ कहने की आवश्यकता नहीं है। इतना ही कह देना पर्याप्त है कि जहाँ हिन्दू जीवन-दर्शन एक ऊँचे सिद्धान्त की स्थापना करता है, वहीं यह मानकर कि प्रत्येक व्यक्ति का स्तर और उसके स्तर से प्रारम्भ होने वाले कर्म का विधान अलग-अलग है। कर्म तो सबके लिए साधारण हैं। वे नित्य धर्म हैं पर वे भी व्यक्ति की परिस्थिति और स्तर के अनुसार आकार में एक जैसे नहीं होते। मांस बेचने वाले के लिए अहिंसा का अर्थ वही नहीं है जो अध्यापन करने वाले के लिए होगा। किंतु, अहिंसा का मूल अर्थ (मारने की इच्छा का अभाव या और सही ढंग से कहें, जीवन के निषेध से उल्टी दिशा की ओर मुड़ना) दोनों के लिए समान रूप से काम्य है। मांस बेचने वाला यदि मांस बेचते हुए किसी की जीविका पर आघात नहीं करता, क्रय-विक्रय में प्रतिकूल स्थिति उत्पन्न होने पर भी अपने को जीवन से—(जीवन का अर्थ है—समग्र जीवन से)—जोड़े रहता है तो वह अहिंसा का ही पालन करता है। दूसरी ओर यदि अध्यापन करनेवाला व्यक्ति किसी को पराजित करने की भावना से ज्ञान-चर्चा करता है तो वह ऊपरी तौर पर अहिंसक चाहे दीखे, पर पारमार्थिक रूप में वह उतने क्षण तक हिंस्र हो जाता है। यही कारण है कि प्रत्येक व्यक्ति का स्वकर्म और स्वधर्म उसकी अपनी निजी क्षमता और परिस्थिति से निरूपित होता है और उसी कर्म को वह जब इस प्रकार करता है कि अपने लिए नहीं बल्कि सर्वात्मा के लिए है, तो वह सिद्धि प्राप्त कर लेता है। 'महाभारत' में धर्मव्याध की कथा एक तप के अभिमान से धर्मच्युत ब्राह्मण को एक मांस बेचने वाले स्वधर्मनिरत व्याध से धर्म की शिक्षा दिलाकर यही सिद्ध करती है कि कर्म अपने-आपमें कोई छोटा-बड़ा नहीं, उसके अनुष्ठान का संकल्प और उस अनुष्ठान के पीछे निहित भावना से ही वह छोटा या बड़ा होता है। हिन्दू जीवन-दर्शन में इसके लिए विभिन्न प्रकार की पूजाओं, उपासनाओं, देवताओं, मंत्रों, शक्तियों का विधान है। इसका अर्थ यह नहीं है कि कोई विधान छोटा 'है' या बड़ा 'है' या कोई आदमी छोटा है या बड़ा है या ये भेद कभी पूर्ण रूप में वास्तविक हैं। वस्तुत: 'है' के रूप में ये दोनों चीजें भिन्न हैं। आदमी और उसके कर्म पर 'होने' के रूप में, यदि होना अभीष्ट दिशा की ओर उन्मुख है तो ये सभी चीजें एक अव्यय भाव बन जाती हैं। तंत्रों में इसी का उल्लेख इन शब्दों में है :

प्राप्ते त भैरवीचके सर्वे वर्णा द्विजातय:

अर्थात् भैरवी चक्र को प्राप्त करने पर सभी वर्ण द्विज हो जाते हैं। यहाँ भैरवी-चक्र का सही-सही अर्थ समष्टि चित्त में अपने को लीन करनेवाला संकल्प और द्विजाति का सही-सही अर्थ एक नये प्रकार के सर्वभूतमय जीवन बिताने के लिए नया जन्म है।

वर्णाश्रम व्यवस्था का सामाजिक पक्ष भले ही देश-काल की बदलती हुई परिस्थितियों में कम या अधिक महत्त्व रखे और कभी उपेक्षणीय भी हो किन्तु उसका आध्यात्मिक पक्ष कभी भी उपेक्षणीय नहीं है क्योंकि चार प्रकार के स्वभाव के वर्गीकरण (प्रत्येक प्रकार के स्वभाव के अनुसार आश्रम की कल्पना) अपने-आपमें एक महत्त्वपूर्ण जीवन क्रम की संरचना करते हैं। वर्ण-व्यवस्था में ब्राह्मण ऊँचा दिखाई पड़ता है पर उसका संवादी आश्रम ब्रह्मचर्य वर्ण-व्यवस्था के शूद्र के संवादी आश्रम संन्यास के आगे बहुत छोटा पड़ता है अर्थात् शूद्र का कार्य सबसे ऊँचा है क्योंकि वह सेवा प्रधान है, वह निर्वर्ण है, अपने व्यक्तित्व का पूर्ण विलय करनेवाला है। ब्राह्मण की उच्चता उसके प्रयत्न और अभ्यास की कठिनाई को लेकर है और शूद्ररूप आश्रम की उच्चता उसके प्रयत्न की सर्वभूतपरायणता की भावना को लेकर है।

इन वर्णों और आश्रमों के बीच में जोड़ने वाली कड़ी है, ऋणमुक्ति की व्यवस्था। यों तो तीन ही ऋण प्रसिद्ध हैं—ऋषिऋण, पितृऋण और देवऋण। ऋषिऋण ब्रह्मचर्य आश्रम और ब्राह्मण के धर्म स्वाध्याय से उतरता है, पितृऋण गृहस्थ आश्रम और क्षत्रिय के सर्वपालक कार्य से उतरता है, क्योंकि देवता की देवऋण वानप्रस्थ आश्रम और विनिमय प्रधान वैश्य के कार्य से उतरता है, क्योंकि देवता की उपासना में एक-दूसरे को उपकृत करने की भावना रहती है। यज्ञ और उपासना के द्वारा मनुष्य देवता को भावित करता है और उसी के द्वारा देवता भी मनुष्य को भावित करते हैं :

सहयज्ञाः प्रजाः सृष्ट्वा पुरोवाच प्रजापतिः
अनेन प्रसविष्वध्वमेष वोस्त्विष्टकामधुक्
देवान् भावयतानेन ते देवा भावयन्तु वः
परस्परं भावयन्तः श्रेयः परमवाप्स्यथ॥

['गीता', अध्याय 4]

पर चौथे ऋण की चर्चा बहुत कम मिलती है। वस्तुतः चौथे वर्ण, चौथे आश्रम और चौथे ऋण—इन तीनों की कल्पना आर्यचिन्तन में एक उत्तरवर्ती विकास है। तीन को अतिक्रमण करने वाले वर्ण, आश्रम और ऋण की कल्पना वैदिक यज्ञ-संस्था के पूर्ण विकास के अनन्तर हुई। वर्णों में शूद्र को स्थान, आश्रमों में संन्यास को स्थान और ऋणों में भूतऋण या मनुष्यऋण को स्थान देना एक सर्वग्राही व्यापक और आध्यात्मिक चिन्तन के उत्कर्ष के परिणामस्वरूप हुआ। मनुष्यऋण या भूतऋण केवल अपने पिता का ऋण नहीं, केवल अपने देवता का ऋण नहीं, केवल अपनी ज्ञान परम्परा का ऋण नहीं, बल्कि समस्त मनुष्य जाति और उसको भी और अधिक व्यापक रूप देने पर समस्त प्राणियों का ऋण है। उससे निस्तार पाने के लिए आदमी को निर्वर्ण हो जाना पड़ता है तथा उसे अपने व्यक्तित्व का पूर्ण विलय कर देना पड़ता है—वह एक प्रकार से शूद्र हो जाता है और उसका

जीवन केवल दूसरों के लिए ही शेष रह जाता है। तभी वह ऋषि, पितर और देवता इन तीनों का अतिक्रमण करने वाले और इन तीनों को ऋषि, पितर और देव बनाने वाले परब्रह्म के साथ वह जुड़ जाता है। इस प्रकार यह सारा जीवन ऋणों से निस्तार पाने का प्रयत्न है और इसका अन्तिम भाग सेवाधर्म के द्वारा मनुष्यऋण से बिस्तार के लिए सुरक्षित है। यही कारण है कि मौन सेवाव्रत वाला आश्रम शूद्र वर्ण का संवादी है, वही विराट् पुरुष के संचरण का साधन है। एक प्रकार से हिन्दू जीवन के सत्य को गतिशील बनाने वाला उसका यही शूद्रधर्म है। ब्राह्मण को मुख मानना और ब्राह्मण के धर्म स्वाध्याय से जीवन के प्रारम्भ का विधान करना सेवाधर्म को एक गहरी बौद्धिक पृष्ठभूमि देने के लिए है तथा सेवाधर्म को एक जातीय संकल्प के साथ जोड़ने के लिए है। इस प्रकार स्तर-भेदों की निरपेक्षता का अपने-आप समाधान हो जाता है।

आपने जो हिन्दू जीवन-दर्शन के बारे में सर्वव्यापी या सामाजिक न्याय का प्रश्न छेड़ा है, उसका कुछ-कुछ समाधान मेरे ऊपर के कथन से हो जाएगा। सर्वव्यापी न्याय को दायित्व या ऋण से जोड़ने पर जो सिद्धान्त उभरता है, वह समतावादी ऊपर से न दीखे, पर वह समता से भी अधिक गहरी एक नैतिक सम्पृक्तता का आधार उपस्थित करता है। समतावादी सिद्धान्त में अनावश्यक होड़ की गंध है, साथ ही कर्तव्य की उपेक्षा करके अधिकार की माँग पर बल है। इसलिए समता पर आधारित न्याय मनुष्य की मुक्ति का साधन भी बन सकता है, पर यदि सामाजिक न्याय को समाज के प्रति (वर्तमान, अतीत और भविष्यत्—तीनों प्रकार के समाज के प्रति तथा मनुष्य तक ही यह समाज-बोध सीमित न हो; चेतन, अर्द्धचेतन, अचेतन—सभी प्रकार के जीवों को अपने में बाँधने वाली धारणा से भावित समाज के प्रति) दायित्व से जोड़ा जाता है तो उसका स्वरूप एकदम बदल जाता है। किस अवस्था में किस प्रकार के स्वभाव वाले व्यक्ति का क्या सामाजिक दायित्व है, यह परिभाषित किये बिना सामाजिक न्याय की कल्पना अधूरी रह जाएगी, बिना ऐसा किये न तो उससे समग्र मनुष्य उभरेगा और न मनुष्य और उसके चराचर परिवेश के साथ सामरस्य ही। सर्वव्यापी न्याय के स्थान पर इसीलिए हिन्दू जीवन-दर्शन में सर्व को एक अखंड इकाई के रूप में देखने वाले न्याय की प्रतिष्ठा है। इसका सर्वव्यापी न्याय से विरोध नहीं है किन्तु सर्वव्यापी न्याय केवल इसका एक खंडरूप ही हो सकता है। इसमें कोई सन्देह नहीं कि आन्तरिक एकता की बात सिद्धान्त के रूप में स्वीकृत होने पर भी व्यवहार के स्तर पर उतारने वाले हिन्दू बहुत बिरले ही मिलेंगे पर इससे हिन्दू जीवन-दर्शन की कोई त्रुटि नहीं प्रमाणित होती, केवल यह प्रमाणित होता है कि हिन्दू जीवन-दर्शन को सही तरह समझने में जहाँ एक ओर पश्चिमी जीवन-दर्शन के प्रभाव के कारण बाधा उत्पन्न हुई है, वहाँ अत्यन्त अन्तर्मुख हो जाने के कारण अपने-आप जो एक बाहर को देखने की खुली दृष्टि

होती है, उसका अभाव आ गया है—इन दोनों कारणों से हिन्दू जीवन-दर्शन के व्यवहार और सिद्धान्त में बहुत अन्तर भी आ गया है। एक और विभिन्न प्रकार के स्तरों की विविधता के लिए क्षमाप्रार्थना का-सा स्वर है और हिन्दू कहलाने में अजीब संकोच दिखता है तो दूसरी ओर एक अत्यन्त विध्वंसक थोथा अभिमान, जो हिन्दू को ग़ैर हिन्दू के विरोध में खड़ा कर देता है और सनातनी हिन्दू को ईश्वर की एक अलग सृष्टि मानने का दम्भ पैदा कर देता है। ये दोनों ही स्थितियाँ अवांछनीय हैं। व्यवहार के स्तर पर एक प्रकार की विविधता को स्वीकार करते हुए भी एक-दूसरे स्तर पर इस विविधता या अनेकता को मेटने वाले दुर्निवार भाव-प्रवाह की एकता की बात करना, और बात ही न करना, जीने की कोशिश करना लज्जा की बात क्यों हो? साथ ही हिन्दू होकर यह मानना ही हिन्दुत्व की कल्पना के विरुद्ध है कि ईश्वर ने हिन्दू को (सनातनी हिन्दू को) विशेष कृपा का पात्र बनाया, क्योंकि हिन्दू ईश्वर की कल्पना किसी जाति या देश से बँधे हुए ईश्वर की कल्पना नहीं है। वह प्रत्येक मनुष्य से, प्रत्येक व्यष्टि से बँधे हुए ईश्वर की कल्पना है। इसलिए जो भी हिन्दू ऐसा सोचता है कि ईश्वर उसका नहीं है, जो हिन्दू धर्म नहीं मानता, या जो ईश्वर को नहीं मानता, हिन्दू जीवन-दर्शन की मूल स्थापना के साथ विश्वासघात करता है। सनातनी हिन्दू की दृष्टि से ईश्वर व्यक्ति के आवाहन में ही अपना अस्तित्व प्रमाणित पाता है और मनुष्य के रूप में लीला करके ही उसका सर्वव्यापकत्व, सर्वशक्तिमत्व, सर्वज्ञत्व, सर्वेश्वरत्व—ये सभी चीजें अभिव्यक्ति पाती हैं। एक प्रकार से कहना चाहें तो सनातनी हिन्दू दृष्टि से प्रत्येक व्यक्ति के लिए ईश्वर अपने को उसकी अपेक्षा को ध्यान में रखते हुए नये सिरे से रचता है, लेकिन यह नवसर्जन आदमी की इच्छा के अनुपात में ही बड़ा या छोटा होता है। जो आदमी ईश्वर नहीं मानता, पर यह स्वीकार करता है कि एक सनातन प्रवाह सबको एकाकार किये हुए है, वह अपने अच्छी तरह अनुष्ठित कर्म में प्रवाह की एकाकारता पा लेता है। इसीलिए हिन्दू-दृष्टि से नास्तिकता का अर्थ ईश्वर को न मानना नहीं बल्कि कर्म के सनातन प्रवाह को न मानना है। पाणिनि ने 'नास्तिक' शब्द की व्युत्पत्ति कुछ इसी प्रकार की है। यही कारण है कि विभूतिमात्र हिन्दू के लिए आदरणीय है, प्रेरणा की वस्तु है, पर वही सब कुछ नहीं है। सब कुछ आदमी स्वयं है, क्योंकि सब कुछ के साथ आदमी अपने को जब भावित कर लेता है, तभी विभूतियों की प्रेरणा भी सफल होती है, नहीं तो विभूतियों से प्राप्त प्रेरणा का कोई विशेष अर्थ हिन्दू जीवन-दर्शन में नहीं है। चाहे यह कितना ही अटपटा क्यों न लगे, पर सही बात यह है कि जो लोग महात्माओं से निजी कष्ट से निवृत्ति या सुख-प्राप्ति की कामना करते हैं, वे हिन्दू आत्मदर्शन के ठीक विपरीत आचरण करते हैं। महात्मा चाहे कितने ही बड़े क्यों न हों, वे स्वयं हिन्दू दृष्टि से तभी पूज्य होते हैं जब कि वे दूसरे के लिए जिएँ, दूसरे के दुःख के लिए अपनी मुक्ति को न्योछावर कर दें और अपने शरीर को शुद्ध रूप

से पराश्रय—दूसरे के कर्म का आश्रय—मानें, जैसाकि 'श्रीमद्भागवत' के आरम्भ में प्रश्न के द्वारा कहा गया है :

शिवाय लोकस्य भवाय भूतये य उत्तमश्लोकपरायणा जनाः।
जीवन्तिनात्मार्थमसौ पराश्रयं मुमोच निर्विद्य कुतः कलेवरम्॥

हिन्दू जीवन-दर्शन का विस्तार आत्म-दर्शन और ब्रह्म-दर्शन के दो ध्रुवों को एक बिन्दु रूप में परिणत करने के बाद हुआ है। इसलिए जहाँ जन्मान्तरवाद आत्म-दर्शन का ही एक उपप्रमेय है, वहाँ अवतारवाद ब्रह्म-दर्शन का और दोनों को जोड़ने वाला कर्मवाद है। कर्म, बन्धन और मोक्ष तथा मुक्त आदमी के स्वयं वरण किये हुए बन्धन, तीनों का कारण होने के कारण आत्मा और ब्रह्म, व्यष्टि और समष्टि, बद्ध और मुक्त को न केवल जोड़ता है, बल्कि मुक्त को अपनी इच्छा से सम्पूर्ण के हित में बद्ध बनाने की ऐसी भूमिका तैयार करता है, जो हिन्दू जीवन-दर्शन की चारों पुरुषार्थों का अतिक्रमण करनेवाली सर्वश्रेष्ठ भूमिका है। इस भूमिका में पहुँचने पर ही ब्रह्म का आत्मोन्मुख होना और आत्मा का ब्रह्मोन्मुख होना सार्थक होता है। देखने पर भक्ति ऊपर से मनुष्य को उपास्य रूप में हीन बनाती लगे, पर गहराई में जाने पर भक्ति विराट् और लघु की भूमिकाओं का विनिमय कराने वाली है और इसलिए वह वस्तुतः मनुष्य जीवन का चरम साफल्य है।

मैंने ऊपर जो कुछ भी हिन्दू जीवन-दर्शन की व्याख्या प्रस्तुत की है, वह आपके प्रश्नों के समाधान से कुछ आगे भी चली जाती है पर आपके प्रश्नों के उत्तर अलग-अलग क्रमबद्ध रूप में देने के बजाय मैंने यही उपयुक्त समझा कि अन्तर्विरोधों की व्याख्या न करके या उनकी सफ़ाई में कुछ न कह करके हिन्दू जीवन-दर्शन की मूल स्थापनाओं की तार्किक उपपत्ति प्रस्तुत कर दूँ। मैं नहीं जानता कि इसमें मैं सफल हुआ हूँ कि नहीं, पर इस उत्तर से आपको कुछ भी सन्तोष मिला तो मैं अपने को कृतकृत्य मानूँगा।

आपका सस्नेह
—विद्यानिवास

श्री नि. ज़्बेर्या
रोमानिया, बुकारेस्त।

पुनश्चः आपने ये प्रश्न छेड़कर अपने बारे में और अपने जीवन-दर्शन के बारे में प्रत्यवालोकन करने का अवसर दिया, इसके लिए मैं आपका कृतज्ञ हूँ।

परिशिष्ट-3

विदेशी हिन्दू धर्म में क्या देखता है?

[प्रोफेसर जे. डब्ल्यू . वरकर्मा कुटिस (वाशिंगटन विश्वविद्यालय, सियेटेल, संयुक्त राज्य), अमेरिका में स्थापत्य शास्त्र के प्रोफ़ेसर, से लेखक की बातचीत कुछ वर्ष पूर्व वाराणसी में लेखक के घर हुई थी। वह बातचीत अंग्रेजी में थी। उस बातचीत का पहला हिस्सा अनूदित रूप में यहाँ दिया जा रहा है। इसका उद्देश्य सिर्फ़ इतना ही है कि हिन्दू धर्म को एक आधुनिक देश-काल के परिवेश में समझना-समझाना भी आवश्यक है। भारत के विश्वविद्यालयों में कहीं भी हिन्दू शास्त्र का अध्ययन नहीं कराया जाता, जैसे इस शब्द में ही कोई छूत लगी हो! इस्लामी अध्ययन के विभाग हैं, बौद्ध अध्ययन के विभाग हैं, पर हिन्दू अध्ययन के विभाग नहीं हैं। और नहीं तो नया शब्द ब्राह्मण धर्म चला दिया गया है। ब्राह्मण धर्म, क्षत्रिय धर्म, वैश्य धर्म, शूद्र धर्म, ब्रह्मचारि धर्म, गृहस्थ धर्म, आपद्-धर्म जैसे शब्द केवल अवस्था विशेष के सीमित प्रयोजन के धर्म हैं। वस्तुत: तो केवल धर्म ही पर्याप्त है, पर हिन्दू विशेषण उससे जुड़े लोगों को दे दिया गया है, तो अब उसे केवल हिन्दू धर्म कहना चाहिए और उसके गम्भीर अध्ययन की व्यवस्था होनी चाहिए—जो मानते हैं, उनके लिए भी; जो उसे जानना चाहते हैं, उसके कुछ मूल्यों की साझेदारी में शरीक होना चाहते हैं, उनके लिए भी और उनके लिए भी, जो उसमें दोष देखते हैं, ताकि वे जानकर दोष देखें। यह बातचीत बहुत निजी स्तर पर हुई थी, इसमें गहरी शास्त्रीयता नहीं है, पर बातचीत का खुलापन इस ग्रंथ में विवेचित खोज में एक आलोक देगा, इसलिए इसे दिया जा रहा है।]

कुर्टिस : हिन्दू धर्म की सबसे पहली माँग है स्वधर्म का पालन : 'स्वधर्मे निधनं श्रेय:' और इसी कारण यह अपरिभाषित रहता है क्योंकि प्रत्येक व्यक्ति का स्वधर्म उसको उसकी ऐतिहासिक-भौगोलिक परिस्थिति से दिया होता है।

इस प्रकार के स्वधर्म की धारणा में स्वाधीनता के लिए पूर्ण अवसर है, किन्तु हिन्दू धर्म में संस्कार पर जो बल दिया जाता है, वह बात इस स्वाधीनता के विरुद्ध

पड़ती है, क्योंकि संस्कार व्यक्ति को इसी विशेष आकार-प्रकार में ढालने के उद्‌देश्य से किया जाता है।

सिद्धान्ततः हिन्दू धर्म बहुत ही अतिशय परिवर्तनवादी और क्रान्तिकारी दिखता है, पर प्रकट व्यवहार में यह अनेक सीमाओं और अपेक्षाओं से बँधा लगता है। आपको यह अन्तर्विरोध दीखता है कि नहीं?

लेखक : मेरी दृष्टि में अन्तर्विरोध नहीं है। अन्तर्विरोध तब दीखता है, जब हम दोनों बातों को एक स्तर पर देखने की कोशिश करते हैं। वस्तुतः नित्यधर्म और नैमित्तिक धर्म दो भिन्न आयामों में अवस्थित हैं। नैमित्तिक धर्म के आयाम हैं—देश और काल और नित्य धर्म के आयाम हैं—अखंडता और अनन्तता। वैसे न तो जाति-व्यवस्था ही कड़ी है, न संस्कार व्यवस्था ही। दोनों में समय-समय पर परिवर्तन होते रहे हैं। यह अवश्य है कि परिवर्तन की गति धीमी रही है और परिवर्तन व्यापक रूप में होते रहे हैं। हिन्दू समाज में एक कोने में होने वाला परिवर्तन या एक वर्ग में होने वाला परिवर्तन प्रायः कट्टरता के विरोध में नई और कड़ी कट्टरता को जन्म देता रहा है। उसमें प्रत्येक प्रभावी परिवर्तन निरन्तरता की परिधि में घटित हुआ। देश और काल में जो चीज़ बँधी हुई दीखती है, वह ज्योंही बृहत्तर परिधि (अनन्तता और अखंडता) का विरोध करती है, त्योंही टूट जाती है और उसका स्थान एक नई व्यवस्था ले लेती है, पर निरन्तर परिवर्तन घटित करने के लिए और इस परिवर्तन को घटित करते देखने के लिए एक व्यवस्था के भीतर रहना आवश्यक है, क्योंकि तब उस परिवर्तन की प्रक्रिया में न केवल एक पूरा समाज बल्कि समस्त देश-काल सम्मिलित रहता है और कोई व्यक्ति चाहे कितना ही बड़ा क्यों न हो, तब सफलता के अहंकार से या विफलता की कुंठा से ग्रस्त नहीं होने पाता।

पश्चिमी या पश्चिम से प्रभावित व्यक्ति को भले ही यह आरोपित दीखे किन्तु साधारण जीवन जीने वाले को कोई ऐसा आभास नहीं होता। हिन्दुस्तान में रहने वाले या आनेवाले से हिन्दू यह अपेक्षा नहीं रखता कि उसका खान-पान, उसकी वेश-भूषा या उसका जीवन-क्रम अपनाए, पर वह उस व्यक्ति से ज़रूर अपेक्षा करता है जो उसके कुल का है, उसका समान-धर्मा है कि वह जीवन क्रम के स्तर पर पूरे समाज के साथ तालमेल रखे। इसका अर्थ यह नहीं होता कि वह उस जीवन-स्तर को छोड़ने लिए स्वतंत्र नहीं है। अनन्त और अखंड सत्ता में जीने वाला व्यक्ति इस प्रकार के दायित्व से मुक्त है, पर जो लोक के लिए लोक से बँधा रहना चाहता है, अपने लिए नहीं, वह स्वेच्छा से बन्धन स्वीकार करता है और अपने वरण की स्वतंत्रता का विवेकपूर्ण उपयोग करता है। पश्चिम के समाजवादी और एकरूपतावादी व्यक्ति को यह तथाकथित विरोध कुछ अजीब दीखता है, क्योंकि वह विचार की स्वतंत्रता के पक्षधर हिन्दू धर्म से आचार की स्वतंत्रता की अपेक्षा रखता है। वह यह समझ ही नहीं पाता कि विचार की स्वतंत्रता स्वेच्छा से वरण किये अनुशासन के बिना

आ नहीं सकती और विचार में स्वाधीन हुए बिना आदमी अपने को अनुशासित नहीं करता है तो उसे लगता है कि यह अनुशासन आरोपित है। पश्चिमी जन को भारत का सामान्य हिन्दू इसलिए बहुत ही दक़ियानूसी दीखता है, क्योंकि वह पश्चिमी रंग में रँगे सुशिक्षित हिन्दू से अधिक परिचित हैं जो एक ओर तो पश्चिम विश्वास की एकरस, एकरूपता से प्रभावित हैं और दूसरी ओर इस बात से प्रभावित हैं कि हमें कोई प्रकृति पूजक (पेगन) न कहे। ऐसे लोग पश्चिमी आचार-व्यवहार तो पूरी तरह अपना नहीं पाते, पर पश्चिमी आध्यात्मिकता का आग्रह ज़रूर ओढ़ लेते हैं और वे पश्चिमी ग़ैर-हिन्दू के लिए बहुत ही अन्तर्विरोधग्रस्त दिखाई पड़ते हैं। पश्चिमी जन यदि सामाजशास्त्रीय अध्ययन के लिए हिन्दुस्तान आते भी हैं तो वे व्यापक हिन्दू धर्म का अध्ययन न करके व्यक्तिबद्ध या गाँवबद्ध धर्म का सतही विश्लेषण करते हैं। वे भूतों के चक्कर में ही ज़्यादा पड़ जाते हैं, उन्हें हिन्दू धर्म में गंगा का प्रवाह नज़र नहीं आता। पश्चिमी जन यदि सामान्य हिन्दू से अधिक परिचित होते तो वे पाते कि उसके जीवन में आचार और विचार में अन्तर्विरोध नहीं है। वह एक स्तर पर जाति-भेद स्वीकार करता भी है तो दूसरे स्तर पर इसको यह भी अनुभव करता रहा है : 'जाति-भेद बूझै नहिं कोई, हरि को भजै सो हरि का होई'। वह मूलभूत पारमार्थिक एकता का अनुभव करते हुए विभिन्न प्रकार के कुलाचारों, ग्रामाचारों और देशाचारों का पालन इस दृष्टि से करता है कि वह अपने को अजनबी के रूप में रखने का अभ्यास न करे, अपने को आत्मीय बनाने का अभ्यास करे।

कुर्टिस : कृष्ण चेतना-आन्दोलन, आपकी दृष्टि में, क्या हिन्दू आन्दोलन है जो पश्चिम में धार्मिक खोखलेपन से उत्पन्न शून्य को भरने की कोशिश कर रहा है, अथवा यह प्रोटेस्टेंट (सुधारवादी शुद्धिवादी) आन्दोलन का एक नये और अधिक तड़क-भड़क वाले रूप में पुनर्जीवन नहीं है, क्योंकि हिन्दू धर्म में मेरी दृष्टि में अक्षय क्षमता है कि वह विभिन्न सन्दर्भों की विभिन्न रूपों से प्रतिक्रिया को जन्म दे सके। यह अवश्य है कि इसमें मूलभूत मूल्यों की अवधारणा को ओझल होने नहीं दिया जाता, इसीलिए वह अधिक स्वस्थ है, क्योंकि वह बाह्य रूप से अधिक वैचारिक रूप पर बल देने की बात ध्यान में रखती है। मुझे ऐसा लगता है कि आप इन संस्कारों में परिवर्तन की सम्भावना शायद नहीं देखते, क्योंकि बाह्य रूप में परिवर्तन का भारत में बड़ा प्रतिरोध है। मुझे ऐसा लगता है कि इसके बड़े ही दिलचस्प परिणाम दिखाई पड़ रहे हैं। पश्चिमीकृत हिन्दू धर्म की वैचारिक विविधता के बारे एक ओर क्षमायाची हैं तो दूसरी ओर इसके बाह्यरूप के लिए आग्रही। इस बाह्यरूप में पूजा-अनुष्ठान, सभी आ जाते हैं। पश्चिम के संस्कारों के कारण ऐसे हिन्दू को, देवताओं को मानवीय बनाने में कठिनाई होती है। वे इसे नहीं समझ पाते कि मिथक विश्व सृष्टि का ही एक नक्शा है। यह नक्शा जितना ही अधिक सरल होगा अर्थात् जितना ही अधिक सबके लिए ग्राह्य होगा, उतना ही

अधिक इसके द्वारा विश्व सृष्टि से सम्बन्ध अधिक गहरे स्तर पर स्थापित किया जा सकेगा, पर जब प्रबुद्ध हिन्दू मिथक को ही ध्वस्त करने में लगा हो तो फिर इस बाह्य-पूजा का महत्त्व ही क्या रहेगा? क्या आपको इस प्रकार की भ्रांतियों के कारण ऐसा नहीं लगता कि तकनीकी विकास के प्रभाव में विश्व-सृष्टि के साथ यह सहज सम्बन्ध समाप्त होते चले जाएँगे और हिन्दू धर्म के लिए एक बहुत बड़ा खतरा पैदा हो जाएगा?

लेखक : नहीं, मुझे ऐसा ख़तरा नहीं लगता, क्योंकि एक तो मैं यह समझता हूँ कि हम निरन्तर मूर्त से अमूर्त की ओर, दृश्य से अदृश्य की ओर और वस्तु से वस्तु के सार की ओर आगे बढ़ने के ऐसे अभ्यस्त रहे हैं कि तकनीकी विज्ञान (जो कि अमूर्तीकरण और वस्तुओं के सार-विश्लेषण से ही सम्भव हुआ है) हमारे लिए अग्राह्य नहीं है और हम उसकी बहूद्देशीय सम्भावना को भी ध्यान में रख सकते हैं। खजुराहो के मन्दिरों में आप कहीं-कहीं डिज़ाइनें पत्थरों पर देखेंगे। आप स्थापत्य और अन्य कला-शास्त्रों में अत्यन्त विस्तृत रूपांकन के वर्णन पढ़ेंगे जो विभिन्न विश्व-शक्तियों को आकार और रंग और प्रसार देने का प्रयत्न करते हैं। तकनीकी विकास उसी का एक समानान्तर बौद्धिक विकास है। ख़तरा उससे नहीं है, खतरा यदि है तो इस बात से है कि हिन्दू को जो तकनीकी ज्ञान प्राप्त हो रहा है, वह उसका प्राप्त किया हुआ नहीं है, उसे उधार में मिला हुआ है इसलिए उसके ऊपर उसका कोई नियंत्रण नहीं है। मुझे पूर्ण विश्वास है जो तकनीक हिन्दुस्तान में विकसित होगी और परीक्षित होगी, वह पचाई जा सकेगी। वह सिर पर नहीं चढ़ेगी। अभी यह स्थिति ज़रूर है कि तकनीकी सुविधाओं की अतृप्य भूख से हम पीड़ित हैं। हम बच्चों की तरह इन सुविधाओं के लिए ललक रहे हैं। इसीलिए एक ओर तो हम तकनीकीकरण के ठीक उलटे पूजा-रूपों, अनुष्ठानों और विचारों को पाले हुए हैं और दूसरी ओर हम तकनीकीकरण से विस्मय-विमुग्ध होकर प्रत्येक तकनीकी सुविधा से अपना घर पाट देने के लिए आतुर हैं। पर हम जब अपने तकनीकी ज्ञान में परिपक्व होंगे और जब तकनीकी ज्ञानों के परिणामों के प्रति जागरूक होंगे, तब निश्चय ही यह बचकानापन नहीं रहेगा।

कुर्टिस : पर पश्चिमी जन की प्रतिक्रिया क्या आप समझते हैं, बचकानी नहीं है? हज़ारों की संख्या में युवक यहाँ हैं, जो जंगलों और निर्जन समुद्र-तटों की ओर भाग रहे हैं हैं, जनजातियों का परिधान धारण कर रहे हैं, अपने समाज के समस्त व्यवहारों का और आचार व्यवस्थाओं का परित्याग कर रहे हैं—ये सब यह सोचकर कि इनके द्वारा वे तकनीकीकरण का खंडन कर रहे हैं जबकि वे इस स्थिति में नहीं हैं कि तकनीकी सुविधाओं के बिना रह सकें। ऐसे लोग अपने अनुभवों पर किताबें छपवाते हैं, अपने अनुभवों का प्रदर्शन टेलीविज़न और रेडियो के माध्यम से करते हैं और उसी समय वे तकनीकीकरण की गिरफ्त में आ जाते हैं।

मैं अब इस बचकानेपन के प्रश्न से हटकर एक दूसरा सवाल करना चाहता हूँ। पश्चिमी जन हिन्दू धर्म को सबसे अधिक 'गीता' के माध्यम से जानता है। 'गीता' में एक निस्संगता की शिक्षा है। तकनीकीकरण भी निस्संगता की शिक्षा देता है। जब तकनीकी विकास नहीं था, तब जन्म-मृत्यु बड़ी महत्त्वपूर्ण घटनाएँ थीं। आज जब ऐसी घटनाएँ अख़बार में छपती हैं, रेडियो से प्रसारित होती हैं तो उन घटनाओं से वैयक्तिक सम्बन्ध अपने-आप कट जाता है और आदमी धीरे-धीरे ऐसी घटनाओं से तटस्थ होने लगता है। आपको क्या यह नहीं लगता कि 'गीता' की निस्संगता और तकनीकी ज्ञान की निस्संगता, दोनों में कहीं-न-कहीं समानता है और 'गीता' की निस्संगता में शिक्षित व्यक्ति तकनीकी ज्ञान को स्वीकार करने के लिए अधिक तैयार होगा?

लेखक : 'गीता' की निस्संगता तकनीकीकरण की तटस्थता या और भी ठीक शब्द का प्रयोग करें, उसके बेगानेपन से कई अर्थों में भिन्न है। 'गीता' की निस्संगता में कर्म, ज्ञान और भक्ति—तीनों की जागरूकता है और उसका उद्देश्य है इकाई का सर्व के लिए समर्पण। उसमें सर्वभूतचिन्ता बनी हुई है, जब कि तकनीकी साधनों के विकास से आई तटस्थता या मानवीय शून्यता में इसके ठीक विपरीत इस प्रकार की चिन्ता का अभाव है। इसमें सन्देह नहीं कि हमारे महानगरों में इस मानवीय शून्यता का फैलाव तेजी से होता जा रहा है पर कहीं गहराई में जाने पर हम लोगों में अभी भी अपने निजी स्वार्थ को छोड़कर दूसरों के लिए चिन्ता करने की बात शेष है। इसका प्रमाण बांग्लादेश से हिन्दुस्तान की सेना ने जो व्यवहार किया, उससे आपको लगेगा। नब व्यक्ति अपने लिए चिन्ता करता है, या अपने दुःख से दुखी होता है, अपनी मृत्यु से भयभीत होता है, तभी उसे 'गीता' की आवाज़ एक रास्ता देती है कि यह तुम्हारा अकेले का दुःख नहीं है और चिन्ता नहीं है और न यह भय ही कोई भय है, यह समस्त प्राणियों की चिन्ता है। समस्त प्राणी बनकर सोचो और उसके पहले अपने को कहीं इस सर्वता में निमज्जित करो, अपने से तटस्थ बनो। अपने से तटस्थता एक प्रकार से स्वयं अपने-आपको अपने-आपसे ख़ाली करना है। इस ख़ाली जगह को भरने के लिए करुणा आती है। ज्ञान के द्वारा पहले शून्यता आती है, फिर करुणा उसमें भरकर समस्त प्राणियों की मुक्ति बन जाती है। 'महाभारत' में युधिष्ठिर को आप देखें, वे युद्ध के समय कातर नहीं हैं, पर युद्ध-समाप्ति के बाद जब उन्हें युद्ध की शून्यता का ज्ञान होता है तब उनके अन्दर अपार करुणा उमड़ पड़ती है। वह रक्त से सना हुआ राज्य-सुख नहीं भोगना चाहते। ऊपर से देखने पर यह बात बड़ी ही ढोंगपूर्ण भावुकता लगती है, पर आप हिन्दू-दृष्टि से इसकी परीक्षा करें तो लगेगा कि युधिष्ठिर की लड़ाई कौरवों से नहीं, अन्याय से है। वे चुपचाप अन्याय को होने देना नहीं चाहते, उसका प्रतिरोध करते हैं। किन्तु जब वे विजय प्राप्त करते हैं तो उन्हें लगता है कि जिन लोगों के साझे में

राज्य का भोग करना था, वे समूल नष्ट हो गए। उन्होंने राज्य के लिए लड़ाई नहीं लड़ी थी और उनका परिताप एक मानवीय परिताप है। उनका आगे का जीवन भी इससे प्रभावित दीखता है। 'गीता' की निस्संगता इसी माने में तकनीकी निस्संगता से अलग है और वह तकनीकी निस्संगता के विष का एक प्रकार से शामक है।

कुर्टिस : मेरा चौथा प्रश्न सामाजिक समता के सम्बन्ध में है। यूरोप और अमेरिका, दोनों में समता लाने के लिए अनेक प्रकार के सामाजिक प्रयोग किये हैं और अनेक प्रकार के भेद-विभेद को मिटाने के लिए लोगों ने तरह-तरह की कोशिश की है। उन्होंने एक जीवन स्तर या जीवन-प्रकार को लागू करने में कभी-कभी ऐसी नृशंसता की है कि समुदाय के समुदाय मूलोच्छिन्न कर दिये गए हैं—ऐसे मूलोच्छेद साम्यवादी देशों में भी हुए, जनतंत्रवादी देशों में भी हुए। अमेरिका में मूलनिवासियों का मूलोच्छेद सामाजिक एकरूपता के लिए ही की गई, एक दर्दनाक घटना है। इसी प्रकार कई जातियाँ लैटविया, एस्टोनिया और लिथुवानिया में रहती थीं जो अपनी इयत्ता समाप्त करने के लिए विवश की गईं, या तो उन्हें एकरूप होना पड़ा, या फिर अपना स्थान छोड़कर भागना पड़ा।

स्पष्ट है कि ये प्रयोग विफल रहे, क्योंकि उन्होंने समता तो प्राप्त नहीं कराई, नागरिकता की कई श्रेणियाँ अवश्य उत्पन्न कर दीं। इसके विफल होने का कारण यह भी था कि कोई भी आदमी यह नहीं सोचता कि जैसे दूसरे हैं, वैसे हम भी रहने को विवश किये जाएँ। हाँ, उस सीमा तक इस प्रयोग को सफल मानना चाहिए जिस सीमा तक इसने अमीर और ग़रीब के बीच की दूरी कम की।

इसके विपरीत हिन्दू-समाज ने दूसरे प्रकार के प्रयोग किये। उसने समता को महत्त्व नहीं दिया, एकता को महत्त्व दिया। हिन्दू समाज ने छोटी परम्परा को बड़ी परम्परा में विलीन न करके उन दोनों का सह-अस्तित्व क़ायम रखा। उन्हें एक-दूसरे का पूरक बनाया। छोटी परम्परा के बड़ी परम्परा में विलय होने की स्थिति अपरिहार्य नहीं बनाई (जिसके अन्तर्गत पूरा जीवन-व्यवहार आता है), उसे महत्त्वपूर्ण स्थान दिया। इससे सब एक हैं, यह भावना तो बनी रही, पर हम लोगों की दृष्टि में छोटी जातियों और बड़ी जातियों का भेद बहुत गहरा हुआ। परम्परागत हिन्दू-समाज में आर्थिक और पद-प्रतिष्ठा के प्रभाव पर भेद-भाव गहरा न हो, पर सामाजिक दृष्टि से ऊँच-नीच की भावना बहुत ही तीव्र हो गई। इस प्रकार दोनों ही व्यवस्थाओं के समता लाने के प्रयत्न विफल हुए। दोनों में ही अन्त दुःखद रूप से आर्थिक संघर्ष की तीव्रता में हुआ। आपको जाति-भेद क्या स्वाभाविक लगता है और क्या आप इस जातिभेद के रहते हुए हिन्दू धर्म को मानवीय मूल्यों वाला धर्म स्वीकार करेंगे?

लेखक : पहले मैं जाति-व्यवस्था के सम्बन्ध में ही नये सिरे से विचार करने को कहूँगा। यदि आप ऐतिहासिक विकास क्रम के रूप में जाति-व्यवस्था की जाँच करें तो आपको स्पष्ट हो जाएगा कि यह व्यवस्था प्राचीन भारत में बहुत लचीली

थी। उसमें असवर्ण विवाह होता रहता था और जातियों का श्रेणीकरण बदलता रहता था। मध्ययुग में केवल कवच के रूप में यह व्यवस्था इतनी कड़ी हो गई और अनुकूल परिस्थिति में यह फिर से लचीली हो जाएगी। आप यदि कहें कि चुनाव की राजनीति में जाति को एक नया महत्त्व प्रदान कर दिया है और इसके कारण जातिवाद समाज में ज़हर की तरह फैल रहा है, तब इस जातिवाद के समाप्त होने की सम्भावना कहाँ? तो इसके उत्तर में मैं यह कहूँगा कि नया राजनीतिक-जातिवाद एक ऐसे बेतुकेपन की चरम बिन्दु पर जब पहुँच जाएगा तो अपने-आप वह टूटने लगेगा। वह बिन्दु मेरी दृष्टि में पहुँचने ही वाली है, क्योंकि प्रादेशिकता और जातीयता, दोनों के दबाव निश्चय ही ऐसी प्रतिक्रिया पैदा करेंगे जिससे राजनीतिक सत्ता के लिए ये घटक कारण नहीं रह जाएँगे। इन दोनों में जब होड़ तीव्रतर होती जाएगी तो ये एक-दूसरे को काटेंगे। हिन्दू धर्म में जाति-भेद की उपेक्षा करने की सबसे अधिक सम्भावना भक्ति की धारा में है जिसने भक्तियुग में इतना महत्त्वपूर्ण कार्य किया कि समाज में सम्मान प्राप्त करने का आधार न धन रहा, न राज-सम्मान रहा, न रूप-रंग रहा, न सत्ता रही, बल्कि एक ऐसा संत-आचरण रहा जो किसी भी परिस्थिति में रहते हुए (गृहस्थ भी रहते), कोई भी व्यवसाय करते (यहाँ तक कि जूता गाँठते हुए)। बिना किसी मठ या गद्दी पर बैठे, बिना शासन की स्वीकृति पाए इसलिए पूज्य हो सका कि वह अपनी भक्ति एक विनम्र सेवाभाव और निःस्वार्थ तप के द्वारा प्रत्यक्ष प्रमाणित करता था। भगवान् में रहने का अर्थ ही हो गया सब प्राणियों (केवल मनुष्यों या जीवधारियों का ही नहीं, अचर और जड़ वस्तुओं) का हित अपना हित मानना। इसी भाव ने इस ज़माने में भी तृतीय वर्ण में पैदा हुए गांधी को 'हिन्दुस्तान का राष्ट्रपिता' के रूप में श्रद्धा दी।

कुर्टिस : आप पश्चिम की बात करते हैं। क्या पश्चिम और पूर्व कोई निरपेक्ष शब्द है, विशेष रूप से हिन्दू के लिए, जिसके वेदों में मनुष्य की चर्चा है—भारतीय या अमेरिकन मनुष्य की चर्चा नहीं, आर्य की या द्रविड़ की नस्ल की रूप में चर्चा नहीं है?

लेखक : पूर्व-पश्चिम, ये शब्द ही नहीं, अपने बहुप्रचलित आर्य और द्रविड़ शब्द भी अंग्रेज़ी से उधार लिये हुए शब्द हैं और एक बहुत बड़ा शिक्षित वर्ग ऐसा है जो आर्य का मूल अर्थ श्रेष्ठ या गुण-सम्पन्न न मानकर एक जाति मानता है जो हिन्दुस्तान में चार-पाँच हज़ार वर्ष पूर्व आई और उसने हिन्दुस्तान में रहनेवाली दूसरी जातियों पर विजय प्राप्त की। पुरातत्त्व और साहित्य, दोनों के प्रमाण इस धारणा को खंडित करते हैं। पाँच हज़ार वर्ष पूर्व ही मिश्रित नस्लों के मनुष्यों का प्रमाण मिलता है और वैदिक साहित्य में ब्राह्मण काले भी होते थे, इसका उल्लेख मिलता है। हिन्दू धर्म के प्रादुर्भाव काल में ही जाति की अवधारणा नहीं थी और सच्चाई ही धर्म का मूल थी।

कुर्टिस : मैं एक व्यक्तिगत और व्यावहारिक प्रश्न पूछना चाहता हूँ। हम यह मान लें कि हिन्दू धर्म का एक ऐसा ढाँचा है जो देश-काल को अभिव्याप्त करके चलता है, पर वह देश-काल को बदलने की क्षमता रखता है (बदलते हुए भी वह अपने सनातन स्वरूप को क़ायम रखता है) और हम यह स्वीकार कर लें कि दो भिन्न परिस्थितियों में दो प्रकार के धर्मों का विधान सम्भव है : एक तो ऐसा, जो दूसरी संस्कृतियों के प्रभाव से निरपेक्ष रहकर विकसित हो; दूसरा वह, जो कि प्रभावों को स्वीकार करके अपनी सत्ता अलग क़ायम रखे। क्या यह सम्भव है कि इन दोनों प्रकार के धर्मों में (इन्सुलर और ग़ैर-इन्सुलर) एक प्रकार की एकसूत्रता स्थापित की जा सकेगी, जिससे दोनों यह पहचान सकें कि हम एक ही धर्म माननेवाले हैं? हमारे सामने स्पष्ट रूप से दो बाहरी रूप दीखते हैं जो हिन्दुस्तान के बाहर हिन्दू धर्म के आसपास जाकर दीखते हैं। एक तो 'हरे कृष्ण' सम्प्रदाय वाले ढंग का है जो वैष्णव भक्ति के बाह्य आचार को पूरी तरह अपना चुका है, पर अपनी व्यवस्था में वह गहरे स्तर पर संघात्मक या संस्थानात्मक है, दूसरे शब्दों में, हिन्दू धर्म के वैयक्तिक विवेक की निष्ठा के प्रतिकूल है। दूसरा है, योग को जीवन में एक आवश्यक साधन के रूप में स्वीकार करनेवाला। पर दूसरा रूप अधिकतर शारीरिक स्वास्थ्य के साधन के रूप में, हद-से-हद मानसिक तनाव से मुक्ति तक जाता है। यह हठयोग की तरह आत्म-साक्षात्कार तक नहीं जाता, जाने की बात चाहे जितना करे। आपकी दृष्टि में बाहर फैलने वाले इन प्रकारों में और हिन्दुस्तान के भीतर जिये जाने वाले हिन्दू धर्म के बीच आदान-प्रदान की कितनी सम्भावना लगती है? मैं यह प्रश्न इसलिए भी पूछना चाहता हूँ कि मैं पश्चिमी समाज में रहते हुए भी अपने को हिन्दू के रूप में अनुभव करना चाहता हूँ, क्योंकि हिन्दू धर्म से मुझे अपना तादात्म्य अधिक दिखाई पड़ता है।

लेखक : इस प्रकार के बाहरी और भीतरी स्वरूपों में एकसूत्रता के कुछ प्रकार पहले से मौजूद हैं। उदाहरण के लिए, फिजी, मारीशस, मलयेशिया जैसे स्थानों में जाने वाले हिन्दुओं में जाति-व्यवस्था लगभग समाप्त कर दी है, परन्तु उनके अनुष्ठान (लौकिक और शास्त्रीय), दोनों ही प्रायः वही बने हुए हैं। भारत के भीतर रहने वाला हिन्दू इन्हें पूरी तौर से हिन्दू मानता है और इनसे जुड़ने के लिए प्रस्तुत है, पर देश की धर्मनिरपेक्ष राजनीति इस्लामी अध्ययन की चिन्ता करेगी ताकि इस्लामी देशों से सम्बन्ध जुड़े, पर हिन्दू-अध्ययन की बात नहीं सोचेगी कि बाहर वालों में हिन्दू धर्म मानने वालों के लिए प्रेरणा का कोई स्रोत विशुद्ध बौद्धिक धरातल पर हिन्दुस्तान में बन सके। दूसरे प्रकार का सम्बन्ध उनके साथ है जो दूसरे मज़हब में या किसी मज़हब में न रहते हुए अपने जीवन-साधन में हिन्दू-साधना का समावेश करते हैं—चाहे नाप-जप के द्वारा, चाहे संगीत-साधना के द्वारा, चाहे ध्यान के द्वारा, चाहे काव्य-रचना के द्वारा। दूसरे प्रकार के ऐसे

लोग भी हैं जो केवल जीवन के प्रति और परिवेश के प्रति हिन्दू दृष्टि रखते हैं किन्तु अपने मज़हब में ही बने रहते हैं। हिन्दुस्तान में रहीम, रसखान जैसे कवि अलाउद्दीन जैसे कलाकार और बाउल जोगी जैसे समुदाय इसी कोटि में आते हैं। हिन्दू-समाज इनको अपने धर्म का प्राण मानता है और उन्हें भगवत्परायण मानता है। हिन्देशिया में अधिसंख्यक जनता मुसलमान है, पर वह रामलीला में शरीक होती है, गणेश और सरस्वती को ज्ञान और विद्या के प्रतीक के रूप में स्वीकार करती है। अपनी भाषा में भारत-युद्ध का पाठ सुनती है और बाली के हिन्दू-साधकों से जप-योग की शिक्षा भी लेती है। वह जनता हिन्दू की दृष्टि में इस सीमा तक हिन्दू अनुभव की साझेदार है। हाँ, वह अपने मज़हब में बनी हुई है, उससे कोई विरोध नहीं है। इसीलिए मेरी दृष्टि में कि इन भिन्न प्रकार के हिन्दू भावों में या हिन्दू सदृश भावों में सम्बन्ध-सूत्र स्थापित होने की भावना है और यदि प्रचारात्मक भूमिका से हटकर स्वीकारात्मक भूमिका में प्रबुद्ध हिन्दू उतर सकें तो यह सम्बन्ध अधिक सार्थक हो सकेंगे। पर दुःख की बात यह है कि पढ़ा-लिखा हिन्दू भी बाह्य सादृश्य पर अधिक जाता है और अभिमान पर इतराने लगता है कि हिन्दू धर्म विदेशों में फैल रहा है। वह यह भूल जाता है कि हिन्दू धर्म फैलाए जाने वाला धर्म नहीं है। वह स्वेच्छा से वरण किया जाने वाला एक भाव है। मैं तो आनन्द कुमार स्वामी, हाइनरिख त्सिमर को हिन्दू भाव का उसी प्रकार का साझीदार मानता हूँ जिस प्रकार के हमारे शास्त्र-चिन्तक हैं और इसीलिए आप यदि अपनी जीवन-दृष्टि में तादात्म्य हिन्दू भावधारा में पाते हैं तो आप बिना किसी औपचारिक दीक्षा के हिन्दू-धर्म को स्वीकार कर सकते हैं।

कुर्टिस : तो क्या आप हिन्दू धर्म की परिभाषा यह करते हैं कि यह सामुदायिक विश्वास नहीं है, यह व्यक्तिगत आस्था है?

लेखक : हाँ, इस अर्थ में तो व्यक्तिगत आस्था है ही कि प्रत्येक व्यक्ति का मोक्ष अलग है और प्रत्येक व्यक्ति का ईश्वर या उसकी सच्चाई उसी के प्रयत्न से प्राप्य है। परन्तु इसके साथ ही इसका यह अर्थ नहीं कि हिन्दू धर्मशास्त्र को स्वीकार नहीं करता, वह शास्त्र को प्रमाण के रूप में स्वीकार करता है, पर उसका शास्त्र ही कहता है कि तुम स्वयं मुझे जाँचो और अपने को समझो और अपने जीवन-तंत्र के रूप में मुझे समझो।

कुर्टिस : तब फिर हिन्दू धर्म में गुरु या पुरोहित का क्या स्थान रह जाता है?

लेखक : हिन्दू धर्म में पुरोहित का स्थान तो बहुत ही गौण है। वह अनुष्ठान को सम्पन्न कराने में या तो सहायक है, या स्वयं प्रतिनिधि होकर अनुष्ठान करता है। इन दोनों दशाओं में उसे अनुष्ठान का फल नहीं मिलता, क्योंकि वह अनुष्ठान के लिए दक्षिणा लेता है। मन्दिर में भी पुजारी भक्त और भगवान् के बीच में एजेंट का काम नहीं करता। वह केवल पूजा में सहायता करता है, या पूरे समुदाय की

ओर से पूजा करता है, इसीलिए उसे वह प्रतिष्ठा नहीं प्राप्त है जो किसी दूसरे धर्म के क्षम धर्माधिकारी को प्राप्त होती है।

हाँ, गुरु की बात अलग है। वह शिष्य के साथ एक इस प्रकार का सम्बन्ध रखता है, जैसे शिष्य के प्रत्येक आचरण का नवीन प्रारम्भ उसके द्वारा होता हो। गायत्री मंत्र का उपदेश करनेवाला आचार्य यह भावना करता है कि शिष्य मेरे भीतर जन्म ले रहा है। उस रूप में गुरु बौद्धिक परम्परा और साधना-परम्परा का वाहक घटक बनकर काम करता है और वह शिष्य को साधना के पथ पर परवर्तित करता है, पर उसे बाँधता नहीं। वह उसके साथ चलता है पर उसे रोकता नहीं, उसे और आगे जाने देता है। पर वह भी ईश्वर का न तो प्रतिनिधि है और न ही भक्त और ईश्वर के बीच का माध्यम है।

कुर्टिस : गुरु को ईश्वर के बराबर या ईश्वर से ऊँचा स्थान क्यों दिया गया है?

लेखक : इसलिए कि गुरु वह पूरी परम्परा है जो सत्य का साक्षात्कार कर चुकी है। और इसीलिए साक्षात्कार की विद्युत्शक्ति वह स्थानान्तरित कर सकती है। गुरु शिव का रूप है और उसके भीतर निहित परम्परा की शक्ति गौरी है। गणेश शक्ति के विमर्श के परिणाम हैं, वे सत्य के साक्षात्कार के साक्षी हैं। गुरु का काम शिव की तरह व्यक्ति को ध्वंस करना रहता है और निर्वैयक्तिक व्यक्ति को जन्म देना रहता है। उसका स्थान ईश्वर से बड़ा इसीलिए है कि वह ईश्वर-भाव का परिचालन करता है, स्वयं ईश्वर नहीं होना चाहता।

कुर्टिस : मेरी समझ में यह बात आ गई कि एक सच्चा परम्परावादी ही मौलिक रूप से क्रान्तिकारी हो सकता है, क्योंकि वह रूढ़िवादी नहीं होता। वह आगे आनेवाले पर, (श्रेष्ठता) में बीते पर, (श्रेष्ठ की अपेक्षा) विश्वास करता है। वह मनुष्य नहीं, वरन ईश्वर की गति को भी देख सकता है। अमेरिका के प्रसिद्ध विद्याविद् और चित्रकार 'आयन मैकहार्ग' ऊपर से हिन्दू धर्म से प्रभावित होकर ही यह बात कहते हैं कि मनुष्य को प्रकृति के साथ लय मिलाकर रहने में ही वास्तविक सुख मिलेगा। उन्होंने पश्चिम के धर्मों की इस धारणा को मनुष्य की भूल की शुरुआत बतलाई है कि ईश्वर ने मनुष्य को पृथ्वी का स्वामित्व दिया है और दूसरे समस्त प्राणी उसके अधीन बनाए गए हैं। पर मैकहार्ग भी जब यह कहता है कि मनुष्य ही, मनुष्य के अस्तित्व की सुरक्षा ही, मनुष्यत्व का परिमापक है, तब वह भी पश्चिम के पुनर्जागरण काल के चिन्तन में पहुँच जाता है जिसमें यह माना जाता था कि मनुष्य को, इस पृथ्वी को, इस उद्‌देश्य से सँभालना है कि इसे सँभालने में उसका अपना हित है, उसे अपने हित की रक्षा करनी चाहिए और इसलिए प्राकृतिक सम्पदा की रक्षा करनी चाहिए। मुझे लगता है कि यह हिन्दू जीवन-दर्शन के समीप हो सकता है पर यह हिन्दू जीवन-दर्शन नहीं है। इस सम्बन्ध में आपका क्या विचार है?

लेखक : हिन्दू धर्म, मैं नहीं समझता, उस अर्थ में मानववादी है जिस अर्थ में ग्रीक कल्पना में मनुष्य माना गया है। ग्रीक-कल्पना का विश्व मनुष्य-केन्द्रित है और मनुष्य ही विश्व का उपभोक्ता है। पर इस माने में वह मानववादी है कि मनुष्य के ऊपर वह समस्त सर्जनात्मक व्यापार का दायित्व वहन करने का भार सौंपता है। हिन्दू धर्म में परब्रह्म को जब-जब एक व्यापक पैमाने की सक्रियता पैदा करनी होती है तो उन्हें भी अपनी लीला के लिए मनुष्यरूप धारण करना पड़ता है। परिवेश के साथ सामंजस्य हिन्दू धर्म में चरममूल्य नहीं है, चरममूल्य है विश्व के साथ तादात्म्य और विश्व के साथ तादात्म्य स्थापित करते समय अपने आसपास के विश्व के साथ सामंजस्य स्थापित करने की बात अपने-आप आ जाती है। मनुष्य सामंजस्य अपने लिए नहीं स्थापित करता, क्योंकि वह सामंजस्य स्थापित करते समय अनुभव करता रहता है कि मेरे साथ ब्रह्मांड सूक्ष्म रूप में है। पश्चिम में या हमारे देश के अख़बार-शिक्षित जनसमुदाय में परिवेश के सन्तुलन की चिन्ता जो बढ़ी है, वह मनुष्य के अस्तित्व की दृष्टि से बढ़ी हुई है। इसीलिए वह चिन्ता ठीक समाधान नहीं ढूँढ़ सकती। मैं आपको एक छोटा-सा उदाहरण देता हूँ—एक पश्चिमी नागरिक मोटर की हैंडिल सँभालता है तो सोचता है, मेरे हाथ में गति की मशीन आ गई है, एक अधपढ़ हिन्दू या सिख टैक्सी या बस के चालक की सीट पर बैठता है तो प्रायः एक धूपबत्ती जलाता है, फूल की एक माला चढ़ाता है और प्रणाम करता है—उस यंत्र को नहीं, उस यंत्र के भीतर निहित गति के देवता को और उसके आगे प्रणत होकर वह गाड़ी स्टार्ट करता है। दोनों दृष्टियों में एक सूक्ष्म अन्तर है—एक में स्वामित्व का भाव है, एक में सहचर का, इसीलिए एक में विश्व वस्तु है, दूसरे में विश्व आत्मा। मैं समझता हूँ, यांत्रिक विकास और परिवेश-सन्तुलन दोनों का निर्वाह हिन्दू जीवन-दर्शन से हो सकता है।

कुर्टिस : मैं आपकी बात से सहमत हूँ कि हिन्दू जीवन-दर्शन की आनेवाले विश्व में बड़ी महत्त्वपूर्ण भूमिका होगी, पर क्या आप समझते हैं कि इसे सँभालने के लिए हिन्दुस्तान का हिन्दू-समाज क्या पूरी तरह तैयार है?

लेखक : काश, आप जैसी समझ हमारे देश के प्रबुद्ध हिन्दुओं में होती, तब शायद हम कह सकते थे कि हम अपने को तैयार कर लेंगे, पर अभी तो हम अपनी ही सूरत बिगाड़ बैठे हैं! हम हिन्दू होने का अर्थ ग़ैर-हिन्दू का विरोधी होना मानते हैं, या ग़ैर-हिन्दू से बचाव के लिए तैयारी करनेवाला आत्म-रक्षण परायण, भयभीत, पर आक्रामक हिन्दू समझते हैं या फिर सारी दुनिया के हम गुरु हैं, यह अभिमान रखने वाले हिन्दू समझते हैं और या एक ऊपरी या अवास्तविक भव्यता में मंडित हिन्दू मानते हैं। हम जानते ही नहीं कि हिन्दू होने का अर्थ कितना बड़ा दायित्व अपने ऊपर लेना है, इतना बड़ा दायित्व जिससे हम अपने-अपने नहीं रह जाते, सबके अपने बन जाते हैं। इसलिए मैं कम-से-कम यह झूठी आशा नहीं पालूँगा

और असम्भव आशा नहीं पालूँगा कि विश्व को सुधारने में हिन्दुस्तान का हिन्दू धर्म का प्रवक्ता हिन्दू धर्म का दायित्व निकट भविष्य में निभा सकेगा। मुझे यह विश्वास ज़रूर है कि मानवीय परिस्थिति के प्रति जागरूकता से समस्त विश्व में अपने-अपने ढंग से इस प्रकार के विचार उठेंगे जो परोक्ष रूप से हिन्दू धर्म से प्रेरित होंगे, किन्तु प्रत्यक्षत: वे जिस देश और जिस वातावरण में उठेंगे, वहीं के व्यक्ति के द्वारा ही उठाए जाएँगे और उससे हिन्दू धर्म का अनुभव समृद्ध होगा।

परिशिष्ट-4

अमृतवाणी

1. वैदिक स्वस्त्ययन

1. ऋग्वेद

शन्नः कनिक्रद्देवः पर्जन्यो अभिवर्षतु।
शन्नो द्यावापृथिवी शं प्रजाभ्यः शन्नो अस्तु द्विपदे शं चतुष्पदे।

2. अथर्ववेद

गणास्त्वोयगायन्तु मारुताः पर्जन्योघोषिणः पृथक्।
स्वर्गावर्षस्य वर्षतो वर्षन्तु पृथिवीमनु।

3. यजुर्वेद

ॐ पुनन्तु मा देवजनाः पुनन्तु मनसाधियः।
पुनन्तुविश्वा भूतानि जातवेदः पुनीहि मा।

4. अथर्ववेद

स्वस्तिमत्र उत्पितत्रिणो अस्तु स्वस्ति गोभ्यो जगतः पुरुषेभ्यः।
विश्वं सुभूतं सुविदत्रं नो अस्तु ज्योगेव दृशेम सूर्यम्।

5. ऋग्वेद

शतं जीव शरदो वर्द्धमानः शतं हेमंताञ्च्छतमु वसन्तान्।
शतमिन्द्राग्नी सविता बृहस्पतिः शतायुषा हविषेमं पुनर्दुः।

6. अथर्ववेद

वेदः स्वस्ति द्रुघणः स्वस्ति परशुर्वेदिः परशुर्नः स्वस्ति हविष्कृतो यज्ञिया यज्ञकामास्ते देवासो यज्ञमिमं जुषन्ताम्।

7. ऐतरेय उपनिषद्

ॐ वाङ् मे मनसि प्रतिष्ठिता मनो मे वाचि प्रतिष्ठितम् आविराविर्म एधि वेदस्य म आणीस्थः श्रुतं मे माप्रहासीरनेनाधीतेनाहोरात्रान् संदधाम्यृतं वदिष्यामि सत्यं वदिष्यामि तन्मामवतु तद्वक्तारमवतु मामवतु वक्तारमवतु वक्तारम्।

ॐ शान्तिः शान्तिः शान्तिः॥

8. मुंडकोपनिषद्, मांडूक्योपनिषद् तथा प्रश्न उपनिषद्

ॐ भद्रं कर्णेभिः शृणुयाम देवा
भद्रं पश्येमाक्षमिर्थजत्राः।
स्थिरैरंगैस्तुष्टुवांसस्तनूभि-र्व्यशेम देवहितं यदायुः॥
स्वस्ति न इन्द्रो वृद्धश्रवाः
स्वस्ति नः पूषा विश्ववेदाः।
स्वस्ति नस्ताक्ष्यों अरिष्टनेमिः
स्वस्ति नो बृहस्पतिर्दधातु॥
ॐ शान्तिः शान्तिः शान्तिः॥

9. ईशावास्य उपनिषद्

ॐ पूर्णमदः पूर्णमिदं पूर्णात् पूर्णमुदच्युते।
पूर्णस्य पूर्णमादाय पूर्णमेवावशिष्यते॥
ॐ शान्तिः शान्तिः शान्तिः॥

10. केन उपनिषद्

ॐ आप्यायन्तु ममांगानि वाक्प्राणश्चक्षुः श्रोत्रमथो बलमिन्द्रियाणि च सर्वाणि सर्वं ब्रह्मोपनिषदं माहं ब्रह्म निराकुर्यां मा मा ब्रह्म निराकरोद-निराकरणमस्त्वनिराकरणं मेऽस्तु तदात्मनि निरते य उपनिषत्सु धर्मास्ते मयि सन्तु ते मयि सन्तु।

ॐ शान्तिः शान्तिः शान्तिः॥

11. कठोपनिषद्

ॐ सह नाववतु। सह नौ भुनक्तु। सह वीर्यं करवावहै।
तेजस्वि नावधीतमस्तु। मा विद्विषावहै।
ॐ शान्तिः शान्तिः शान्तिः॥

12. तैत्तिरीय उपनिषद्

शं नो मित्रः शं वरुणः। शं नो भवत्वर्यमा। शं न इन्द्रो वृहस्पतिः। शं नो विष्णुरुरुक्रमः। नमो ब्रह्मणे। नमस्ते वायो। त्वमेव प्रत्यक्षं ब्रह्मासि। त्वामेव प्रत्यक्षं ब्रह्म वदिष्यामि। ऋतं वदिष्यामि। सत्यं वदिष्यामि। तन्माभवतु। तद्वक्तारमवतु। अवतुमाम्। अवतु वक्तारम्।

ॐ शान्तिः शान्तिः शान्तिः॥

13. शिवसंकल्प सूक्तम्

ओ३म् यज्जाग्रतो दूरमुदैति दैवं तदु सुप्तस्य तथैवैति।
दूरङ्गमं ज्योतिषां ज्योतिरेकं तन्मे मनः शिवसङ्कल्पमस्तु॥
येन कर्माण्यपसो मनीषिणो यज्ञे कृण्वन्ति विदथेषु धीराः।
यदपूर्वं यक्षमन्तं प्रजानातंन्मे मनः शिवसङ्कल्पमस्तु॥
यत्प्रज्ञानमुतचेतोधृतिश्चयज्ज्योतिरन्तरमृतम्प्रजासु।
यस्यान्नऽऋतेकिंचनकर्मक्रियतेतन्मे मनःशिवसङ्कल्पमस्तु॥
येनदम्भूतम्भुवनम्भविष्यत्परिग्रहीतममृतेनसर्वम्।
येनयज्ञस्तायतेसप्तहोतातन्मे मनः शिवसङ्कल्पमस्तु॥
यस्मिन्नृचः सामयजूंषियस्मिन्प्रतिष्ठितारथनाभाविवाराः।
यस्मिंश्चित्रंसर्वमोतम्प्रजानान्तन्मे मनः शिवसङ्कल्पमस्तु॥
सुषारथिरश्वानिवयन्मनुष्यान्नेनीयतेयीशुमिर्वाजिनेऽइव।
हृत्प्रतिष्ठ्यदाजिरञ्जविष्ठन्तन्मेनमनः शिवसङ्कल्पमस्तु॥

2. पौराणिक स्वस्त्ययन

14. ॐ शान्तिस्तु। ॐ पुष्टिरस्तु। ॐ तुष्टिरस्तु। ॐ वृद्धिरस्तु। ॐ अविघ्नमस्तु। ॐ आयुष्यमस्तु। ॐ आरोग्यमस्तु। ॐ शिवमस्तु। ॐ शिवं कर्मास्तु। ॐ कर्म समृद्धिरस्तु। ॐ धर्मसम्पदस्तु। ॐ वेदसम्पदस्तु। ॐ शास्त्रसम्पदस्तु। ॐ धनधान्यसम्पदस्तु। ॐ पुत्रपौत्रसम्पदस्तु। ॐ इष्टसम्पदस्तु। अनिष्ट निरसनमस्तु। ॐ यत्पापं रोगोऽशुभकल्याणं तद् दूरे प्रतिहतमस्तु। यच्छ्रेयस्तदस्तु। उत्तरे कर्मण्यविघ्नमस्तु। उत्तरोत्तरमहरहरभिवृद्धिरस्तु। उत्तरोत्तराः क्रियाः शुभाः शोभनाः सम्पद्यन्ताम्। तिथिकरणमुहूर्तनक्षत्रग्रह लग्नसम्पदस्तु तिथिकरणमुहूर्त नक्षत्र ग्रहलग्नाधिदेवताः प्रीयन्ताम्। तिथिकरणे समुहूर्ते सनक्षत्रे सग्रहे सलग्ने साधिदैवते प्रीयेताम्। दुर्गापांचाल्यौ प्रीयेताम्। अग्निपुरोगाविश्वेदेवाः प्रीयन्ताम्। इन्द्रपुरोगा मरुद्गणाः प्रीयन्ताम्। वशिष्ठपुरोगा ऋषिगणाः प्रीयन्ताम्। माहेश्वरीपुरोगा उमामातरः प्रीयंताम्। श्री अरुन्धतीपुरोगा

एकपत्न्यः प्रीयंताम्। ब्रह्मपुरोगाः सर्वेवेदाः प्रीयन्ताम्। विष्णुपुरोगाः सर्वेदेवाः प्रीयन्ताम्। ब्रह्म च ब्राह्मणाश्च प्रीयन्ताम्। श्रीसरस्वत्यौ प्रीयेताम्। श्रद्धामेधे प्रीयेताम्। भगवती कात्यायनी प्रीयताम्। भगवती माहेश्वरी प्रीयताम्। भगवती ऋद्धिकरी प्रीयताम्। भगवती पुष्टिकरी प्रीयताम्। भगवती तुष्टिकरी प्रीयताम्। भगवन्तौ विघ्नविनायकौ प्रीयेताम्। सर्वाः कुलदेवताः प्रीयन्ताम्। सर्वा ग्रामदेवताः प्रीयन्ताम्। हताश्च ब्रह्मद्विषः। हताश्च परिपन्थिनः हता अस्य कर्मणो विघ्नकर्त्तारः। शत्रवः पराभवं यान्तु। शाम्यन्तु घोराणि। शाम्यन्तु पापानि। शाम्यन्त्वीतयः। शुभानि वर्द्धन्ताम्। शिवा आपः सन्तुः। शिवा ऋतवः सन्तु। शिवा ओषधयः सन्तु। शिवा वनस्पतयः सन्तु। शिवा अग्नयः सन्तु। शिवा आहुतयः सन्तु। शिवा अतिथयः सन्तु। अहोरात्रे शिवे स्याताम्।

3. उपनिषत्सार

पूर्ण पुरुषेण सर्वम् —श्वेताश्वतर उपनिषद्, 3.9

तस्य भासा सर्वमिंद विभाति —श्वेताश्वतर उपनिषद्, 6.14

सत्यं ह्येव ब्रह्म —बृहदारण्यक उपनिषद्, 5.4.1

आत्मनस्तु कामाय सर्वं प्रियं भवति —बृहदारण्यक उपनिषद्, 4.5.6

अभयं वै ब्रह्म —बृहदारण्यक उपनिषद्, 4.4.25

वागेव सम्राट् —बृहदारण्यक उपनिषद्, 4.1.2

एष त आत्मा सर्वान्तरः —बृहदारण्यक उपनिषद्, 3.4.2

आत्मानमेव लोकमुपासीत —बृहदारण्यक उपनिषद्, 1.4.15

यो वै भूमा तत्सुखम् —छान्दोग्य उपनिषद्, 7.23.1

वाचारम्भणं विकारो नामधेयं मृत्तिकेत्येव सत्यम् —छान्दोग्य उप., 6.1.4

पुरुषान्न परं किञ्चित् सा काष्ठा सा परा गतिः —*कठोपनिषद्*, 4.3.11

4. महाभारत-सार

भारत-सावित्री

मातापितृसहस्राणि पुत्रदारशतानि च। संसारेष्वनुभूतानि यान्ति यास्यन्ति चापरे। हर्षस्थानसहस्राणि भयस्थान शतानि च। दिवसे दिवसे मूढमाविशान्ति न पंडितम्। ऊर्ध्वबाहुर्विरौम्येष न च कश्चिच्छृणोति मे। धर्मादर्थश्च कामश्च स किमर्थं न सेव्यते। न जातु कामान्न भयान्न लोभाद्धर्मं त्यजेज्जीवितस्यापि हेतोः। धर्मो नित्यः सुखदुःखे त्वनित्ये जीवो नित्यो हेतुरस्य त्वनित्यः।

सत्यधर्म

सत्यं धर्मं प्रशंसन्ति विप्रर्षिपितृदेवताः।
सत्यमिच्छाम्यहं श्रोतुं तन्मे ब्रूहि पितामह॥
सत्यं किंलक्षणं राजन् कथं वा तदवाप्यते।
सत्यं प्राप्य भवेत्किं च कथं चैव तदुच्यताम्॥
भीष्म उवाच।
चातुर्वर्ण्यस्य धर्माणां संकरो न प्रशस्यते।
अविकारितमं सत्यं सर्ववर्णेषु भारत॥
सत्यं सत्सु सदा धर्मः सत्यं धर्मः सनातनः।
सत्यमेव नमस्येत सत्यं हि परमा गति॥
सत्यं धर्मस्तपो योगः सत्यं ब्रह्म सनातनम्।
सत्यं यज्ञः परः प्रोक्तः सर्वं सत्ये प्रतिष्ठितम्॥
आचारानिह सत्यस्य यथावदनुपूर्वशः।
लक्षणं च प्रवक्ष्यामि सत्यस्येह यथाक्रमम्॥
प्राप्यते च यथा सत्यं तच्च श्रोतुमिहार्हसि।
सत्यं त्रयोदशविधं सर्वलोकेषु भारत॥
सत्यं च समता चैव दमश्चैव न संशयः।
अमात्सर्यं क्षमा चैव ह्रीस्तितिक्षानसूयता॥
त्यागो ध्यानमथार्यत्वं धृतिश्च सततं दया।
अहिंसा चैव राजेन्द्र सत्याकारास्त्रयोदश॥
सत्यं नामाव्ययं नित्यमविकारि तथैव च।
सर्वधर्माविरुद्धेन योगेनैतदवाप्यते॥
इच्छाद्वेषक्षयं प्राप्य कामक्रोधक्षयं तथा
दमो नान्यस्पृहा नित्यं गांभीर्यं धैर्यमेव च।
अभयं रोगशमनं ज्ञानेनैतदवाप्यते॥
अमात्सर्यं बुधाः प्राहुरन्ये धर्मे च संयमः।
अवस्थितेन नित्यं च सत्येनामत्सरी भवेत्॥
अक्षमायाः क्षमायाश्च प्रियाणीहाप्रियाणि च।
क्षमते संमतः साधुः साध्वाप्नोति च सत्यवाक्॥
कल्याणं कुरुते बाढं धीमान्न ग्लायते क्वचित्।
प्रशान्तवाङ्मना नित्यं ह्रीस्तु धर्मादवाप्यते॥
धर्मार्थहेतोः क्षमते तितिक्षा क्षान्तिरुच्यते।
लोकसंग्रहणार्थं वै सा तु धैर्येण लभ्यते॥

त्यागः स्नेहस्य यत्त्यागो विषयाणां तथैव च।
रागद्वेषप्रहीणस्य त्यागो भवति नान्यथा॥
आर्यता नाम भूतानां यः करोति प्रयत्नतः।
शुभं कर्म निराकारो वीतरागस्तथैव च॥
धृतिर्नाम सुखे दुःखे यथा नाप्नोति विक्रियां।
तां भजेत सदा प्राज्ञो य इच्छेद्भूतिमात्मनः॥
सर्वथा क्षमिणा भाव्यं तथा सत्यपरेण च।
वीतहर्षभयक्रोधो धृतिमाप्नोति पंडितः॥
अद्रोहः सर्वभूतेषु कुर्मणा, मनसा, गिरा।
अनुग्रहश्च दानं च सतां धर्मः सनातनः।
एते त्रयोदशाकाराः पृथक्सत्यैकलक्षणाः।
भजन्ते सत्यमेवेह बृंहयन्ते च भारत॥
नान्तः शक्यो गुणानां च
वक्तुं सत्यस्य पार्थिव।
अतः सत्यं प्रशंसन्ति
विप्राः सपितृदेवताः॥
नास्ति सत्यात्परो धर्मो नानृतात्पातकं परम्।
श्रुतिर्हि सत्यं धर्मस्य तस्मात्सत्यं न लोपयेत्॥
उपैति सत्याद्दानं हि तथा यज्ञाः सदक्षिणाः।
त्रेताग्निहोत्रं वेदाश्च ये चान्ये धर्मनिश्चयाः॥
अश्वमेधसहस्त्रं च सत्यं च तुलया घृतम्।
अश्वमेधसहस्त्राद्धि सत्यमेव विशिष्यते॥

श्रीमद्भगवद्गीता-सार

नित्य आत्मा के अनित्य देह

न जायते म्रियते वा कदाचि-
न्नायं भूत्वा भविता वा न भूयः।
अजो नित्यः शाश्वतोऽयं पुराणो
न हन्यते हन्यमाने शरीरे॥ 2-20॥

वस्त्र-परिवर्तन की भाँति शरीर-परिवर्तन

वासांसि जीर्णानि यथा विहाय
नवानि गृह्णाति नरोऽपराणि।

तथा शरीराणि विहाय जीर्णा-
न्यन्यानि संयाति नवानि देही॥ 2-22॥

योग-विचार

नेहाभिक्रमनाशोऽस्ति प्रत्यवायो न विद्यते।
स्वल्पमप्यस्य धर्मस्य त्रायते महतो भयात्॥ 2-40॥

कर्म की महत्ता

योगस्थः कुरु कर्माणि सङ्गं त्यक्त्वा धनंजय।
सिद्ध्यसिद्ध्योः समो भूत्वा समत्वं योग उच्यते॥ 2-48॥
दूरेण ह्यवरं कर्म बुद्धियोगाद्धनंजय।
बुद्धौ शरणमन्विच्छ कृपणाः फलहेतवः॥ 2-49॥
बुद्धियुक्तो जहातीह उभे सुकृतदुष्कृते।
तस्माद्योगाय युज्यस्व योगः कर्मसु कौशलम्॥ 2-50॥

ब्राह्मी स्थिति

आपूर्यमाणमचलप्रतिष्ठं
समुद्रमापः प्रविशन्ति यद्वत्
तद्वत्कामा यं प्रविशन्ति सर्वे
स शान्तिमाप्नोति न कामकामी॥ 2-70॥

जनक आदि महापुरुषों का उदाहरण

कर्मणैव हि संसिद्धिमास्थिता जनकादयः।
लोकसंग्रहमेवापि सम्पश्यन्कर्तुर्हसि॥ 3-20॥

लोक-संग्रह

यद्यदाचरति श्रेष्ठस्तत्तदेवेतरो जनः।
स यत्प्रमाणं कुरुते लोकस्तदनुवर्तते॥। 3-21॥

यज्ञ विचार

ब्रह्मार्पणं ब्रह्म हविर्ब्रह्माग्नौ ब्रह्मणा हुतम्।
ब्रह्मैव तेन गन्तव्यं ब्रह्मकर्मसमाधिना॥ 4-24॥
द्रव्ययज्ञास्तपोयज्ञा योगयज्ञास्तथापरे।
स्वाध्यायज्ञानयज्ञाश्च यतयः संशितव्रताः॥ 4-28॥

अपाने जुह्वति प्राणं प्राणेऽपानं तथापरे।
प्राणापानगती रुद्ध्वा प्राणायामपरायणाः॥ 4.29॥
अपरे नियताहाराः प्राणान्प्राणेषु जुह्वति।
सर्वेऽप्येते यज्ञविदो यज्ञक्षपितकल्मषाः॥ 4-30॥
यज्ञशिष्टामृतभुजो यान्ति ब्रह्म सनातनम्।
नायं लोकोऽस्त्ययज्ञस्य कुतोऽन्यः कुरुसत्तम॥ 4-31॥

अज्ञान से मोह

न कर्तृत्वं न कर्माणि लोकस्य सृजति प्रभुः।
न कर्मफलसंयोगं स्वभावस्तु प्रवर्तते॥ 5-14॥
नादत्ते कस्यचित्पापं न चैव सुकृतं विभुः।
अज्ञानेनावृतं ज्ञानं तेन मुह्यन्ति जन्तवः॥ 5-15॥

आत्मा का उद्धार

उद्धरेदात्मनात्मानं नात्मानमवसादयेत्।
आत्मैव ह्यात्मनो बन्धुरात्मैव रिपुरात्मनः॥ 6-5॥
बन्धुरात्मात्मनस्तस्य येनात्मैवात्मना जितः।
अनात्मनस्तु शत्रुत्वे वर्तेतात्मैव शत्रुवत्॥ 6-6॥

उचित आहार-विहार का महत्त्व

नात्यश्नतस्तु योगोऽस्ति न चैकान्तमनश्नतः।
न चाति स्वप्नशीलस्य जाग्रतो नैव चार्जुन॥ 6-16॥
युक्ताहारविहारस्य युक्तचेष्टस्य कर्मसु।
युक्तस्वप्नावबोधस्य योगो भवति दुःखहा॥ 6-17 15

आत्मौपम्य-दृष्टि

सर्वभूतस्थमात्मानं सर्वभूतानि चात्मनि।
ईक्षते योगयुक्तात्मा सर्वत्र समदर्शनः॥ 6-29॥
यो मां पश्यति सर्वत्र सर्वं च मयि पश्यति।
तस्याहं न प्रणश्यामि सच मे न प्रणश्यति॥ 6-30॥
सर्वभूतस्थितं यो मां भजत्येकत्वमास्थितः।
सर्वथा वर्तमानोऽपि स योगी मयि वर्तते॥ 6-31॥
आत्मौपम्येन सर्वत्र समं पश्यति योऽर्जुन।
सुखं वा यदि वा दुःखं स योगी परमो मतः॥ 6-32॥

परमपुरुष का ध्यान

कवि पुराणमनुशासितार-
मणोरणीयांसमनुस्मरेद्यः।
सर्वस्य धातारमचिन्त्यरूप-
मादित्यवर्णं तमसः परास्तात्॥ 8-13॥
ओमित्येकाक्षरं ब्रह्म व्याहरन्मामनुस्मरन्।
यः प्रयाति त्यजन्देहं स याति परमां गतिम्॥ 8-13॥

विभूति का लक्षण

यद्यद्विभूतिमत्सत्त्वं श्रीमदूर्जितमेव वा।
तत्तदेवावगच्छ त्वं मम तेजोऽशसम्भवम्॥ 10-41॥

श्रेष्ठ भक्तों के लक्षण

मय्यावेश्य मनो ये मां नित्ययुक्ता उपासते।
श्रद्धया परयोपेतास्ते मे युक्ततमा मताः॥ 12-2॥

अव्यक्त के उपासक

ये त्वक्षरमनिर्देश्यमव्यक्तं पर्युपासते।
सर्वत्रगमचिन्त्यं च कूटस्थमचलं ध्रुवम्॥ 12-3॥
संनियम्येन्द्रियग्रामं सर्वत्र समबुद्धयः।
ते प्राप्नुवन्ति मामेव सर्वभूतहिते रताः॥ 12-4॥
क्लेशोऽधिकतरस्तेषामव्यक्तासक्तचेतसाम्।
अव्यक्ता हि गतिर्दुःखं देहवद्भिरवाप्यते॥ 12-5॥

सर्वकर्म समर्पणपूर्वक भक्ति

ये तू सर्वाणि कर्माणि मयि संन्यस्य मत्पराः।
अनन्येनैव योगेन मां ध्यायन्त उपासते॥ 12-6॥
तेषामहं समुद्धर्ता मृत्युसंसारसागरात्॥
भवामि नचिरात्पार्थ मय्यावेशितचेतसाम्॥ 12-6॥

प्रिय भक्त

अद्वेष्टा सर्वभूतानां मैत्रः करुण एव च।
निर्ममो निहंकारः समदुःखसुखः क्षमी॥ 12-13॥

सन्तुष्टः सततं योगी यतात्मा दृढ़निश्चयः।
मय्यर्पितमनोबुद्धिर्यो मद्भक्त स मे प्रियः॥ 12-14॥
यस्मान्नोद्विजते लोको लोकान्नोद्विजते च यः।
हर्षामर्ष भयोद्वेगैर्मुक्तो यः स च मे प्रियः॥ 12-15॥
अनपेक्ष : शुचिर्दक्षः उदासीनो गतव्यथः।
सर्वारम्भपरित्यागी यो मद्भक्तः स मे प्रियः॥ 12-16॥
यो न हृष्यति न द्वेष्टि न शोचति न काङ्क्षति।
शुभाशुभपरित्यागी भक्तिमान्यः स मे प्रियः॥ 12-17॥

ज्ञेय क्या है?

सर्वतः पाणिपादं तत्सर्वतोऽक्षिशिरोमुखम्।
सर्वतः श्रुतिमल्लोके सर्वमावृत्य तिष्ठति॥ 13-13॥
अविभक्तं च भूतेषु विभक्तमिव च स्थितम्।
भूतभर्तृ च तज्ज्ञेयं ग्रसिष्णु प्रभविष्णु च॥ 13-16॥
ज्योतिषामपि तज्ज्योतिस्तमसः परमुच्यते।
ज्ञानं ज्ञेयं ज्ञानगम्यं हृदि सर्वस्य विष्ठितम्॥ 13-17॥

सबके हृदयों में ईश्वर का निवास

अहं वैश्वानरो भूत्वा प्राणिनां देहमाश्रितः।
प्राणापानसमायुक्तः पचाम्यन्नं चतुर्विधम्॥ 15-14॥
सर्वस्य चाहं हृदि सन्निविष्टो
मत्तः स्मृतिर्ज्ञानमपोहनं च।
वेदैश्च सर्वैरहमेव वेद्यो
वेदान्तकृद्वेदविदेव चाहम्॥ 15-15॥

दैवी सम्पत्तिका स्वरूप

अभयं सत्त्वसंशुद्धिर्ज्ञानयोग व्यवस्थितः।
दानं दमश्च यज्ञश्च स्वाध्यायस्तपः आर्जवम्॥ 16-1॥
अहिंसा सत्यमक्रोधस्त्यागः शान्तिरपैशुनम्।
दया भूतेष्वलोलुप्त्वं मार्दवं ह्रीरचापलम्॥ 16-2॥
तेजः क्षमा धृतिः शौचमद्रोहो नातिमानिता।
भवन्ति सम्पदं दैवीमभिजातस्य भारत॥ 16-3॥

आसुरी विपत्ति का रूप

दम्भो दर्पोऽभिमानश्च क्रोधः पारुष्यमेव च।
अज्ञानं चाभिजातस्य पार्थ सम्पदमासुरीम्॥ 16-4॥

नरक के तीन द्वार

त्रिविधं नरकेस्येदं द्वारं नाशनमात्मनः।
कामः क्रोधस्तथा लोभस्तस्मादेतत्त्रयं त्यजेत्॥ 16-21॥

पाँच कारण

पञ्चैतानि महाबाहो कारणानि निबोध मे।
सांख्ये कृतान्ते प्रोक्तानि सिद्धये सर्वकर्मणाम्॥ 18-13॥
अधिष्ठानं तथा कर्त्ता करणं च पृथग्विधम्।
विविधाश्च पृथक्चेष्टा दैवं चैवात्र पञ्चमम्॥ 18-14॥
शरीरवाङ्मनोभिर्यत्कर्म प्रारभते नरः।
न्याय्यं वा विपरीतं वा पञ्चैते तस्य हेतवः॥ 18-15॥

त्रिविध ज्ञान

सर्वभूतेषु येनैकं भावमव्ययमीक्षते।
अविभक्तं विभक्तेषु तज्ज्ञानं विधि सात्त्विकम्॥ 18-20॥
पृथक्त्वेन तु यज्ज्ञानं नानाभावान्पृथग्विधान्।
वेत्ति सर्वेषु भूतेषु तज्ज्ञानं विद्धि राजसम्॥ 18-21॥
यत्तु कृत्स्नवदेकस्मिन्कार्ये सक्तमहैतुकम्।
अतत्त्वार्थवदल्पं च तत्तामसमुदाहृतम्॥ 18-22॥

त्रिविध कर्त्ता

मुक्तसङ्गोऽनहंवादी धृत्युत्साहसमन्वितः।
सिद्ध्यसिद्ध्योर्निर्विकारः कर्त्ता सात्त्विक उच्यते॥ 18-26॥
रागी कर्मफलप्रेप्सुर्लुब्धो हिंसात्मकोऽशुचिः।
हर्षशोकान्वितः कर्त्ता राजसः परिकीर्तितः॥ 18-27॥
अयुक्तः प्राकृतः स्तब्धः शठो नैष्कृतिकोऽलसः।
विषादी दीर्घसूत्री च कर्त्ता तामस उच्यते॥ 18-28॥

त्रिविध सुख

यत्तदग्रे विषमिव परिणामेऽमृतोपमम्।
तत्सुखं सात्त्विकं प्रोक्तमात्मबुद्धिप्रसादजम्॥ 18-37॥
विषयेन्द्रियसंयोगाद्यत्तदग्रेऽमृतोपमम्।
परिणामे विषमिव तत्सुखं राजसं स्मृतम्॥ 18-38॥
यदग्रे चानुबन्धे च सुखं मोहनमात्मनः।
निद्रालस्यप्रमादोत्थं तत्तामसमुदाहृतम्॥ 18-39॥

स्वकर्म से सिद्धि

स्वे स्वे कर्मण्यभिरतः संसिद्धिं लभते नरः।
स्वकर्मनिरतः सिद्धिं यथा विन्दति तच्छृणु॥ 18-45॥
यतः प्रवृत्तिर्भूतानां येन सर्वमिदं ततम्।
स्वकर्मणा तमभ्यर्च्य सिंद्धि विन्दति मानवः॥ 18-46॥

स्वधर्म की श्रेष्ठता

श्रेयान्स्वधर्मो विगुणः परमधर्मात्स्वनुष्ठितात्।
स्वभावनियतं कर्म कुर्वन्नाप्नोति किल्विषम्॥ 18-47॥

5. संतों की वाणी

निर्गुणवाणी

कबीर

हम तौ एक एक करि जानां।
दोइ कहैं तिनहीं कौं दो जग, जिन नांहिंन पहिंचानां॥
एकै पवन एक ही पानीं, एक जोति संसारा।
एक ही खाक घड़े सब भांड़े, एक ही सिरजनहारा॥
जैसैं बाढ़ी काष्ठ ही काटै, अगिनि न काटै कोई।
सब घटि अन्तरि तूं ही ब्यापक, धरै सरूपैं सोई॥
मांया मोहे अर्थ देखि करि, काहे कूं गरबानां।
नरभै भया कछू नहीं ब्यापै, कहै कबीर दिवानां॥ 11॥

क्या ह्वै तेरे न्हांई धोई, आतम रांम न चीन्हां सोई॥
क्या घट ऊपरि मंजन की यैं भीतरि मैल अपारा।

रांम नांम बिन नरक न छूटै, जे धौवै सौ बारा॥
का नट भेष भगवां बस्तर, भसम लगावै लोई।
ज्यूं दादुर सुरसुरी जल भीतरि, हरि बिन मुकति न होई॥
परहरि काम रांम कहि बौरै, सुनि सिख बंधू मोरी।
हरि को नांव अभै-पद-दाता, कहै कबीरा कोरी॥ 58॥

मन मस्त हुआ तब क्यों बोले।
हीरा पायो गाँठ गँठियायो, बार-बार बाको क्यों खोले।
हलकी थी तब चढ़ी तराज़ू, पूरी भई तब क्यों तोले॥
सुरत कलारी भई मतवारी, मदवा पी गई बिन तोले।
हंसा पाए मानसरोवर, ताल तलैया क्यों डोले॥
तेरा साहब है घर माहीं, बाहर नैना क्यौं खोले।
कहै कबीर सुनो भाई साधो, साहब मिल गये तिल-ओले॥ 88॥

दुलहिन, अँगिया काहे न धोवाई॥
बालपने की मैली अँगिया विषय-दाग परि जाई।
बिन धोये पिय रीझत नाहीं सेज ते देत गिराई।
सुमिरन ध्यान कै साबुन करिले, सत्तनाम-दरियाई।
दुबिधा के भेद खोल बहुरिया, मन कै मैल धोवाई।
चेत करो तीनों पन बीते, अब तो गवन नगिचाई।
पालनहार द्वार हैं ठाड़े अब काहे पछिताई।
कहत कबीन सुनो री बहुरिया, चित अंजन दे आई॥ 106॥

यह जग अन्धा मैं कहि समुझावों॥
इक-दुइ होंय उन्हें समुझावौं सब ही भुलाना पेट के धंधा।
पानी के घोड़ा पवन असक्खा दरकि परै जस ओस के बुंदा॥
गहिरी नदिया अगम बहै धरवा, खेवनहारा पड़िगा फंदा।
घर की वस्तु निकट नहिं आवत दियना वारिके ढूँढ़त अंधा॥
लागी आग सकल बन जरिगा बिन गुरुग्यान भटकिया बंदा।
कहै कबीर सुनो भाई साधो, एक दिन जाय लंगोटी झार बंदा॥ 120॥

रैदास

गाइ गाइ अब का कहि गाऊँ।
गावनहार को निकट बताऊँ॥

जबलगि है इहि तन की आशा, तबलगि करै पुकारा।
जब मन मिल्यौ आस नहिं तन की, तब को गावनहारा॥
जबलगि नदी न समुँद्र समावै, तबलगि बढ़े हँकारा।
जब मन मिल्यौ रामसागर सौं, तब यह मिटी पुकारा॥
जबलगि भगति मुकति की आसा, परमतत्व सुनि गावै।
जहँ तहँ आस धरत है इहि मन, तहँ-तहँ कछू न पावै॥
छाँड़ै आस निरास परमपद, तब सुख सति कर होई।
कहि रैदास जासौं और करत है, परमतत्व अब सोई॥ 13॥
जो तुम तोरौ राम मैं नहिं तोरौ। तुम सों तोरि कवन सों जोरौं॥
तीरथ बरत न करौं अँदेसा। तुम्हरे चरनकमल का भरोसा॥
जहँ जहँ जाव तुम्हरी पूजा। तुम सा देव और नहिं दूजा॥
मैं अपनो मन हरि सों जोर्‌यो। हरि सों जोरि सबन सों तोर्‌यो॥
सबहीं पहर तुम्हारीं आसा। मन क्रम बचन कहै रैदासा॥ 20॥

अब कैसे छूटै नामरट लागी।
प्रभुजी तुम चन्दन हम पानी। जाकी अँग-अँग बास समानी॥
प्रभुजी तुम घनवन हम मोरा। जैसे चितवत चंद चकोरा॥
प्रभुजी तुम दीपक हम बाती। जाकी जोति बरं दिनराती॥
प्रभुजी तुम मोती हम धागा। जैसे सोनहिं मिलत सुहागा॥
प्रभुजी तुम स्वामी हम दासा। ऐसी भक्ति करै रैदासा॥ 30॥

गुरु नानकदेव

आसणु लोइ लोइ भंडार। जो किछु पाइआ सु एका वार॥
करि करि सिरजनहारु। नानक सचे की साची कार॥
आदेसु तिसै आदेसु।
आदि आलु अनादि अनाहित जुगु जुगु एको वेसु॥ 31॥

करउ बिनय गुर अपने प्रीतम हरि वरु आणि मिलावै।
सुनि घनघोर सीतलु मनु मोरा, माल-रती-गुण गावै॥
बरसु घना मेरा मनु भीना।
अमृत बूँद सुहानी हियरै गुरि मोहि मनु हरि रसि लीना॥
सहजि सुखी वर कामणि पियारी जिसु गुरवचनी मनु मनिआ॥
हरि वरि नारि भई सोहागणि, मनि तनि प्रेम सुखानिआ॥

अवगण तिआगि भई बैरागनि असथिरु वरु सोहागु हरी॥
सोगु विजोगु तिसु कदे न विआपै, हरि प्रभु अपणी किरपा करी॥
आवण जाण नहीं मनु निहचलु पूरे गुर की ओट गही॥
नानक रामनामु जपि गुरमुखि धनु सोहागणि साचु सही॥ 6॥

जूठि न रागीं जूठि न वेदीं। जूठि न चंद सूरज की भेदी॥
जूठि न अंनी जूठि न नाई। जूठि न मीहु बसिये सभ थाई॥
जूठि न धरती जूठि न पाणी। जूठि न पउणै माहि समाणी॥
नानक निगुरिया गुण नाही कोइ। मुहि फेरिऐ मुहु जूठा होइ॥ 1॥

दादू दयाल

मन निर्मल तन निर्मल भाइ, आंन उपाइ बिकार न जाई॥
जो मन कोयला तौ तन कारा, कोटि करै नहिं जाइ बिकारा॥
जो मन बिसहर तौ मन भुवंगा, करि उपाइ बिषै फुनि संगा॥
मन मैला तन उज्जल नांहीं, बहुत पचिहारे बिकार न जाहीं॥
मन निर्मल तन निर्मल होई, दादू साच बिचारै कोई॥ 7॥

पीव धरि आवै रे, बेदन मारी जाणीं रे।
बिरह संताप कोण पर कीजै, कहूँ छूं दुख नी कहाणी रे॥
अन्तरजामी नाथ मारो, तुज विण हूँ सीदाणी रे॥
मन्दिर मारे केम न आवै, रजनी जाइ बिहाणी रे॥
तारी बाट हूँ जोइ थाकी, नेण निखूटया पाणी रे॥
दादू तुज विण दोन दुखी रे, तूं साथी रह्यों छे ताणी रे॥ 18॥

सांई को साच पियारा,
साचै साच सुहावै देखौ, साचा सिरजनहारा॥
ज्यूं घण घावां सार घड़ी जै, झूठ सबै झड़ि जाई॥
घण के घांऊं सार रहेगा, झूठ न महिं समाई॥
कनक कसौटी अगनि मुखि दीजै, कंप सबै जलि जाई॥
यौंतो कसणीं साच सहैगा, झूठ सहै नहिं भाई॥
ज्यूं घृत कूं ले ताता कीजे, ताइ ताइ तत कीतां॥
तत्तै तत्त रहैगा भाई, झूठ सबै जलि खीनां॥
यौं तो कसणी साच सहैगा, साचा कसि कसि लेवै॥
दादू दरसन साचा पावै, झूठे दरस न देवै॥ 24॥

रज्जबजी

बिन सतगुर समता नहिं आवै। नीच ऊँच निगुरा सु दृढ़ावै॥
येकहि पवन येकहि पानी। बुधि बिन बीच बैरता ठानी॥
येकै आतम येक सरीरा। समझ बिना बड़ अंतर बीरा॥
सौंज सबै विधि येक बनाई। दुबिधा दुरमति है रे भाई॥
सबकै नखसिख येक बिचारा। येकै सबका सिरजनहारा॥
गुर के ग्यान माहि सब येकै। रज्जब अंध अग्यान अतेकै॥ 10॥

भक्ति जाति कूँ क्या करै, सुनियो रे भाई।
बेटी सहारे बाप कै, भेजै तहँ जाई॥
नामा कबीर सु कौन थे, कुन राँका बाँका।
भगति समांनी सब घरनि तजि कुल का नाका॥
विदुर बाँदरा बंस तें सो भक्ति न छोड़ै।
नीच ऊँच देखै नहीं, मन मानै मोड़ै॥
आदि मिली जैदेव कूँ, रैदास समांनी।
सो दादू घर पैठी, क्यूँ रहै निमांनी॥
रज्जब रोकी गा रहे, अग्या लै आई।
राबरंक सब सारिखे भान भगति पाई॥ 17॥

धनी धरमदास

हम सत्तनाम के बैपारी॥
कोइ कोइ लादै काँसा पीतल, कोइ कोइ लौंग सुपारी।
हम तो लाद्यौ नाम धनी को, पूरन खेप हमारी॥
पूँजी न टूट नफा चौगुना, बनिज किया हम भारी।
मोती बुंद घटहि में उपजै, सुकिरत भरत कोठारी।
नाम-पदारथ लाद चला है, धरमदास वैपारी॥ 2॥

साईं, मैं असल गुलाम तिहारा॥
काया-नगर बन्यो अति सुन्नर, मोह को लग्यो बजारा।
कुमति कलोल करै दसहों दिसि, लोभ को ठुक्यो नगारा॥
मोह समुंदर भरे अपरबल, भँवर भवैं अति भारा।
काम क्रोध की लहर उठतु है, केहि बिधि होय निवारा॥

पाँच के ऊपर पचिस महतिया इन परपंच पसारा।
मन अदली जहँ अदल चलावै, कहा करै जीव बिचारा॥
ना मोरे नाव नाँहि खेवइया, डर लागे मोहिं भारी।
चौदह लोक में कोइ नहिं दीसै, तुम गुरु पार उतारी॥
धरमदास की यही बीनती, उरझे कों निर्वारो।
साहेब कबीर मिले गुरु समरथ, हम से अधम उबारो॥

झरि लागै महलिया, गगन घहराय॥
खन गरजै खन बिजुली चमकै, लहर उठै सोभा बरनि न जाय।
सुन्न महल से अमृत बरसै प्रेम अनंद होइ साध नहाय॥
खुली किवरिया मिटी अंधियरिया, धन सतगुरु जिन दिया है लखाय॥
धरमदास बिनवै कर जोरी, सतगुरु चरन मैं रहत समाय॥

बाबा धरनीदास

ज्ञान को बान लगो धरनी, जन सोवत चौंकि अचानक जागे।
छूटि गयो विषया-विष बन्धन, पूरन प्रेमसुधारस-पागे॥
भावत वाद विवाद निखाद, न स्वाद जहाँलगि सो सबत्यागे।
मूँदि गईं अँखियाँ तबतें जबतें हिये में कछु हेरह लागे॥ 2॥

दरिया साहब

प्रेम-धगा यह टूटता ना,
गर टूटि कंठी फिर बाँधना क्या।
यह तत्त-तिलक सतनम छापा करु,
और विविध है साधना क्या।
ग्यान का दंड न डगमगैकर,
दंड लिये काहू मारना क्या।
यह झूलना दरिया साहेब कहा,
सतनाम सही, बहु पेखना क्या॥ 1॥

पलटू साहब

साहिब वही फकीर है, जो कोइ पहुँचा होय॥
जो कोइ पहुँचा होय, नूर का छत्र बिराजै।
सबर-तखत बैठि, तूर अठपहरा बाजै॥

तम्बू है असमान, जमीं का फरस बिछाया।
छिमा किया छिड़काव, खुसी का मुस्क लगाया॥
नाम खजाना भरा, जिकिर का नेजा चलता।
साहिब चौकीदार देखि इबलीसहुँ डरता॥
पलटू दुनिया दीन में उनसे बड़ा न कोय।
साहिब वही फकीर है, जो कोइ पहुँचा होय॥ 3॥

जैसे नद्दी एक है, बहुतेरे हैं घाट॥
बहुतेरे हैं घाट, भेद भक्तन में नाना।
जो जेहिं संगत परा, ताहिके हाथ बिकाना॥
चाहै जैसी करै भक्ति, सब नामहिं केरी।
जाकी जैसी बूझ, मारग सो तैसी हेरी॥
फेर खाय इक गये, एक हो गये सिताबी।
आखिर पहुँचे राह, दिना दस भई खराबी॥
पलटू एक टेक ना, जेतिक भेष तै बाट।
जैसे नद्दी एक है, बहुतेरे हैं घाट॥ 31॥

सनातन सौन्दर्य का आकर्षण

सूर पदावली

चकई री, चलि चरन सरोवर, जहाँ न प्रेम बियोग।
जहँ भ्रम-निसा होति नहिं कबहूँ, सोइ सायर सुख जोग॥
जहाँ सनक-सिव इंस, मीन मुनि, नख रवि-प्रभा प्रकास।
प्रफुलित कमल, निमिष नहिं ससि-डर, गुंजत निगम सुबास॥
जिहिं सर सुभग मुक्ति-मुक्ताफल, सुकृत-अमृत रस पीजै।
सो सर छाँड़ि कुबुद्धि बिहंगम, इहाँ कहा रहि कीजै॥
लक्ष्मी सहित होति नित क्रीड़ा, सोभित सूरजदास।
अब न सुहात विषय-रस-छीलर, वा समुद्र की आस॥

चलि सखि, तिहिं सरोवर जाहिं।
जिहिं सरोवर कमल-कमला, रबि बिना बिकसिहिं।
हंस उज्जल पंख निर्मल, अंग मलि-मलि न्हाहिं।
मुक्ति-मुक्ता अनगिने फल, तहाँ चुनि-चुनि खाहिं।

अतिहिं मगन महा मधुर रस, रसनमध्य समाहिं।
पदुम-बास सुगंध-सीतल लेत पाप नसिहि।
सदा प्रफुलित रहें, जल बिनु, निमिष नहि कुम्हिलाहि।
सघन गुंजत बैठि उन पर भौंरहु बिरमाहि।
देखि नीर जु छिलछिलो जग, समुझि कछु मन माहि।
सूर क्यों नहिं चल उड़ि तहँ, बहुरि उड़िबौ नाहिं।

जौ लौं सत सरूप नहिं सूझत।
तौ लौं मृग मद नाभि बिसारे, फिरत सकल बन बूझत।
अपनौ मुख मसि-मलिन मंदमति, देखत दर्पन माहि।
ता कालिमा मेटिबे कारन, पचत पखारत छाहि।
तेल-तूल-पावक-पुट भरि धरि, बनै न बिना प्रकासत।
कहत बनाइ दीप की बतियाँ, कैसें धौं तम नासत।
सूरदास यह मति आए बिन, सब दिन गए अलेखे।
कहा जानै दिन की महिमा, अंधे नैन बिन देखे!॥

अपुनपौ, आपुन ही बिसर्यौ।
जैसें स्वान काँच-मंदिर में, भ्रमि-भ्रमि भूकि पर्यौ।
ज्यौ सौरभ मृग-नाभि बसत है, द्रुम-तृन सूँघि फिर्यौ।
ज्यौ सपने मै रंक भव भयौ, तसकर करि पकर्यौ।
ज्यौं केहरि प्रतिबिंब देखि कै आपुन कूप पर्यौ।
जैसें गज लखि फटकसिला मैं दसननि जाइ अर्यौ।
मर्कट मूँठि छाँड़ि नहि दीनी, घर-घर द्वार फिर्यौ।
सूरदास नलिनी कौ सुवटा, कहि कौनैं पकर्यौ॥

सोभा-सिंधु न अंत रही ही।
नंद भवन भरि-पूरि उमंगि चलि, ब्रज की बीथिनि फिरति बही री।
देखी जाइ आजु गोकुल मैं घर-घर बेंचति फिरति दही री।
कहँ लगि कहौं बनाइ बहुत बिधि, कहत न मुख सहसहुँ निबहौ री।
जसुमति-उदर-अगाध-उदधि तैं, उपजी ऐसी सबनि कही री।
सूरस्याम प्रभु इन्द-नीलमनि, ब्रज-बनिता उर लाइ गही री॥

मेरे भाई, स्याम मनोहर जीवन।
निरखि नैन भूले जु बदन छवि, मधुर हँसनि पय-पीवन।
कुंतल कुहिल, मकर कुंडल, ध्रुव नैन विलोकति बंक।
सुधा-सिंधु तँ निकसि नयौ ससि, राजत मनु मृग-अंक।
सोभित सुमन-मयूर चन्द्रिका, नील नलिन तनु स्याम।
मनहुँ नछत्र समेत इन्द्र-धनु, सुभग मेघ अभिराम।
परम कुसल कोबिद लीला-नट, मुसुकनि मन हरि लेत।
कृपा-कटाक्ष कमल-कर फेरत, सूर जननि सुख देत॥

सोभा कहत कही नहिं आवै।
अँचवत अति आतुर लोचन-पुट, मन न तृप्ति कौं पावै।
सजल मेघ घनस्याम सुभग बपु, तड़ित बसन उरमाल।
सिखि-सिखंड, बन-धातु बिराजत, सुमन सुगंध प्रवाल।
कछुक कुटिल कमनीय सघन अति, गो-रज मंडित केस।
सोभित मनु अंबुज पराग-रुचि-रंजित मधुप सुवेस।
कुंडल-किरिनि कपोल लोल छबि, नैन कमल-दल-मीन।
प्रति-प्रति अंग-अनंग-कोटि छबि, सुनि सखि परम प्रबीन।
अधर मधुर मुसुक्यानि मनोहर करति मदन मन हीन।
सूरदास जहँ दृष्टि परति है, होति तहीं लवलीन॥

मैं मन बहुत भाँति समुझायौ।
कहा करौं दरसनरस अटक्यौ, बहुरि नहीं घट आयौ।
इन नैननि कै भेद, रूपरस उर मैं आनि दुरायौ।
बरजत ही बेकाज सुपन ज्यौं, पलट्यौ नहिं, जो सिधायौ।
लोक-वेद-कुल निदरि, निडर है करत आपनौ भायौ।
मुखछबि निरखि, चौंधि निसि खग ज्यौं, हठि अपुनपौ बँधायौ।
हरि कौं दोष कहा कहि दीजै, यह अपनैं बल धायौ।
अति विपरीत भई सुनि 'सूरज' मुरझ्यौ मदन जगायौ॥

नाहिं न रह्यौ मन में ठौर।
नंदनंदन अछत कैसे आनिए उर और?
चलत, चितवन, दिवस जागत, सपन सोवत राति।
हृदय तें वह स्याम मूरति छन न इत उत्र जाति।

कहत कथा अनेक ऊधो लोक-लाभ दिखाय।
कहा करौं तन प्रेम-पूरन घट न सिंधु समाय।
स्याम गात सरोज-आनन ललित अति मृदुहास।
सूर ऐसे रूप-कारन मरत लोचन प्यास॥

ऊधौ! बिरहो प्रेमु करै।
ज्यौं बिनु पुट पट गहै न रंगहि, पुट गहै रसहि परै।
जो आवौ घट दहत अनल तनु, तौ पुनि अमिय भरै।
जो धरि बीज देह अंकुर चिरि, तौ सत फरनि फरै।
जौ सर सहत सुभट संमुख रन, तौ रबिरथहि सरै।
सूर गोपाल प्रेम-पथ-जल तें कोउ न दुखहि डरै।

तुलसी का आमोद

1. राम तुम वहाँ बसो

सुनहु राम अब कहउँ निकेता। जहाँ बसहु सिय लखन समेता।
जिन्ह के स्रवन समुद्र समाना। कथा तुम्हारे सुभग सरिनाना।
भरहिं निरन्तर होंहि न पूरे। तिन्हके हिय तुम्ह कहुँ गृह रूरे।
लोचन चातक जिन्ह करि राखे। रहहिं दरस जलधर अभिलाखे।
निदरहिं सरित सिन्धु सरभारी। रूप बिंदु जल होहिं सुखारी।
तिन्हके हृदयँ सदन सुखदायक। बसहु बंधुसिय सह रघुनायक॥

जसु तुम्हार मानस बिरल हंसिनि जीहा जासु।
मुकुताहलु गुन गन चुनइ राम बसहु मन तासु॥ 128॥

प्रभु प्रसाद सुचि सुभग सुबासा। सादर जासु लहइ नितनासा।
तुम्हहि निवेदित भोजनु करहीं। प्रभु प्रसाद पटु भूषण धरहीं।
सीस नवहिं सुर गुरु द्विज देखी। प्रीति सहित करि बिनय बिसेखी।
कर नित करहिं राम नित पूजा। राम भरोस हृदय नहि दूजा।
चरन राम तीरथ चलि जाहीं। राम बसहु तिन्हके मन माहीं।
मंत्रराजु नित जपहि तुम्हारा। पूजहिं तुम्हहि सहित परिवारा।
तरपन होम करहिं त्रिधि नाना। बिप्र जेवाई देहिं बहुदाना।
तुम्ह तें अधिक गुरुहि जिय जानी। सकल भाय सेवहि सनमानी॥

सबु करि माँगहिं एक फलु राम चरन रति होउ।
तिन्ह के मन मंदिर बसहु सिय रघुनंदन दोउ॥ 129॥

काम मोह मद मान न मोहा। लोभ न द्रोभ न राग न द्रोहा।
जिन्ह कें कपट दंभ नहि भाया। तिन्ह कें हृदय बसहु रघुराया।
सब के प्रिय सबके हितकारी। दुख सुख सरिस प्रसंसा गारी।
कहहिं सत्य प्रिय बचन बिचारी। जागत सोवत सरन तुम्हारी।
तुम्हहिं छाड़ि गति दूसर नाहीं। राम बसहु तिन्ह के मन माहीं।
जननी सम जानहिं परनारी। धनु पराव विष तें बिष भारी।
जे हरषहिं पर संपति देखी। दुखित होहि पर बिपति बिसेखी।
जिन्हहि राम तुम्ह प्रान पिआरे। तिन्ह के मन सुभ सदन तुम्हारे॥

स्वामि सखा पितु मातु सुर जिन्हके सब तुम्ह तात।
मन मंदिर तिन्ह के बसहु सीय सहित दोउ भ्रात॥ 130॥

अवगुन तजि सब सब के गुन गहहीं। बिप धेनुहित संकट सहहीं।
नीति निपुन जिन्हकइ जग लीका। घर तुम्हार तिन्ह का मनु नीका।
गुन तुम्हार समुझइ निज दोसा। जेहि सब भाति तुम्हार भरोसा।
राम भगत प्रिय लागहिं जेही। तेहि उर बसहु सहित बैदेही।
जाति पाँति धनु धरमु बड़ाई। प्रिय परिवार सदुन सुखदाई।
सब तजि तुम्हहिं रहइ लऊ लाई। तेहि के हृदय रहहु रघुराई।
सरगु नरकु अपबरगु समाना। जहँ तहँ देख धरें धनु बाना।
करम बचन मन राउर चेरा। राम करहु तेहि के उर डेरा।

जाहि न चाहिअ कबहुँ कछु तुम्ह सन सहज सनेहु।
बसहु निरंतर तासु मन सो राउट निज गेहु॥ 131॥

2. धर्ममय रथ

रावनु रथी बिरथ रघुबीरा। देखि बिभीषनु भयऊ अधीरा।
अधिक प्रीति मन भा संदेहा। बंदि चरन कह सहित सनेहा।
नाथ न रथ नहि तन पद त्राना। केहि विधि जितब बीर बलवाना।
सुनहु सखा कह कृपानिधाना। जेहि जय होइ से स्यंदन आना।
सौरज धीरज तेहि रथ चाका। सत्य सील दृढ़ ध्वजा पताका।

बल बिवेक दम परहित घोरे। छमा कृपा समता रजु जोरे।
ईस भजनु सारथी सुजाना। बिरति वर्म सन्तोष कृपाना।
दान परसु बुधि सक्ति प्रचंडा। बर विज्ञान कठिन कोदंडा।
अमल अचल मन त्रोन समाना। सम जम नियम सिलीमुख नाना।
कवच अभेद विप्र गुर पूजा। एहि सम बिजय उपाय न दूजा।
सखा धर्ममय अस रथ जाके। जीत न कहूँ न कतहुँ रिपु ताके॥

महा अजय संसार रिपु जीति सकै सो बीर।
जाके अस रथ होइ दृढ़ सुनहु सखा मतिधीर॥
सुनि प्रभु बचन बिभीषन हरषि गहे पद कंज।
एहि मिस मोहि उपदेसेहु राम कृपा सुख पुंज॥

3. भक्ति-माहात्म्य

कहेउँ ज्ञान सिद्धान्त बुझाई। सुनहु भगति मनि कै प्रभुताई।
राम भगति चिंतामनि सुंदर। बसै गरुड़ जाके उर अंतर।
परम प्रकास रूप दिन राती। नहि कछु चहिअ दिआघृत बाती।
मोह दरिद्र निकट नहि आवा। लोभ बात नहि ताहि बुझावा।
प्रबल अविद्या तम मिटि जाई। हारहिं सकल सलभ समुदाई।
खल कामादि निकट नहि जाहीं। बसे भगति जाके उर माहीं।
गरल सुधा सम अरि हित होई। तेहि मनि बिनु सुख पाव न कोई।
व्यापहिं मानस रोग न भारी। जिन्हके बस सब जीव दुखारी।
राम भगति मनि उर बस जाके। दुख लवलेस न सपनेहु ताके।
चतुर सिरोमनि तेइ जग माहीं। जे मनि लागि सुजतन कराहीं।

4. भक्ति-प्राप्ति के साधन

सो मन जदपि प्रगट जग अहई। राम कृपा बिनु नहि कोउ लहई।
सुगम उपाय पाइबे केरे। नर हतभाग्य देहिं भटभेरे।
पाबत पर्वत बेद पुराना। राम कथा रुचिराकर नाना।
नर्मी सज्जन सुमति कुदारी। ज्ञान विराग नयन उरगारी।
भाव सहित खोजै जो प्रानी। पाव भगति मनि सब सुखखानी।
मोरे मन प्रभु अस बिस्वासा। राम तें अधिक राम कर दासा।
राम सिंधु घन सज्जन धीरा। चंदन तरु हरि संत समीरा।

सब कर फल हरि भगति सुहाई। सो बिनु संत न काहू पाई।
अस बिचारि जोइ कह सतसंगा। राम भगति तेहि सुलभ बिहंगा।

ब्रह्म पयोनिधि मंदर ज्ञान संत सुर आहि।
कथा सुधा मथि काढ़हि भगति मधुरता जाहि॥
बिरति चूर्म असि ज्ञान मद लोभ मोह रिपु मारि।
जप पाइअ सो हरि भगति देखु खगेश विचारि॥ 120॥

6. लोक-मंगल

जनेऊ के गीत

1

सोने के खड़ाऊँ राजा दशरथ ठाढ़े पंडित पुकारें हो।
अरे अरे पंडित वशिष्टजी मेरी अरज सुनाव॥
आठ बरिस के रमइया उन्हें देतेउ जनेउवा॥ 1॥
इतना सुनिन है वशिष्टजी मलिआ बुलावैं।
माली पानन मँड़वा छवावौ कलस धरावौ॥ 2॥
आठ बरिस कै दुलरुवा मँड़वे तर ठाढ़े।
सिर वाके घाम लागै पाँव भूँभुरि लागै हो॥ 3॥
अरे अरे माय कौशिल्या रानी उठि भीख सँवारौं।
आठ बरिस के रमइया चन्द्र मँड़वे तर ठाढ़े॥ 4॥

2

गलियाँ कै गलियाँ पंडित घूमैं हथवा पोथिया लिहे।
कवन बखरिया राजा दसरथ तौ रामा कै जनेउ॥ 1॥
बाँसन धोतिया सूखत होइहैं बरुवा जेवत होइहैं,
पंडित वेद पढ़ै रे।
आँगन ढोल धमाकै, दइव अस गरजै।
उहै बखरिया राजा दसरथ तौ रामा कै जनेउ॥ 2॥
गलिया कै गलिया नाऊ घूमैं हथवा किसबतिया लिहे।
कौन बखरिया राजा दसरथ तौ रामा कै जनेउ॥ 3॥

बाँसन धोतिया सुखत होइहैं, बरुवा जेंवत होइहैं,
पंडित वेद पढ़ैं रहे।

आँगन ढोल धमाकै, दइव अस गरजै।
उहै बखरिया राजा दसरथ तौ रामा कै जनेउ॥ 4॥
गलिया कै गलिया बढ़ैया घूमैं हथवा पटुलिया लिहे।
कवन बखरिया राजा दसरथ तौ रामा कै जनेउ॥ 5॥
बाँसन धोतिया, सुखन होइहैं, बरुवा जेंवत होइहैं,
पंडित वेद पढ़ैं रे।
उहै बखरिया राजा दसरथ तौ रामा कै जनेउ॥ 6॥
गलिया कै गलिया कुम्हरवा घूमैं हथवा बरौवा लिहे।
कवनि बखरिया राजा दसरथ तौ रामा कै जनेउ॥ 7॥
बाँसन धोतिया सुखत होइहैं बरुवा जेंवत होइहैं,
पंडित वेद पढ़ैं रे।
आँगन ढोल धमाकै दइव अस गरजै।
उहै बखरिया राजा दसरथ तौ रामा कै जनेउ॥ 8॥
गलिया कै गलिया फूफा घूमैं हथवा जनेउवा लिहे।
कवनि बखरिया राजा दसरथ तौ रामा कै जनेउ॥ 9॥
बासन धोतिया सुखत होइहैं, बरुवा जेंवत होइहैं,
पंडित वेद पढ़ैं रे।
आँगन ढोल धमाकै दइव अस गरजै।
उहै बखरिया राजा दसरथ तौ रामा कै जनेउ॥ 10॥

पाणिग्रहण का गीत (भोजपुरी)

कौन गरहनवा बाबा साँझे जे लागै कौन गरहन भिनुसार।
कौन गरहनवा बाबा औघट लागै कब धौं उगरह होइ॥ 1॥
चन्द्र गरहनवा बेटी साँझे जे लागै सुरुज गरहनवा भिनुसार।
धेरिया गरहनवा बेटी औघट लागै कब धौं उगरह होइ॥ 2॥
काँपइ हाथी रे काँपइ घोड़ा काँपइ नगरा के लोग।
हाथ में कुस लिहे काँपई बाबा कब धौं उगरह होइ॥ 3॥
रहँसइँ हाथी रे रहँसइँ घोड़ा रहँसइँ सकल बरात।
मड़ये मुदित मन समधी रे बिहँसइ भले घर भयहु बिआह॥ 4॥
गंगा पैठि बाबा सुरुज से बिनवइँ मोरे बूते धेरिया जिनि होइ।
धेरिया जनम तब दीहा बिधाता जब घर सम्पति होइ॥ 5॥

कोहबर का गीत

मचियहि बैठीं पुरखिनि रानी पूछैं बिटिया पतोह,
तौ इहै नबा कोहबर।
कहँबाँ लिखौं लिखौं सासू पुरइनि रे कहँवाँ लिखौ बँसवार,
तौ इहै नवा कोहबर॥ 1॥
यक ओरी लिखौ बहुअरि पुरइनि रे, यक ओरी लिखौं बँसवार,
तौ इहै नवा कोहबर॥ 2॥
कहँवाँ सासू हंसा हसिनि रे, कहँवाँ लिखौं बन मोर,
तौ इहै नवा कोहबर॥ 3॥
कहँवाँ लिखाँ सासू सुग्गा मैना रे दूरत सुग्गा मैना लिखु,
तौ इहै नवा कोहबर॥ 4॥
दनवाँ चुनत गवरैया लिखो रे गैया लिखो बछवा लगाय,
तौ इहै नवा कोहबर॥ 5॥
कलसा लिहे चेरिया लौंड़ी लिखो रे बाम्हन पोथी लिहे हाथ,
तौ इहै नवा कोहबर॥ 6॥
गैया दुहत अहिरा छौंड़ा लिखो रे दड़िया बेंचत अहिरिनि धेरि,
तौ इहै नवा कोहबर॥ 7॥
आरी आरी बेली के फूल लिखो रे और लिखी पनवारि,
तौ इहै नवा कोहबर॥ 8॥
झुपसन अमली फरत लिखो रे अमवा धवधव न लाग,
तौ इहै नवा कोहबर॥ 9॥

विवाह गीत

मोरे मन बसि गये चतुरगुन हृदय नारायन।
सखिया सब बिसरैं तौ बिसरैं मोर राम नाहीं बिसरैं॥ 1॥
सब सखिया मिल पूछलीं अपनी सीतल देइ से।
सीता कइसन तोहार राम बाटेन तोहैं नाहिं बिसरैं॥ 2॥
रेखिया भिनत अति सुन्दर चलत धरती दलकै
बिजुली चमकै।
सखिया हँसत देव गरजैं राम नहिं बिसरैं॥ 3॥
सब सखिया मिलि पूछन लागीं अपनी सीतल देइ से।
मोरी सीता चलतिउ अजोध्या मैं राम देखि आइत॥ 4॥

छोटै मोट पेड़वा छिउलिया क मोतियन गदहल।
तेहिं तर राम आसन डाले ओढ़ले पीताम्बर॥ 5॥
सब सखिया मिलि गइलिन चरन धोई पिअलिन।
सीता कौन तपेस्या तुँ कइलिउ रामवर पउलिउ॥ 6॥
भूखल रहलिउँ एकादसिया दुवादसिया क पारन।
विधि से रहिउँ अइतवार राम वर पायों॥ 7॥
तीनि नहायों कतिकवा तेरह बैसखवा।
माघै मास नहायों अगिन नहिं ताप्यो,
करेउँ तिलौवा क दान, राम वर पायों॥ 8॥

विवाह में सबको निमंत्रण

हे पाँच पान नौ नरियल।
सरगै जे वाटे आजा परपाजा,
दादा औ चाचा तुमरौ नेवता॥
भुइयाँ भवानी पाटन कै देवी,
बिजलेश्वरी माता काली माई,
डिहवार बाबा तुमरौ नेवता॥
विंध्याचल कै देवी तुमरौ नेवता॥
घर कै देवी शायर भवानी तुमरौ नेवता॥
साँप गोजर बीछी कूछी तुमरौ नेवता।
आँधी पानी लड़ाई झगड़ा।
डीमी धींगा तुमरौ नेवता॥
ओंह बिचकावनि भौंह सिकोरनि,
तुमरौ नेवता॥
इसरा बिसरा कन्या कुमारी,
तुमरौ नेवता॥
हे ओऊ जे अम्मा लाये जे अम्मा
बौरै हैं आजु॥
पाँच पान नौ नरियल!

पुत्रजन्म का मंगल (सोहर गीत)

कातत रहलों चरखवा; सबदिया सुनइले नु हो।
ललना बहुअरि के भइले ललनवा, उठेला घरवा मंगल हो॥ 1॥
चुर चुर बोले मोर चरखवा; मगन हमार मन भइले हो।
ललना जुटि गइली सखिया सहेलरि; बिहँसि गावे मंगल हो॥ 2॥
हथवा में लेके तेल उबटन; नाउनि बरिनिया अइली हो।
ललना हँसि-हँसि सब के लगाबे; हरखि गावे मंगल हो॥ 3॥
बहुअरि लागे सब के गोड़; ललन लेके गोदिया में हो।
ललना जुग-जुग जीये मोर ललनवा, गोतिनि गावे मंगल हो॥ 4॥

2

सून लागे दिया बिनु मन्दिल, माँग सेनुर बिनु हो।
ललना ओइसन सून तिरिया, गोद से एक बालक बिनु हो॥ 1॥
सून लागे महल अटरिया, अवरो खेत धरतिया नु हो।
ललना नाहीं नीक लागे, सुख-भोग से संतति बिनु हो॥ 2॥
बड़-बड़ भइले जतनवा, उपइया, उपचरवा नु हो।
ललना जब रे किरिपा भरले राम के, गोदिया बालक खेले हो॥ 3॥
पुतवा के देबो भारत मइया के, सेउवा में, मातवा के सेउवा में हो।
ललना, पूत करिहें देसवा के काम, त जनम सुफल होइहें हो॥ 4॥
मनवा में इहे अभिलाख, इहे एक साध, इहे एक सधिया नु हो।
ललना पूत मोर होवे देस सेवक, राम से बिनति करीं हो॥ 5॥

बारहमासा-मंगल

चैत अजोध्या जनमेले राम;
चन्दन से कोसिला लिपबली धाम।
गज मोतियन से चौक पुरवलीं,
सोना के कलस अवरु धरवली॥ 1॥
बैसाख मास रितु बीख समान;
तलफत धरती अबरु असमान।
जइसे जल बिना तलफेले मीन;
उहे गति मोर केकई कीन॥ 2॥

जेठ मास लूक लागेला अंग;
राम लखन अवरु संग।
राम चरन पद कमल समान,
तलफेले धरती अवरु असमान॥ 3 ॥
असाढ़ मास गरजेला चहुँ ओर;
बोलेला पपीहा कुँहकेला मोर।
बिलखेली कोसिला अवधपुर धाम;
भींजत होइहैं लखन सियराम॥ 4 ॥
सावन में सर सागर नीर;
भींजत होइहैं सिया रघुवीर।
भूमि गोजरिया फिरेला भुअंग;
राम लखन अवरु सीता संग॥ 5 ॥
भादो मास बूँन बरिसेला नीर;
घरवा के छावेला सकल संसार।
बड़-बड़ बूँल जे बरिसेला नीर;
भींजत होइहें सिवा रघुवीर॥ 6 ॥
कुबार मास, सखि, धरम के राज;
निति उठि धरम करेला संसार।
एहि अवसर पर रहिते जे राम;
बामन जेवाँइ दिहिते कछु दान॥ 7 ॥
आइल, रे सखि, कातिक मास;
हमरा पर लागल बिरह के फाँस।
घर-घर दियबा बारेलि नारि;
हमरि अजोध्या भइल अँधियारि॥ 8 ॥
अगहन कुँअरी करत सिंगार;
कपड़ा सिलावेली सोना के तार।
पाठ पितामर पुलक समान;
कनक सीस बैजन्ती के माल॥ 9 ॥
पूस मास, सखि परत टुसार;
रैनि भइलि जइसे खाँड़ के धार।
कुस आसन कइते सोइहें राम;
बन कइसे करिहें बिसराम॥ 10 ॥
आइल, हो सखि! माघ बसन्त;
कइसे जियबि हम बिना भगवन्त।

राम चरन मन लागल मोर;
बैठि भरतजी हिलावेले चौर॥ 11 ॥
आइल, हो सखि, फगुआ उमंग;
चोआ चन्दन छिरकेला अंग।
बैठि भरतजी घोरेले अबीर;
केकरा पर छिरकी बिना रघुबीर॥ 12 ॥
जे एहि गावे बारहमासा,
से पावे बैकुण्ठे बासा।
गावेले तुलसी अवधपुर धाम;
बन में से अइले लछमन राम॥ 13 ॥

होली गीत

ब्रिज में हरि होरी मचाई॥
इतते आवत नवल राधिका, उततें कुँवर कन्हाई।
हिलि मिलि फाग परसपर खेलत, सोभा बरनी न जाई॥ 1 ॥
घरे घर बजत बधाई।
बाजत ताल, मृदंग झाँझ, डफ, मंजीरा सहनाई।
उड़त गुलाल कुमकुमा केसर, रहत सकल वृज छाई॥ 2 ॥
मनो मेघवा झरि लाई।
राधे जी सैन दियो सखियन को, झुण्ड झुण्ड होई धाई।
लपटि झपटि गई साम सुनर को, कर धरि पकड़ि मँगाई॥ 3 ॥
लाला जी को नारि बनाई।
छीन लियो मुख मुरली पीताम्बर सिर से चुनरी ओढ़ाई।
बेंदी भाल, नयन बिच काजल, नकबेसर पहनाई॥ 4 ॥
साम जी को नाच नचाई।
का सुसुकत मुख मोरि मोरि के, काइ भई चतुराई।
काह भयो तोरे बाबा नन्दजी, कहावाँ जसोमति भाई॥ 5 ॥
लाल जी को ले ना छोड़ाई।
होरी खेले बिना जाय ना दैहो, करिहों कोटि उपाई।
लीन्हों चुकाई कसर सब दिन के, तू ब्रज चोर चोराई॥ 6 ॥
बहुत दधि माखन खाई।

चैता (बसन्त मंगल)

1

आहो रामा पहिले सुमिरन आदि भवानी हो रामा।
कण्ठे सुरवा होखे न आजु सहइया हो रामा॥ 1 ॥
कण्ठे सुखा।
आहो राम चैत अजोध्या राम जनमले हो रामा।
घरे-घरे बाजेला आनन्द बधइया हो रामा॥ 2 ॥
घरे घरे।
आहो रामा जिरवा के बोरसी, लवँगिया के.पासंग हो रामा।
सीने छुरिया आरे नारावा काटाइबि हो रामा॥ 3 ॥
सोने छुरिया।
आहो रामा सोने के चउकिया रामा नहवाइबि हो रामा।
सखी सभ मंगल गावे हो रामा॥ 4 ॥
सखी सभ।
आहो रामा केहू लुटावे, अन, धन सोनवा हो रामा।
केहु लुटावे धेनु गइया हो रामा॥ 5 ॥
केहू लुटावे।
आहो रामा चढ़ चइतबा, राम जनमले हो रामा।
घरे घरे बाजेला अनन बधइया हो रामा॥ 1 ॥
घरे घरे।
आहो रामा केहु रे लुटावेला अन, धन सोनवा हो रामा।
आहो रामा केहु रे लुटावेले सोने की मुँदरिया हो रामा॥ 2 ॥
घरे घरे।
आहो रामा केहु रे लुटावेले रतन पदारथ हो रामा।
आहो रामा दसरथ लुटावेले अन, धन सोनवा हो रामा॥ 3 ॥
घरे घरे।
आहो रामा कैकेई लूटावेली सोने की मुँदरिया हो रामा।
आहो रामा कौसिला लुटावेली रतन पदारथ हो रामा॥ 4 ॥
घरे घरे।

2

आहो रामा मानिक हमरो हेरइले हो रामा।
जमुना में, केहू नाहीं खोजेला हमरो पदारथ हो रामा॥ 1 ॥
जमुना में।
आहो रामा ओही रे जमुनवा के चिकनी महियवा।
चलत पाँव बिछलइले हो रामा॥ 2 ॥
जमुना में।
आहो रामा ओहि रे जमुनवा के करिया पनिया।
देखत मन घबरइले हो रामा॥ 3 ॥
जमुना में।
आहो रामा तोरा लेखे ग्वालिन मानिक हेरइले।
मोरा लेखे चान छयितवा हो रामा॥ 4 ॥
मोरा लेखे।
आहो रामा दास बुलाकी चइत घाँटो गावे हो रामा।
गाई गाई बिरहिन समझावे हो रामा॥ 5 ॥

गंगा-मंगल

आरे गंगाजी के गंगिवटि माटी,
त अवरु, गंगाजल हो।
ए मइया हथवा खिअइले लिपइत,
न रउरा चिते दाय नाहिं हो॥
कौन फूल फूलेला लाहेरलि;
कवन फूल रन्थ साजे हो।
ए मइया कवना फूलवा रहेलू लोभाइ;
सेवक राउर बाट जोहे हो॥
अड़हुल फूल फूलेला लाहारले;
चम्पा फूल रन्थ साजे हो।
ए सेवका वेला फूल रहीलें लोभाइ;
सेवकवा मोर रन्थ साजे हो॥

रामधन की खेती

हमरा त रामे रामे धन खेती।
उपजेला हीरा मोती।
हमरा त रामे रामे धन खेती॥ 1 ॥
के हवे बैला, के हवे हरवाहवा।
मन हवे बैला, सुरति हरवाहवा॥ 2 ॥
जब ले चले, तब ले जोती।
उपजेला हीरा मोती॥ 3 ॥
जब से सूझे तब से चेती।
हमरा त रामे रामे धन खेती॥ 4 ॥ हमरा त०

जागरण कन्हाई का

जगाद जगाद ए जसोदा मइया अपना ललन के।
हम मुँहवाँ के देखे अइलीं तोहरा ललन के॥ 1 ॥
आताना बचन जब सुनेली जसोदा मइया।
बोली बोलेलि झाहाराई, ललन के॥ 2 ॥
जाउ रे गोआलिनि अपना भवन के।
का मोसे रारि मचाई ललन के॥ 3 ॥
जगाद जगाद ए जसोदा मइया अपना ललन के।
हम मुँहवाँ के देखे इलीं तोहरा ललन के॥ 4 ॥
अधिका अधिका दहिया बिकाई।
घरे बहिया बछवा बिआई, ललन के॥ 5 ॥
आताना बचन जब सुनेली जसोदा मइया।
बोली बोलेंलि झाहाराई, ललन के॥ 6 ॥
जाउ रे गोआलिनि अपना भवन के।
का मोसे रारि मचाई, ललन के॥ 7 ॥
आताना बचन जब सुनेली गोआलिनि।
आँखियन नीर ढराई, ललन के॥ 8 ॥
जेकरा कारन हम घर बन तेजलीं।
से हो निठुर होई, जाई ललन के॥ 9 ॥
आताना बचन जब सुनले किसुन जी।
मुँहवा उघारि देखलवले, ललन के॥ 10 ॥

परार्थ जीवन (अवधी)

कुँअवाँ खोदये कवन फल, हे मोरे साहब।
झोंकवन भरे परिहारिन, तबै फल होइहैं॥
बगिया लगाये कवन फल, हे मोरे साहब।
राही बाट अमवा ज खइहैं, तबै फल होइहैं॥
पोखरा खोदाये कवन फल, मोरे साहब।
गउवा पीयैं जूड़ पानी, तबै फल होइहैं॥
तिरिया के जनमे कवन फल, हे मोरे साहब।
पुतवा जनम जब लेइहैं, तबै फल होइहैं॥
पुतवा के जनमे कवन फल, हे मोरे साहब।
दुनिया अनन्द जब होई, तबै फल होइहैं॥

तीर्थ-यात्रा गीत (अवधी)

धइ देत्यो राम हमारे मन धीरजा।
सबके महलिया रामा दियना बरतु है॥
हरि लेत्यो हमरो अँधेरे, हमारे मन धीरजा।
सबके महलिया रामा जेवना बनतु है॥
हरि लेत्यो हमरो भूख, हमारे मन धीरजा।
सबे महलिया रामा गेड़वा घुँटतु है॥
हरि लेत्यो हमरी प्यास, हमारे मन धीरजा।
सबके महलिया रामा बिड़वा कुँचतु है॥
हरि लेत्यो हमरो अमलिया, हमारे मन धीरजा।
सबके महलिया रामा सेजिया लगतु है॥
हरि लेत्यो हमरो नींद, हमारे मन धीरजा।

माता के गीत (व्रज)

सारदा माता तू बड़ी तोते बड़ौ न कोई।
जा घट बासौ तैं लयौ सोई घट साँचौ होई।
जे अबला तेरी भुम्मि बौहौत मोई लगति पिंआरी।
मोरी जगतारन भोरी माइ भुम्मि मोइ लगे पिआरी।
तोइ मनाऊँ देवी सारदा, नबि नबि लागूँ पाइ।

चाबुक दियो मेरी चेतना, हिरदे में उठी हिलोर।
राति दिन तोइ सम्हारूँ।
मारी जगतारन भोरी माइ भुम्मि मोई लगै पिआरी
भमन बनायौ पाँचौ पंडवा देवी धरि-धरि लंबे सूत।
धरि-धरि लंबे सूत नीब परबत में गरकाई।
मोरी जगतारन भोरी माइ भुम्मि मोई लगै पिआरी।
बन्यौ भमन तेरौ साँपर्‌यौ। देवी हिंगुल बरनी पौरि।
छत्तुर चढ़ायो छोट भीम ने जामें हीरा-मोती लाख किरोर।
नगन को भयो उजारौ।
मोरी जगतारन भोरी माइ भुम्मि मोई लगै पिआरी।
हर्‌यौ भमानी को चोलना देवी रह्‌यौ भमन झकझोरि।
घूम घुमारौ घाँघरौ जाके ऊपर दखिनी चीरु।
ओढ़ि गुजराती सालू,
मोरी जगतारन भोरी माइ भुम्मि मोई लगै पिआरी।
सोरन लाए पंडवा देवी, सिर रामन को तोरि।
सोरन कलसा झिलमिल जाके ऊपर धजा फैराइ।
राति भरि रतना ढारी।
मोरी जगतारन भोरी माइ भुम्मि मोई लगै पिआरी।
कर जोरें सिरियल खड़ो गावै मंगलाचार।
गावै मंगलाचार भमन में दरसनु पाऊँ।
मोरी जगतारन भोरी माइ भुम्मि मोइ लगै पिआरी।

कार्तिक महान का गीत (बुन्देली)

आ जाऊँगी बड़े भोर
दहीरा लैकें आ जाऊँगी बड़े भोर।
ना मानों चुनरी घर राखौ, लिखे पपीरा मोर।
ना मानों कुनरी घर राखौ, मुतियन लागी कोर।
ना मानों मटकी घर राखौ, सबेरे बिरज कौ मोल।
ना मानों वेंदी घर राखौ, बाजू बन्द हमेल।
दहीरा लैकैं आ जाऊँगी बड़े भोर।

माघ-नहान गीत (अवधी)

रघुबर संग जाब—हम न अवध में रहबै।
जौ रघुबर रथ पर जइहें भुँइयैं चली जाब। हम. ॥ 1 ॥
जौ रघुबर बनफल खइहैं, फोकली बिनि खाब। हम. ॥ 2 ॥
जो रघुबर पात बिछैहैं, भुँइयाँ पड़ि जाब। हम. ॥ 3 ॥